范圣此　李香串 ◎ 主编

连翘产业发展研究

中国农业出版社

北　京

图书在版编目（CIP）数据

连翘产业发展研究／范圣此，李香串主编．--北京：
中国农业出版社，2024.6. -- ISBN 978-7-109-32278-3

Ⅰ.F326.13

中国国家版本馆 CIP 数据核字第 2024NB2013 号

连翘产业发展研究
LIANQIAO CHANYE FAZHAN YANJIU

中国农业出版社出版

地址：北京市朝阳区麦子店街 18 号楼
邮编：100125
责任编辑：赵世元
版式设计：王　晨　　责任校对：吴丽婷
印刷：北京通州皇家印刷厂
版次：2024 年 6 月第 1 版
印次：2024 年 6 月北京第 1 次印刷
发行：新华书店北京发行所
开本：889mm×1194mm　1/16
印张：12.25　　插页：8
字数：401 千字
定价：89.00 元

产自不同地区的连翘种子

连翘种子发芽试验

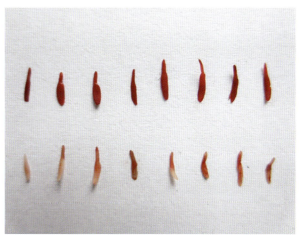

连翘种子活力测定

连翘种子育苗田

连翘扦插育苗

一年生的连翘种苗

连翘种质资源圃

鱼鳞坑中补植连翘

连翘野生抚育基地

单雄蕊连翘花

两雄蕊连翘花

三雄蕊连翘花

四雄蕊连翘花

圆果型连翘

长果型连翘

红果型连翘　　　　　　　　　　　　　　　红尖型连翘

连翘产业技术攻关小组采摘青翘实验样品

老　翘

山西省科学技术奖

证　书

为表彰山西省科学技术奖获得者，
特颁发此证书。

项目名称：山西道地药材连翘野生抚育关键技术研究

获奖类别：科技进步类

奖励等级：二等

获 奖 者：范圣此　李安平　王进明　孙斌　赵艳　陈婷婷
王栋　董迷柱

二〇一七年十一月

证书号：2016-J-2-045

科学技术奖证书

　　为表彰在促进科学技术进步工作中做出重大贡献者，特颁发长治市科学技术奖证书，以资鼓励。

获 奖 项 目：山西道地药材连翘野生抚育关键技术研究

获 奖 者：范圣此 李安平 宁潞宏 王进明 崔玉焱

奖 励 等 级：应用研究及成果转化类一等奖

奖 励 日 期：二〇一四年二月

证 书 号：2013－Y－1－005

长 治 市 人 民 政 府

科學技術獎

証書

为表彰在促进科学技术进步工作中做出重大贡献者，特颁发长治市科学技术奖证书，以资鼓励。

获奖项目：道地连翘野生抚育技术的研究

获 奖 者：范圣此 李安平 董迷柱 乔和平 孙 斌

奖励等级：应用研究及成果转化类二等奖

奖励日期：二〇一三年三月

证 书 号：2012—Y—2—017

长治市人民政府

科学技术奖
证书

　　为表彰在促进科学技术进步工作中做出重大贡
献者，特颁发长治市科学技术奖证书，以资鼓励。

获奖项目：道地青翘炮制加工技术工业化生产
　　　　　试验研究

获　奖　者：李安平　范圣此　董迷柱　乔和平　王进明

奖励等级：应用研究、推广转化类一等奖

奖励日期：二〇一二年三月

证　书　号：2011－Y－1－007

长治市人民政府

山西省科学技术奖

证　书

　　为表彰山西省科学技术奖获得者，
特颁发此证书。

项目名称：山西道地药材-连翘规范化种植技术研究

获奖类别：科技进步类

奖励等级：二等

获奖者：麻秀芳　李香串　赵玉臣　杨槐俊　王进东
　　　　张　莉　王喜明　吕　平

二○一二年五月

证书号：2011-J-2-071

主 编 简 介

范圣此　博士，研究员，中共党员，硕士研究生导师

中国中药协会种子种苗专业委员会常务委员；中国中药协会中药质量与安全专业委员会委员；中国中药协会中药区划与生产统计专业委员会委员；中国中药协会及中国仓储协会全国中药材物流专家委员会委员；中国中药协会科技交流与合作专业委员会副主任委员；中国中药协会金银花行业协会常务委员兼副秘书长；河北省中药材学会专家委员会委员；河北省中药材学会连翘专业委员会副会长；河北省中药材学会酸枣专业委员会常务副会长；保定市中医药标准化专家委员会委员。

长治县企业青年十佳科技创新之星；长治市学术技术带头人；济南市千层次科技创新人才；济南市泉城"5150"引才倍增计划引进高层次人才；济南市"泉城特聘专家"；济南市优秀科技工作者；历城区创新争先优秀科技工作者；济南市第七届杰出工程师；历城区专业技术拔尖人才。

科技部在库评审专家；教育部在库评审专家；山东省科技厅在库评审专家；江西省科技厅在库评审专家；河北省中医药管理局中药资源产业化过程协同创新重点研究室主任；河北大学中药材产业技术创新团队负责人；保定市麻山药体系产后加工岗岗位专家；2022年、2023年及2024年入选河北企业科技特派员；安国市伊康药业博士农场首席专家；国家山药产业科技创新联盟理事。

李香串　正高级工程师，中共党员，山西省医药与生命科学研究院副院长

国家中药材标准化与质量评估创新联盟规范化专委会委员；中国中药协会中药质量与安全专业委员会委员；山西省中药资源重点实验室负责人；山西省晋药资源开发利用重点创新团队主要成员。

山西省中药材产业发展专家组成员；山西省化妆品标准化技术委员会副主任委员；山西省药品标准化技术委员会委员，副秘书长；山西省农业标准化技术委员会委员；山西省中药资源专委会副主任委员；山西省中药创新联盟专家委员会委员；山西省食药用菌创新联盟副理事长，山西省药学会常务理事；山西省学术技术带头人；山西省"三·八"红旗手、山西省巾帼建功标兵；"三晋英才"入选者；山西省优秀科技工作者；山西省首届标准化创新贡献奖个人奖获得者。

山西省科技厅在库评审专家；山西省发展改革委在库评审专家；山西省工信厅在库评审专家；山西省军民融合办在库评审专家；山西省市场局标准化在库评审专家；广东省科技厅在库评审专家；安徽省科技厅在库评审专家；四川省科技厅在库评审专家；重庆市在库评审专家。

本书编委会

主　编　范圣此　李香串

副主编　付萍萍　张少杰　董秋香　韩风雨

编　委　张艳慧　张月寒　王晶晶　赵　清

　　　　周　晓　游蓉丽　陈建凯　王　娟

　　　　王泽璇　于秀玲　袁俊喜　段凯露

　　　　王晓民　赵向东　董红敬　梅显贵

　　　　米素媛　王　军　李　军　张燕玲

　　　　赵海誉　高慧敏　署恒龙　刘红卫

连翘为我国 40 种常用大宗中药材之一，在我国应用历史悠久，始载于《神农本草经》。我国连翘资源丰富，以野生为主，主要分布在山西、河南、陕西、河北、山东和湖北等省份。连翘以果实入药，常作为连翘解毒片、连花清瘟胶囊、双黄连注射液等清热解毒药物的主要原料，被历代医家称为"疮家圣药"。连翘性味苦，微寒，具有清热解毒、消肿散结、疏散风热之功能。连翘中含有挥发油类、连翘酯苷和木通苯乙醇苷等苯乙醇苷类、槲皮素和芦丁等黄酮类、连翘苷和连翘脂素等木脂素类、生物碱类、咖啡酸和没食子酸等有机酸类、齐墩果酸和熊果酸等萜类化合物。现代药理研究表明，连翘具有抗氧化、降血脂、抗炎、抗癌、保肝、抗菌、抗病毒及抑制弹性蛋白酶等作用。

连翘不仅可以用于中成药制药、中医临床处方用药、工业原料、饲料、兽药等方面，而且也是优良的水土保持树种。在提倡绿色、回归自然，预防保健为主、治疗为辅的当今社会，连翘开发前景广阔，连翘产业进入了一个快速发展的历史时期。因此，发展连翘产业有经济效益和生态效益，既能增加当前收入，又可对生态环境的建设和保护产生长远的积极影响。

但是在连翘产业的发展中，连翘以野生为主，缺乏管理，茎枝徒长，树形紊乱，产量低；连翘采收随意无序，"抢青"现象时有发生，导致产量低，品质差；连翘产地初加工不规范；连翘产品开发处于初级阶段等，各方面存在诸多的问题。只有对连翘的产业现状进行了具体分析，并对其存在的问题提出相应的对策，才能确保连翘产业健康、持续、高质量发展。

《连翘产业发展研究》是连翘产业技术攻关小组对本团队多年的研究成果的认真梳理和系统总结，围绕着连翘的概述、生物学特性、生态学特性、连翘种苗培育、野生抚育和规范化栽培、采收与产地初加工、化学成分及药理药效、药材商品规格等级、伪品的鉴别、综合利用、市场前景等内容对全产业链进行系统研究和分析，希望对从事中医药产业同仁和学术界朋友有所裨益。但由于时间、人力、研究条件等所限，不足之处在所难免，恳请各位专家及广大读者批评指正，以便今后进一步深入研究和探索，并不断加以完善。

编　者

2024 年 6 月

CONTENTS

目 录

序

第一章

概　述

第一节　连翘的经济价值和生态效益

连翘〔*Forsythia suspensa*（Thunb.）Vahl〕系木樨科（Oleaceae）连翘属（*Forsythia* Vahl）落叶灌木植物，是国家 3 级药用保护植物，别名黄花杆、黄寿丹等。该属现已发现有 14 种植物，其中分布在我国的有 7 种，但多数仅为园林观赏植物，作药用者主要有连翘和金钟花（*F. viridissma* Lindl.）[1-2]。连翘易栽植，是城市绿化、生态造林和水土保持的优良经济树种。连翘以果实入药，被历代医家称为"疮家圣药"。连翘不仅可以用于医疗保健、食品、日用化工等方面，而且也是出口创汇的重要商品。连翘叶和花可做成保健茶。因此，发展连翘有经济效益和生态效益，既能增加当前收入，又可对生态环境的建设和保护产生长远的积极影响。在全社会大力提倡绿色、养生保健及中医药＋旅游等理念的时代背景下，连翘资源开发利用的深度和广度将会得到进一步发展。

一、药用价值

连翘为我国 40 种常用大宗中药材之一，在我国应用历史悠久。连翘作为药用，连翘始载于《神农本草经》卷三，并将其列为下品[3]。连翘药材在宋以前来源为金丝桃科黄海棠（*Hypericum ascyron*）及其同属多种植物，多部位入药；宋以后转为木樨科连翘（*Forsythia suspensa*）的果实[4]。《中国药典》自 1963 年起开始收录连翘，在各版药典中均标注连翘为木樨科植物连翘〔*Forsythia suspensa*（Thunb.）Vahl〕的干燥果实。秋季果实初熟尚带绿色时采收，除去杂质，蒸熟，晒干，习称"青翘"；果实熟透时采收，晒干，除去杂质，习称"老翘"。中成药生产企业和连翘提取加工企业则常采用青翘为原料，而老翘多为医院配方和出口用。连翘味苦，性微寒，归肺、心、小肠经，具有清热解毒，消肿散结，疏散风热的功效，临床常用于痈疽、瘰疬、乳痈、丹毒、风热感冒、温病初起、温热入营、高热烦渴、热淋涩痛等症[5]。

连翘应用于中药已有两千年历史，常作为清热解毒药物的主要原料，连翘解毒片、双黄连口服液、双黄连注射液、连翘解毒汤、银翘散、连翘清营汤、连翘五香汤、连翘消毒饮等多种药物均含有连翘。现代医学药理研究表明，连翘有抗菌、抗炎、抗氧化、抗病毒、解热、镇痛、镇吐等多种药理作用，还可调节心血管系统、保肝护肝[6]。连翘的药用价值不仅仅体现在果实上，其茎、叶提取物有抑菌作用，能治疗高血压、咽喉痛、痢疾等[7]。连翘叶茶具有清除自由基和抗氧化作用，作为一种纯天然的预防和治疗由活性氧引起的衰老和其他疾病（如心脑血管疾病、高血脂、阿尔茨海默病甚至某些癌症等）的药物及新型的天然食品抗氧化剂具有广泛的应用前景[8-9]。李兴泰等[10]对小鼠进行试验发现，连翘花醇提物有抗氧化及抗衰老的作用。因此，连翘在临床应用和药物开发等方面具有重要价值和广阔前景。

2019 年 12 月，新型冠状病毒开始泛滥，为了抵御新型冠状病毒带来的生命威胁，国家及各省市卫生管理部门推荐连翘配伍的藿香正气胶囊、连花清瘟胶囊用于预防新型冠状病毒[11]的感染，增加机体的免疫力，同时含有连翘的方剂被运用在早期确诊病例上，表现出一定的治疗效果，极大地展现了中医药的重要作用，增强了中医药在世界的威望[12]。

二、观赏价值

连翘早春先叶而开花，开花量大，花朵密生满枝，花色金黄，艳丽可爱，树姿优美，是优良的早春观花灌木，为重要观赏树种之一。适宜于宅旁、亭阶、墙隅、篱下与路边配置，也宜于溪边、池畔、岩石、假山下栽种。因根系发达，也可作花篱。因此，连翘在发展城市林业、开展园林绿化方面应用较广。

连翘于每年的3—5月开花，可以依托集中连片的连翘林举办观花节，建立连翘主题公园，吸引人们观光旅游、赏花踏青，延长连翘特色产业链，打造区域生态旅游的新景观、新业态，实现林业产业与旅游产业的有机融合[13]。

三、生态价值

连翘根系发达，其主根、侧根、须根于土层中密集成网状，吸收和保水能力强；侧根粗而长，须根多而密，牵拉和固着土壤，可有效防止土块滑移，固土效果优良；连翘萌发力强、发丛快，可以较快增加树冠盖度，能有效防止雨滴击溅地面，减少对地面的侵蚀。所以，连翘是一种较理想的水保灌木树种，可有效防止水土流失，维持地力，成为荒山荒地水土保持的首选树种之一[14]。

贾绍凤[15]等研究表明，连翘植被具有良好的水土保持功能，当植被总盖度达到40%左右时，与裸荒地相比，土壤流失量可减少50%以上。当植被总盖度达到80%时，就可基本控制水土流失。

四、其他经济价值

连翘是很好的蜜源植物，花期放蜂既可增加收入，又能提高异花授粉率，利于坐果；连翘花是一种资源丰富的黄色食用色素源；连翘枝条细长柔软，可做编织材料；连翘籽油营养丰富，油味芳香，在当前我国植物油消费量迅猛增长的形势下，开发连翘籽实油源，充分利用我国丰富的野生油料资源，对我国的经济发展具有重要的经济意义和社会意义[16-17]。

第二节　我国连翘的地理分布

我国连翘资源丰富，以野生为主，散生和丛状分布，华北、黄土高原是其分布中心，主要分布于秦岭山脉中部、东部和太行山西麓及南部、五台山、中条山、太岳山、吕梁山南部、伏牛山、桐柏山等地，呈丁字形分布。分布主要省份为山西、河南、陕西、河北、山东和湖北等，具体分布情况见表1-1[18]。其中，山西、陕西和河南分布最为集中。在山西，连翘广泛分布于太原市以南的低中山区，其中以中条山、太岳山和吕梁山南段、太行山南段分布最为集中；在河南，连翘广泛分布于伏牛山区、秦岭入河南段（灵宝南部）、外方山、崤山、熊耳山和太行山南段；在陕西，连翘广泛分布于秦岭沿线和蟒岭沿线的中山地带[19]。从主产区资源和历史收购的情况来看，山西省连翘产量约占全国的40%，河南省占30%，陕西省占20%左右[20]。

表1-1　我国连翘野生资源分布情况

序号	省份	主产的市（县、区）
1	山西	吉县、乡宁、洪洞、蒲县、大宁、浮山、古县、安泽、沁源、屯留、沁县、潞城、襄垣、黎城、壶关、平顺、左权、长子、高平、陵川、晋城、阳城、沁水、翼城、新绛、绛县、闻喜、垣曲、夏县、平陆、芮城、武乡、泽州、永济、隰县

（续）

序号	省份	主产的市（县、区）
2	河南	林州、辉县、修武、济源、嵩县、栾川、新安、宜阳、洛宁、三门峡、陕州、渑池、灵宝、卢氏、南召、淅川、西峡
3	陕西	宜川、黄龙、黄陵、铜川、宜君、白水、蒲城、富平、韩城、合阳、潼关、洛南、丹凤、商南、商州、山阳
4	河北	涉县、武安、井陉、平山、磁县、曲阳、赞皇、峰峰、内丘、邢台
5	山东	泰安、淄博、临沂
6	湖北	郧阳、郧西、老河口、应山

一、山西省连翘资源分布情况

山西连翘覆盖面积约 $30 \times 10^4 hm^2$，野生连翘蕴藏量在 $600 \times 10^4 kg$ 左右，连翘年平均收购量为 $30 \times 10^4 kg$ [21]，广泛分布于中条山、太岳山、南太行山、五台山、吕梁山等地，其中中条山、太岳山、南太行山为山西连翘的三大主产区，连翘产量约占山西总产量的 70% [22]。安泽县集中连片和散生分布着天然连翘林，资源总面积达 $1 \times 10^5 hm^2$，年产青翘 $4 \times 10^6 kg$，占全国连翘总产量的 $1/4$，被誉为"中国连翘第一县" [23]。

2021年，我们连翘产业技术攻关小组对山西省内9个县的25个乡镇连翘资源分布状况进行了调研，结果如下：9县25个乡镇连翘资源分布面积约394万亩①，其中林下翘面积为121.65万亩，密集丛生连翘约为78.58万亩，灌木林连翘为136.14万亩。连翘总储藏量约4 550t，2010年采收量约为3 645t，具体分布情况见表1-2。

表1-2 山西省9县25个乡镇连翘资源分布情况

产地	总面积（万亩）	其中部分分布类型			生产量		采收量（t）	分布乡镇
		林下翘面积（万亩）	密集丛生连翘面积（万亩）	灌木林连翘面积（万亩）	总蕴藏量（t）	亩均（kg）		
平顺	25	10	3.75	10.25	562	2.248	450	东寺头乡、虹梯关乡、杏城镇
安泽	150	40	54	40	960	0.64	770	冀氏乡、良马乡、杜村乡
陵川	80	15	5.28	30.79	650	0.813	520	六泉乡、平城镇
沁水	20	6.65	1.05	12.30	460	2.3	370	十里乡、寺庄乡、樊村河乡
长子	49	22.5	4.3	19.3	587	1.198	470	晋义乡、横水乡、南陈乡
屯留	22	9.8	1.6	8.2	375	1.705	300	张店镇、吾元乡、丰宜镇
左权	18	6.7	2.8	5.6	350	1.944	280	桐峪镇、麻田镇、羊角镇
浮山	14	5.9	3.1	4.8	356	2.543	285	寨疙瘩乡、米家垣乡
黎城	16	5.1	2.7	4.9	250	1.56	200	西井镇、黄崖洞镇、南委泉
合计	394	121.65	78.58	136.14	4 550	—	3 645	—

二、河北省连翘资源分布情况

据统计河北太行山有野生连翘40万亩以上，在自然状况下，野生连翘多呈小群落分布，个体成群或成片分布。人工栽植的连翘遍布全省各地，其中种植规模较大的地区主要有石家庄的井陉、邯郸

---

① 亩为非法定计量单位，1亩≈667m²。——编者注

的涉县、武安等地，目前人工种植面积已超 30 万亩。

自 2010 年开始，在邯郸峰峰矿区"国家太行山星火产业带中草药产业峰峰科技示范基地"的带动下，以邯郸涉县为主要发展区，加之武安市、磁县等地大力发展中草药产业，构建了较为完善的中药材产业科技支撑体系，形成了以连翘为主的仿野生种植操作规程，建设了一批规范化、标准化中药材种植园区，发展了超过 13 000hm² 的野生连翘，人工栽培连翘近 10 000hm²。加之以岭药业落户邯郸涉县，有效带动了连翘产业的发展。至今，邯郸连翘产业已打造了一些品牌产品，培育了一批创新型种植与加工龙头企业，形成了一个具有较强技术、资金支撑和较大影响力的连翘种植、加工、销售基地。2016 年 12 月，"涉县连翘"获得国家地理标志产品称号。2017 年 8 月，涉县以岭连翘现代园区获评"河北省十大道地优质现代园区"，而涉县也被评为河北省十大道地药材产业县"柴胡、连翘产业大县"。

与此同时，全国绿化奖章获得者吕日新先生经过不懈努力，在石家庄市井陉县洞阳坡打造了"万亩连翘生态栽培示范基地"，创造了不使用地下水、只利用自然降水，当年扦插当年定植的连翘雨季造林技术，提高了种植效率，大大降低了连翘种植成本。此外，国家林业局重视河北省连翘产业的发展，为打造"中国连翘之乡"，于 2018 年批复在井陉藏龙山建立我国首个国家级连翘公园[24]。

三、陕西省连翘资源分布情况

据西北水土保持生物土壤研究所植物资源组调查发现，陕西省南起大巴山，北到劳山的天然林区均有连翘生长，按分布位置与生长量，可划分为主产区、次产区和零星分布区三个类型。(1) 主产区两个：①秦岭东段产区，包括商洛地区各县和渭南地区的潼关、华阴、华县、蓝田等县，是陕西省连翘主要集中产区；②黄龙山产区，包括延安地区黄龙、宜川和渭南地区的韩城市，是陕西省第二大产区。(2) 次产区约有三个：①陕西省子午岭的东南区，主要为延安地区的宜君县；②劳山地区，位于延安地区延安市内；③秦岭西段南坡汉中地区略阳县内。(3) 零星分布地区，除榆林地区外，陕西省广大山区大多数县内均有连翘生长，有的县（市、区）如黄陵、延安、合阳、耀州、西乡、旬阳等还有一定产量可供利用[25]。

商洛市是陕西省连翘生长面积最大的地区，在商洛市洛南、商州、丹凤、商南、山阳等县区，有连翘 87.42 万亩（人工种植面积 44.54 万亩，野生面积 42.88 万亩），年产 1 000t。其中洛南县连翘资源丰富，面积和收购量居全省全市第一，现有野生连翘 10 005hm²、人工栽培 3 335hm²，产量约占商洛市的 50% 以上、陕西省的 1/3[26]。

四、河南省连翘资源分布情况

河南是全国连翘的主要产区，野生连翘主要分布于太行山、熊耳山、外方山、伏牛山、崤山等山区的卢氏、栾川、灵宝、嵩县、西峡、南召、济源、辉县等地，面积大约 7.33×10⁴hm²，年产量约 4 500t。据统计河南省年最高调出量为 1 365t，年最高出口量近 200t，年最高收购量突破 2 000t，一般年收购量为 1 600～2 000t[27]。其中，主产地卢氏县年产鲜货大约 400t；栾川 200t 左右；灵宝约 150t；辉县不足 100t；林州市年产 50t 左右。

五、湖北省连翘资源分布情况

湖北省十堰市郧阳区年产青翘鲜货 300t 左右；郧西县年产青翘鲜货大约为 100t[28]。

第三节　我国连翘资源的现状

一、我国连翘野生资源的状况

1. 我国连翘野生资源的现状

野生连翘生长于海拔 250～2 200m 的环境，一般为散生和丛状分布，主要分布于天然次生林区的林间空地、林缘荒地，以及山间荒坡上，常见于山坡灌丛、林下或草丛中或山谷、山沟疏林中。在海拔900～1 300m可形成连翘自然群落，900m以下或1 300m以上易形成混生群落，主要与其他乔木、灌木、草本植物混生[29]。

近几年国家实施天保工程和生态林建设，乔木树种得到了恢复和营造，森林郁闭度增加，导致林下连翘只开花不结果，甚至被挤到林边和林缘，已由立地条件好的深山区退向立地条件差的浅山区和丘陵地，连翘群落逐渐失去了优势地位，野生连翘的面积和产量在减少，面积每年以5%的速度锐减，其资源日渐萎缩。依据连翘产区的实地调查结果，人工造林对连翘群落的影响最大，在郁闭度≥0.7的松林内，连翘便枯萎死亡，只有在林缘地带可见少量的连翘分布。在阔叶林幼林期连翘生长旺盛，但人工林通过抚育后，连翘逐渐失去优势。当郁闭度达到0.5时连翘只开花不结果，郁闭度≥0.6时连翘不开花不结果，茎藤状变态生长，长度可达5m以上[30]。

在野生状态下，茎枝徒长、树形紊乱、疏密不均，导致野生连翘产量低[31]。野生连翘虽然分布面积大，但单位产量相差悬殊，甚至有成片连翘不结果的现象。刘鑫[32]通过调查发现，天然连翘单株平均产量仅0.13kg，单位面积产量在20kg/hm²左右。在连翘主产区，连翘嫩叶和花常被制成保健茶饮用，导致连翘坐果率下降，连翘资源不同程度地受损[33]。此外，野生连翘多生长在山坡沟沿上，并与各种杂草、灌木及乔木伴生，采摘困难，在经济利益的刺激下，人们往往采用撅叉、折枝、割梢的方式就地采摘或者折枝后带回家采摘，导致在连翘主产区的山上到处可见连翘断树和散落在地上的被折断的连翘残枝[34]。近些年，由于青翘走俏，抢青现象尤为突出，由于在采收期内青翘已经基本被采完，所剩果实寥寥无几，导致在正常采收期内很难再找到老翘。另外，对于老翘的采收药农也很随意，由于老翘的采收时间与农忙季节正好冲突，所以药农在秋冬季闲暇时上山采老翘，如果遇到流感的年份导致老翘价格升高，有些产区的药农在老翘的采收时间上从当年的10月份以后持续到第二年的连翘开花之前，导致老翘的质量参差不齐[35]。因此，保护连翘野生资源势在必行。

2. 连翘野生资源的保护

野生连翘缺乏管理，再加上人为破坏，连翘野生资源的面积和产量有逐年减少之势。因此，应趁着第四次中药资源普查的东风，组织全国的林业、生态及医药等方面的专家摸清全国连翘资源的具体情况，如：分布的产地、产量及面积等。对于连翘资源的保护，可以实行就地保护和异地保护的措施。根据连翘蕴藏量和分布特点，因地制宜地建立野生连翘资源自然保护区。其次，收集全国范围内连翘种质资源，建立连翘种质资源圃和种质资源库。野生连翘是杂合体，应开展连翘的新品种选育和提纯复壮工作，选育出品质优、产量高及树形好的连翘新品种。在连翘群落分布比较集中的地方，开展连翘野生抚育的工作，因地制宜地采取补植、疏密、修剪及封山育林等措施，改善群落结构，提高坐果率。同时在确保连翘品质的同时，在荒山、荒坡及退耕还林地开展连翘的引种驯化和规范化栽培，恢复连翘种群，增加连翘产量，保证连翘资源的可持续利用[36]。

二、我国连翘家种资源的状况

由于野生连翘产量低、品质差，部分地处偏远山区、交通不便，采摘成本高，可利用率低，货源紧张，人工栽植连翘的面积随之日益增加。据天地云图大数据统计，从2015年前后连翘开始大面积发展家种生产，截至2020年，国内发展家种面积超过63万亩。但与广大的野生蕴藏面积相比，连翘的家种面积占比不到28%，即连翘的蕴藏面积超过260万亩。2023年家种连翘的产量不足2 000t，只能占据全国连翘资源量的20%。

参 考 文 献

[1] 中国科学院昆明植物研究所. 云南植物志 [M]. 北京：科学出版社，2003.
[2] 中国科学院植物所. 中国高等植物图鉴 [M]. 北京：科学出版社，1974.
[3] 佚名. 神农本草经（〔日〕森立之辑本）[M]. 北京：科技卫生出版社，1959.

［4］李石飞，张立伟，詹志来．经典名方中连翘的本草考证［J］．中国实验方剂学杂志，2022，28（10）：111-122.

［5］国家药典委员会．中华人民共和国药典：一部（2020年版）［M］．北京：中国医药科技出版社，2020.

［6］袁岸，赵梦洁，李燕，等．连翘的药理作用综述［J］．中药与临床，2015，6（5）：56-59.

［7］潘婷婷．连翘叶的研究进展［J］．价值工程，2017，36（6）：118-120.

［8］杨建雄，朱淑云，李发荣．连翘叶茶的体外抗氧化活性［J］．食品科学，2002，23（12）：120-123.

［9］张立伟，刘金，杨频．中草药连翘提取物抗氧化活性研究［J］．食品科学，2003，24（2）：122-125.

［10］李兴泰，李洪成，刘泽．连翘花醇提物保护线粒体及抗氧化研究［J］．中成药，2009，31（6）：839-843.

［11］侯雯倩，宁艳梅，苏敬，等．新型冠状病毒肺炎（COVID-19）全国66个预防方的用药特点分析［J］．中草药，2020，51（6）：1443-1449.

［12］齐丽娜，陈炫好，金华，等．中药连翘化学成分及药理活性研究进展［J］．天津中医药大学学报，2021，40（2）：168-175.

［13］曹仁．山西省连翘产业发展对策探讨［J］．山西林业，2022（1）：16-17.

［14］渠晓霞，毕润成．连翘种群生物学特征与种质资源研究［J］．山西师范大学学报（自然科学版），2004，18（3）：76-80.

［15］贾绍凤．根据植被估算黄土高原的自然侵蚀和加速侵蚀［J］．水土保持通报，1995，15（4）：25-32.

［16］张晋民，余星．简介一种野生油源——连翘［J］．粮食与油脂，1995，（4）：48.

［17］赵宁红，刘香妮，陈宇红．连翘繁育造林技术与开发利用［J］．防护林科技，2009（6）：108-109.

［18］中国植物志编辑委员会．中国植物志［M］．北京：科学出版社，1977.

［19］王进明，王瑞娜，范圣此．野生连翘资源调查与分析［J］．安徽农业科学，2012，40（15）：8483-8484，8594.

［20］李建设，赵嘉真，倪义斌．洛南县发展连翘调查报告［J］．中国林副特产，2005，10（3）：63.

［21］史敏华．连翘古县种源选育研究［J］．山西林业科技，2019，48（1）：34-35.

［22］韩虹．连翘群落数量生态研究［D］．太原：山西大学，2008.

［23］任晓红，刘鑫．安泽县连翘资源产业开发利用现状与对策［J］．山西林业，2018，（5）：12-13.

［24］滕慧颖，申建双，潘会堂，等．河北省连翘产业发展现状及策略［J］．河北林业科技，2018，（4）：46-49.

［25］西北水土保持生物土壤研究所植物资源组．介绍一种木本野生油源——连翘［J］．林业科技，1973，（1）：41-42.

［26］张晓虎，田西斌．洛南连翘果实中芦丁和槲皮素提取方法研究［J］．陕西农业科学，2015，61（11）：26-30.

［27］安维，杨胜亚．河南省野生连翘生境及其与植物生长发育的关系［J］．中药研究与信息，2004，6（4）：30-34，44.

［28］郭丁丁，张潞，朱秀峰．中药连翘种质资源调查报告［J］．时珍国医国药，2012，23（10）：2601-2603.

［29］中国科学院中国植物志编委会．中国植物志（第六十一卷）［M］．北京：科学出版社，1983：75.

［30］滕训辉．山西野生连翘资源保护与可持续利用研究［J］．中医中药，2010，7（34）：81-82，115.

［31］刘铭，谢晓亮，刘红霞，等．河北太行山区野生连翘人工抚育技术研究［J］．时珍国医国药，2008，19（11）：2821-2822.

［32］刘鑫．连翘人工林培育技术［J］．山西林业科学，2019，48（1）：44-45.

［33］滕训辉．山西连翘日渐萎缩资源保护迫在眉睫［J］．中国中医药咨讯，2010，2（13）：288.

［34］刘红卫．连翘主产地减产探因［J］．中药研究与信息，2005，7（3）：46-48.

［35］王进明，范圣此，赵艳，等．不同采收期老翘中化学成分含量测定［J］．园艺与种苗，2014（4）：44-47.

［36］范圣此，张立伟．连翘产业现状的分析及其相关问题的对策研究［J］．中国现代中药，2018，20（4）：371-376.

第二章

连翘生物学特性

第一节　连翘植物的形态特征

连翘为落叶灌木，株高 1～3m，基部丛生。枝开展或下垂，棕色、棕褐色或淡黄褐色，一年生枝为土黄色，次年生枝为灰褐色，老枝皮色更深暗。连翘枝略呈四棱形，疏生皮孔，节间中空，节部具实心髓，新生枝中空较大，老年枝中空逐年变小。

叶通常为单叶，或 3 裂至三出复叶，顶端小叶大，其余两小叶较小；叶片卵形、宽卵形或椭圆状卵形至椭圆形，长 2～10cm，宽 1.5～5cm，先端锐尖，基部圆形至宽楔形，叶缘除基部外具锐锯齿或粗锯齿，上面深绿色，下面淡黄绿色，两面无毛；叶柄长 0.8～1.5cm，无毛。

花于早春先开放，随后长叶，花通常单生或 2 至数朵着生于叶腋；花梗长 5～6cm；花萼 4 裂，绿色，裂片长圆形或长圆状椭圆形，长 5～7mm，先端钝或锐尖，边缘具睫毛，与花冠管近等长；花冠黄色，裂片倒卵状长圆形或长圆形，长 1.2～2cm，宽 6～10mm；在雌蕊长 5～7mm 的花中，雄蕊长 3～5mm，在雄蕊长 6～7mm 的花中，雌蕊长约 3mm。花期 3—5 月。

果实为蒴果，卵球形、卵状椭圆形或长椭圆形，长 1.2～2.5cm，宽 0.6～1.2cm，先端喙状渐尖或锐尖，表面疏生皮孔，有不规则的纵皱纹，两侧各有 1 条纵沟，有的明显，有的不明显，表明光滑或小斑点散生；果梗长 0.7～1.5cm；青翘多不开裂，绿褐色，表面凸起的灰白色小斑点较少，以身干、干燥、色黑绿、完整不裂口、无杂质者为佳。老翘 10 月成熟，自尖端开裂或裂成两瓣，表面黄棕或红棕色，内表面多为浅黄棕色，以身干、色棕黄、壳厚、显光泽、枝柄剔净、果瓣开裂者为佳。2 室，开裂，种子多数，具膜质翅；种子多数，细长，一侧有翅，黄绿色或棕色，多已脱落，气微香，味苦。果期 7—10 月[1]。

第二节　连翘生长习性

连翘一般生长于山坡灌丛、林下或草丛中，或山谷、山沟疏林中或悬崖峭壁，散生或连片分布。连翘喜温暖湿润、阳光充足的生态气候条件，在自然分布区内，要求年降水量 800～1 000mm，相对湿度 60%～75% 为宜。降水过多，湿度过大易出现倒伏和蒴果霉变。连翘可正常生长于海拔 250～2 200m，平均气温 12.1～17.3℃，绝对最高温 36～39.4℃，绝对最低温 -14.5～-4.8℃ 的地区，但在阳光充足、排水良好、富含腐殖质的砂壤土上生长较好[2]。播种期适宜温度为 10～15℃，开花期最适温度为 18～20℃，生长期内年无霜期大于 170d[3-4]。在大多数自然情况下，连翘种群常成群聚型分布。此外，野生连翘也有一些零星分散的个体分布（随机分布）。由于连翘的株高大部分为 1.0～1.5m，在野生植物群落结构中，主要由草本、灌木和乔木幼苗等组成。在无高大乔木的坡地多呈群落分布，而在高大乔木较多的坡地上，连翘分布较少，即使偶有分布，长势也差。经过清坡和垦伏的地区，连翘往往生长旺盛，为优势植物群落[5]。

连翘为蔓生落叶灌木，3—5 月花先于叶开放，4—5 月开始萌发生长出新枝叶，花开放后 10～

20d逐渐凋落，20d左右时结出幼果，9—10月果实成熟。连翘实生苗，一般当年可长至60～80cm，生长4～5年后开花结果。

连翘的灌丛主要由干枝、萌生枝及萌生枝上发出的短枝构成，萌生枝是形成连翘灌丛骨架的主要枝条，从干枝的中部或基部抽生而成，萌生枝上发出的短枝，其上还可以再继续发出新的短枝。萌生枝和萌生枝上发出的短枝是连翘的主要结果枝组，虽然萌生枝更新快，但萌生枝和短枝连年生长势都不强[6]。随着树龄的增加，萌生枝以及萌生枝上发出的短枝长势均逐年减弱，并且短枝由斜向生长转为水平生长，8～12年生植株，以四年萌生枝上的一年生短枝为最多，之后明显减少；连翘的丛高和枝展幅度在不同年龄阶段变化不大。由于连翘枝条更新快，加之萌生枝长出新枝后，逐渐向外侧弯斜，所以尽管植株不断抽生新的枝条，但其高度基本维持在一个水平上[7]。

连翘为多年生植物，一生要经过幼树期、初结果期、盛果期、衰老更新期4个时期。虽然每个时期的生长和结果情况不同，但生长发育过程都有年循环周期现象。连翘的年生长期为270～320d，遇霜即停止生长，从开花到果实成熟需要140～160d。当气温达6℃左右时，花芽开始萌发，随后10d左右开始开放。2006—2008年罗晓铮等[8]对灵宝连翘的主要发育时期及日平均气温进行了调查，结果见表2-1。

表2-1　灵宝连翘的主要发育时期及日平均气温

年生长发育阶段	日期（月-日）	日平均气温（℃）
花芽萌动	2-20 至 3-1	6
膨大	3-1 至 3-5	7
开绽	3-6 至 3-7	9
现蕾	3-8 至 3-9	8
露黄	3-10 至 3-11	9
初花	3-12 至 3-15	9
盛花	3-16 至 3-25	10
落花	3-26 至 4-10	18
第1次新梢生长	2-16 至 7-7	16
新梢萌芽	2-25 至 3-13	7
新梢芽膨大	3-14 至 3-15	9
展叶	3-16 至 5-20	18
定果期	4-1 至 4-20	19
第1次幼果速长	4-23 至 7-12	24
第2次新梢生长	5-7 至 7-7	27
果实速长期	5-12 至 7-12	25
果实纵长期	7-8 至 8-30	30
果实变色期	7-8 至 9-5	29
裂果期	7-7 至 8-30	30

第三节　连翘开花习性

连翘是两性花，典型的花柱二型植物[9]。连翘花根据雄蕊和雌蕊位置的不同，分为长花柱花型和短花柱花型，两种不同类型的花不生长在同一植株上，但不同花柱类型的连翘在同一地点的各个开花时期较为一致。

　　连翘整个开花时期包括初花期、盛花期、末花期、谢花期四个时期。初花期和盛花期较短，各2d，末花期较长，约15～19d，谢花期持续7d左右。其中，长花柱连翘花期为27d，短花柱连翘花期为32d。两种花柱类型连翘的初花期、盛花期不遇，但末花期和谢花期完全相遇，其中末花期共有15d相遇。连翘自花授粉结实率极低，以异花授粉结实为主，并且柱头的有效授粉期较长，从开花前2d至花后15d均可接受花粉并受精结实，且授粉结实率均达到60％以上，属兼性异交植物。但连翘花粉寿命较短，长花柱型和短花柱型连翘的花粉均在开花后7d失去活力[10]。

一、连翘两种花柱类型

1. 长花柱花型

　　花柱长，柱头高于花药，称长花柱花。柱头5mm左右，明显，子房室长1mm左右，柱头上部宽2.5～3mm，2个雄蕊和柱头裂向成90°分布于花柱两侧。雄蕊长2mm左右，宽1.5mm左右，雄蕊柱极短为0.5～0.8mm，从花冠基部着生，一个雄蕊有2个瓣合在一起，未成熟时呈黄白色，成熟后呈黄色。花粉囊破裂时散出黄色花粉。萼片4枚，长5～5.5mm、宽3mm左右，基部连合萼片短。花冠4枚，每枚长15mm左右，宽9mm左右，上有紫红色条纹，纵生，花冠单片形态呈椭圆形，花冠片短而平，短圆，见图2-1。

2. 短花柱花型

　　花柱短，柱头低于花药，称短花柱花。柱头1.0～1.5mm，不明显，并被雄蕊包围，子房室长1mm，柱头上部宽2.5mm，2个雄蕊和柱头裂向成90°，孕蕾期两雄蕊包合在一起分布于柱头上部，雄蕊长2mm左右，宽1.5mm左右，雄蕊柱头长为3mm左右从花冠基部着生。萼片4枚，长6.0～7.0mm，宽3mm，基部连合萼片长。花冠4枚，每枚长19mm左右，宽9～10mm，上有紫红色条纹，纵生，花冠单片形态呈长椭圆形或长条形，花冠片反转，翘、狭长[11]，见图2-2。

图2-1　长花柱花型

图2-2　短花柱花型

二、连翘花芽分化及发育

　　在生殖生物学方面，陈旭辉等[12]对连翘的花芽分化及发育进行研究，发现连翘花芽分化期为5月中下旬至7月中旬，整个过程分为未分化期、分化初期、花萼原基分化期、花冠和雄蕊原基分化期、雌蕊原基分化期。雌雄蕊的发育紧随着花芽分化的完成而进行。9月上旬花药中分化出花粉母细胞和完整的花粉囊壁；10月下旬胚珠的发育进入大孢子母细胞阶段，为连翘丰产栽培技术措施提供了理论依据。

三、连翘避免自交，实现异交的繁殖机制

李进宇等[13]对连翘花的结构与繁育系统进行了研究，结果表明，连翘具有 2 种避免自交的方式，雌雄异位和雌雄异熟。雌雄异位表现为长雄蕊短雌蕊花型和短雄蕊长雌蕊花型。为避免自交，连翘花的雌雄功能存在着时间上的差异，即存在雌雄异熟现象。雌雄异熟表现为短花柱类型是雄蕊先于雌蕊成熟，长花柱类型表现是雌蕊先于雄蕊成熟。

在授粉过程中，盛花期 2 枚花药黏连在一起，花药朝向花瓣一侧开裂。这种裂开方式，最大程度上避免了花粉在散开过程中飞到柱头上，避免连翘在繁殖过程中发生自交，同时连翘的花药上具有黏液，既避免花粉被风吹散，也使花粉落到柱头上的难度加大。

短花柱类型的雄蕊与长花柱类型的雌蕊长度相等，处于同一高度水平。同样，短花柱类型的柱头与长花柱类型的雄蕊长度也一致。2 种花型的雌雄蕊长度变化与短花柱类型中雄蕊先雌蕊成熟，长花柱类型花雌蕊先成熟的成熟顺序相吻合。因此，可以认为 2 种花型的雌雄蕊长度上的变化是连翘避免自交实现异交的一种繁殖机制。

在自然情况下，长花柱和短花柱类型的分布很不均匀，不同地区长短花柱类型的分布差别很大，比例也不尽相同。对不同类型比例的调查和自然结果率之间关系的研究，可以为人工栽培连翘及改造野生连翘，提高结实率和产量以及预测连翘当年产量和寻找高产区域及不结果原因提供依据。

第四节　连翘结果习性

连翘自花授粉结实率极低，只 4% 左右，在栽植时将长花柱和短花柱植株均匀相间配植，才能开花结果。连翘结果早，一般 3～4 年挂果，5～12 年为结果盛期，12 年后产量明显下降，需采取更新复壮措施；连翘枝条的结果龄期较短，其产量主要集中在 3～5 年生枝条上，5 龄以后每个短枝的产量下降明显。树冠的不同部位结果量也是不同的，树冠上部多于中部，树冠下部几乎没有果实，树冠的阳面多于阴面，树冠的内侧多于外侧。同部位相比，阳坡、半阳坡多于阴坡[7]。

一、连翘枝条与结实的关系

连翘枝一般分营养枝和结果枝。新发营养枝条一般由根部或老枝上抽出，新萌生的营养枝条为来年植株骨架，由萌生枝上发生的短枝形成结果枝，每一萌生枝上形成结果枝数量 2～9 个不等，组成结果枝串；连翘结果多少和结果短枝的数量和生长长短有关[5]。5～8 年生连翘短枝的长度、数量和结果数均较高，因此产量也较高，以后随着树龄的增大，短枝的数量、长度和结果数均逐年降低，产量也逐渐下降。因此，在栽培管理上，要根据连翘灌丛的生物学特性和生长发育规律，制定相应的整形修剪措施，要充分认识和利用连翘更新复壮快的特点，对 8 年生以上连翘的结果枝组及时进行回缩更新，因地制宜适当采取平茬或伐干枝的方法，加速新一代萌生枝的更替，增加枝条阶段发育的幼龄化，提高单株产量，延长植株盛果期年限。

二、连翘结实能力与树龄的关系

连翘的结实能力与树龄也有密切的关系，3～4 年生连翘开始结果，在 3～8 年树龄范围内，随着树龄的增大，产量逐渐增加；7～8 年生连翘株产量最高为 1.2kg，同其他年龄连翘相比，均达到显著差异水平；其次是 9～10 年生连翘，株产量为 0.8kg，但同 5～6 年生连翘株产量相比未达到显著差异水平；7～8 年以后，连翘产量随树龄的增大逐渐开始显著下降，11～12 年生连翘株产量最低仅为 0.3kg，可能从 11～12 年后连翘逐渐进入了衰老更新期，应开始更新复壮[6]。不同树龄连翘的生长结实情况见表 2-2。

表 2 - 2　不同树龄连翘的生长结实情况

树龄（年）	树高（cm）	冠幅（cm）（东西×南北）	株产（kg）
3～4	130	140×180c	0.2c
5～6	240b	250×220b	0.7b
7～8	280a	300×200b	1.2a
9～10	290a	330×310a	0.8b
11～12	280a	300×330ac	0.3

注：同列不同小字母表示显著差异（$P<0.05$）。

三、不同花柱类型连翘的结实情况

安维[11]于 2002 年 3—5 月在河南卢氏县官坡镇用硫酸纸做成一面开口的纸袋，大小为 3.5cm×3.5cm（长×宽）比正常连翘开的花朵稍大，开展了连翘植株授粉规律试验，对不同花柱类型的连翘进行自花授粉、异花授粉、不同类型间授粉试验以观察授粉结果情况。

具体处理组合为：

A 处理：长花柱自花授粉。在连翘花即将开放时，选择花柱类型为长花柱的花朵进行套袋。

B 处理：短花柱自花授粉。在连翘花即将开放时，选择花柱类型为短花柱的花朵进行套袋。

C 处理：母本长花柱×父本短花柱（♀长×♂短）。将短花柱的成熟花粉和已经去雄处理的长花柱花朵柱头进行人工授粉，套袋。

D 处理：母本短花柱×父本长花柱（♀短×♂长）。将长花柱的成熟花粉和已经去雄处理的短花柱花朵柱头进行人工授粉，套袋。

E 处理：同类型异花授粉：短花母本×短花父本（♀短×♂短）。在连翘花朵刚裂口时，选择短花柱花进行去雄处理，用同类型的异株花的成熟花粉授粉，套袋。

F 处理：同类型异花授粉：长花母本×长花父本（♀长×♂长）。在连翘花朵刚裂口时，选择长花柱花进行去雄处理，用同类型的异株花的成熟花粉，授粉，套袋。

解袋检查时间：5 月 28 日—5 月 29 日（气温 22～24℃、湿度 70%，晴天）检查连翘果实坐果情况，以果实明显膨大、不脱落者为已受精结果，并记录。

不同花柱型连翘自交和人工授粉结果，见表 2 - 3。从表 2 - 3 结果可以看出，连翘长、短花柱型自花授粉（A 处理和 B 处理）结果率分别为 0.91% 和 0.00%。同类型花柱间异花授粉处理（E 处理和 F 处理），结果率分别为 1.02% 和 0.99%，结果率非常低，大部分组别不结果。

而长短花柱类型之间的异花授粉（C 处理和 D 处理），结果情况良好分别达到 96.97% 和 96.84%。从中可得出结论，连翘花的结果情况主要为不同类型花间的异株异花授粉，而同类型花间的异株异花授粉和自花授粉几乎不结果。

表 2 - 3　不同花柱型连翘自交和人工授粉结果情况

单位：个

组数	A		B		C		D		E		F	
	套袋数	结果数	套袋数	结果数	套袋数	结果数	套袋数	结果数	套袋数	结果数	套袋数	结果数
Ⅰ	38	1	30	0	34	33	30	28	40	0	21	0
Ⅱ	48	0	45	0	34	32	30	29	38	1	45	1
Ⅲ	22	0	25	0	31	31	35	35	20	0	35	0
总计	108	1	100	0	99	96	95	92	98	1	101	1
结果率（%）	0.91		0.00		96.97		96.84		1.02		0.99	

长期以来，连翘结实率低，单位产量低，植株群落结果不均匀，自然结果率相差悬殊，以致有成片连翘光开花不结果的现象发生。连翘自然结果率的大小在一定范围内和连翘群落中长、短花柱植株的比例有关，长、短花柱分布均匀的植株自然结果率较高，而比例失调的群落，即使开花很多，结果率也较少。在连翘的繁殖系统中，以异交为主，主要采取以短柱花的花粉授到长柱花的柱头上为主要的繁殖方式。连翘仍有自交发生，这种途径在长柱花的植株上表现明显，说明连翘在繁殖过程中，为防止异交失败，仍以自交来保证繁殖成功[13]。

第五节　果实和种子特征

连翘果实分为大果和小果，还有介于大小果型之间的中间类型。经初步观察花柱类型和果实类型有一定的相关性，一般长花柱花结的果实为大果型，短花柱花结的果实为小果型[5]。连翘果实类型及种子特性见表 2-4。

表 2-4　连翘果实类型及种子特性

类型	大小、形态	类别	商品形态	分组	果实重 (g/100 粒)	种子千粒重 (g) (老熟种子)	种子数 (个) (n=15)
大果型 (长果型)	长 1.8～2.3 cm, 宽 0.8～1.2 cm, 窄 0.6～0.7 cm, 尖端锐尖, 长圆形, 头尖、长而细, 头尖部 0.6～0.8 cm, 肚小, 表面上布疣点较多	老翘	颜色发黑, 外表皮流点多、突出, 尖端开裂或成两瓣, 果皮厚	Ⅰ	19.4	3.3	19～39
				Ⅱ	18.6	3.25	
					19.2	3.28	
		青翘	颜色呈棕色发白, 外表皮疣点不突出, 部分尖端开裂, 果皮薄	Ⅰ	16		
				Ⅱ	17.2		
					16.6		
小果型 (短果型)	长 1.4～1.5 cm 宽 0.8～1.2 cm, 窄 0.7～0.8 cm, 尖端纠尖, 核形, 尖端头长 0.2～0.3 cm, 肚大, 表面较为光滑疣点小而少	老翘	个体小, 颜色发黑暗, 外表皮疣点少、小, 尖端开裂	Ⅰ	12.6	2.95	14～27 个
				Ⅱ	12.8	2.68	
					12.7	2.82	
		青翘	个体小, 颜色发白, 表皮疣点不突出, 较少部分开裂, 果皮薄	Ⅰ	10.8		
				Ⅱ	11.6		
				Σ	11.2		

参 考 文 献

[1] 中国科学院中国植物志编辑委员会. 中国植物志 [M]. 北京：科学出版社，1992.

[2] 渠晓霞，毕润成. 连翘种群生物学特征与种质资源研究 [J]. 山西师范大学学报（自然科学版），2004，18 (3)：76-80.

[3] 吴顺琴，徐世有，阮丽萍，等. 连翘高产栽培技术 [J]. 陕西气象，2006，(3)：33-34.

[4] 朱小强，王斌. 施肥对连翘增产效果的试验研究 [J]. 林业科技，2005，30 (5)：56-57.

[5] 安维，杨胜亚. 河南省野生连翘生境及其与植物生长发育的关系 [J]. 中药研究与信息，2004，6 (4)：30-34，44.

[6] 黄鹏，候治国. 连翘生长结实特性调查初报 [J]. 林业科技通讯，2019，(6)：69-72.

[7] 王伏雄. 北方植物学研究（第一集）[M]. 天津：南开大学出版社，1993.

[8] 罗晓铮，董诚明，纪宝玉. 连翘开花结实习性与物候期的观测 [J]. 河南农业科学，2009 (5)：104-107.

[9] Ruan Chengjiang. Distyly in *Forsythia suspensa* (Oleaceae) [J]. Guihaia，2008，28 (2)：143-147.

[10] 刘红霞. 连翘授粉受精特性研究 [D]. 保定：河北农业大学，2009.

[11] 安维. 连翘不同花柱类型授粉试验和开花相关影响因素研究 [J]. 河南中医学院学报，2009，24 (3)：27-29，32.

[12] 陈旭辉，江莎，李一帆，等. 连翘花芽分化及发育的初步研究 [J]. 园艺学报，2006，33 (2)：426-428.

[13] 李进宇，张志翔，尹五元. 连翘花的结构与繁育系统研究 [J]. 西北植物学报，2006，26 (8)：1548-1553.

第三章

连翘生态学特性

连翘耐寒、耐旱、耐瘠薄、忌水涝，对土壤和气候条件要求不严，适应性较强的特点，能够在陡壁、悬崖、石缝处顽强生长，但以土层深厚、土质肥沃、背风向阳的山地更适于生长。在阴坡、半阳坡、阳坡均能很好生长。连翘属喜光植物，在阳坡或半阳坡生长旺盛，结果量多。在阴坡枝叶徒长，结果较少。

第一节　气象因子与连翘

一、不同产地连翘生态环境的对比

连翘的生殖生长和营养生长在不同产地生态环境差异较大，造成各地连翘生长情况有所不同，郭丁丁等[1]将各地的生态环境条件调查情况进行了总结，见表3-1。

表3-1　不同产地连翘生态环境的对比

产地	地形	地理坐标及海拔	气候类型	年平均温度（℃）	年平均日照时长（h）	年降水量（mm）
山西长子	山地	E112°27′～112°87′ N36°02′～36°24′ 800～1 500m	中温带半湿润大陆性气候	10.4	2 565	600
山西陵川	丘陵	E113°07′～113°37′ N35°38′～35°78′ 400～650m	暖温带大陆性气候	7.9	2 200	575
山西黎城	高原	E113°20′～113°60′ N36°26′～36°86′ 1 000～1560m	北温带大陆性季风气候	10.4	2 120	547
山西安泽	山地	E112°01′～112°24′ N36°05′～36°30′ 1 400～1 500m	暖温带过渡性气候	9.4	2 000	622
山西屯留	山地	E112°27′～112°87′ N36°12′～36°54′ 1 200～1 500m	中温带半湿润性气候	10	2 418	540
山西壶关	丘陵	E113°23′～113°33′ N35°11′～35°32′ 450～600m	温带大陆性季风气候	8.9	1 980	574.5
山西平顺	山地	E113°33′～113°53′ N36°19′～36°34′ 1 100～1 300m	温带大陆性季风气候	9	2 320	600
山西左权	山地	E113°33′～113°43′ N37°02′～37°34′ 1 100～1 350m	温带大陆性气候	7.4	2 570	540
河南灵宝	山地	E110°65′～110°85′ N34°32′～34°52′ 2 000～2 400m	暖温带大陆半湿润性气候	14	1 830	579～1 120
河南卢氏木桐	丘陵	E110°03′～110°43′ N34°06′～34°52′ 500～1 200m	北亚热带和暖温带过渡性气候	12.3	1 800	636.4
河南卢氏潘河	山地	E110°04′～110°34′ N34°06′～34°53′ 1 500～2 000m	暖温带过渡性气候	12.3	1 650	636.4

（续）

产地	地形	地理坐标及海拔	气候类型	年平均温度（℃）	年平均日照时长（h）	年降水量（mm）
河南卢氏透山	山地	E110°03′～110°40′ N34°06′～34°52′ 2 000～2 400m	暖温带过渡性气候	13.5	1 730	570
河南辉县	丘陵	E113°23′～113°77′ N35°17′～35°50′ 200～500m	暖温带大陆性季风气候	15	1 770	589.1
河南林州	丘陵	E113°37′～114°51′ N32°17′～36°21′ 400～500m	暖温带半湿润大陆性气候	12.8	2 251.6	678.1
河南驻马店	山地	E110°22′～115°12′ N32°18′～34°32′ 1 500～1 700m	亚热带向暖温带过渡性气候	12.5	1 700	645
陕西丹凤	山地	E110°07′～110°49′ N33°21′～33°57′ 800～1 235m	凉亚热带向暖温带过渡性气候	13.8	2 056	687
湖北郧县	丘陵	E110°07′～111°16′ N32°25′～33°16′ 800～900m	亚热带湿润性季风气候	17	1 920	550
湖北郧西	丘陵	E110°04′～110°46′ N32°09′～32°36′ 700～1 200m	亚热带北界湿润性气候	15.4	1 874	700～800
河北涉县	山地	E113°26′～114°01′ N36°17′～36°55′ 1 100～1 300m	北温带大陆性气候	13.5	1 200	672

二、倒春寒的预防

近年来，在连翘开花季节，气温骤降、雨雪纷纷，"倒春寒"的极端天气时有发生。因此，适时做好预防"倒春寒"工作，尽可能降低低温灾害造成的损失。以下是几种连翘预防"倒春寒"常用的方法。

1. 预防措施

（1）熏烟防寒

在寒流来的当天凌晨2—3时前，在连翘种植集中区域或连翘园周围点燃湿柴草，少见明火多见烟，使连翘园上方形成一层烟雾，保持到太阳升起以避免寒流的侵袭。

熏烟方法一：每亩生烟至少5堆，均匀分布在各个方位。草堆高1.5m，底部直径1.5～1.7m，堆草时直插、斜插几根粗木棍，垛完后抽出作透气孔，将易燃物由洞孔置于草堆内部，草堆外面覆一层湿草或湿泥，这样烟量足且持续时间长（这种方法因护林防火要求不得擅自使用，需经批准采取好防火措施后进行）。

熏烟方法二：按硝酸铵2.5份、废柴油1份、锯末6.5份自制发烟剂，将硝酸铵研细，与废柴油、锯末混合均匀，装入铁桶内点燃。

（2）花前喷化学药剂和肥料

为防霜冻花前喷"天达2116"等植物细胞膜稳态剂和氨基酸系列微肥，增大细胞膜的韧性，提高树体的抗寒力。初花期喷磷酸二氢钾、氨基酸钙、硼砂等，可提高花器、幼果及枝条的细胞液浓度，增强抗冻能力，同时兼有施肥的作用。开花前树上喷洒2次800～1 000倍液的防冻液也有一定的作用。

（3）防风法

在连翘集中连片种植区域或连翘园的风口处设立防风屏障，能使树体免受或少受倒春寒及晚霜等恶劣气候的侵袭，减少、减轻连翘的冻害。

（4）遮盖法

用塑料布、草帘、苇席、苫布等遮盖连翘树，保留散发的地热，阻挡外来寒气的侵袭，从而起到减轻霜冻的作用。

2. 补救措施

方法一：在花托未受害的情况下，及时喷布"天达 2116"，可以促进单性结实，弥补一定产量损失。

方法二：对花未开完的连翘树，喷施 0.3% 硼砂 + 1% 蔗糖液，提高坐果率。

方法三：加强综合管理，促进果实发育，增加单果重，挽回产量。

3. 建议

建议一：连翘"倒春寒"的防控，要以预防为主，补救为辅。

建议二：根据近年来的经验，一些地方几乎每年都会出现春季频繁多变的寒流侵袭现象，不同地区发生的程度差别较大。因此，连翘种植项目村、中药材专业合作社、连翘种植大户、各连翘村技术骨干，都要充分认识和警惕倒春寒发生的可能性和灾害的严重性，提高防患意识，绝不能存有侥幸心理而无所作为。

建议三：一般来说，对于可能造成农业生产灾害的强寒流，气象局、电视台、网络平台、报纸等媒体都会提前 2～4d 发布预报、预警信息。因此，要注意收听收看低温寒流天气的预报和预警，及早采取防控霜冻的应对措施。

第二节　地形、海拔与连翘

不同的海拔高度、不同的坡向，连翘的单株产量和丛高是不同的。连翘生长垂直分布差异很大，产区常分布于海拔 800～1 600m 的山坡、林下和路旁。海拔 900～1 300m，可形成以连翘为主要优势品种的自然群落；900m 以下或 1 300m 以上则多与其他乔木、灌木、草本植物混生形成混生群落[2]。

连翘单株结果量阳坡、半阳坡在海拔 1 201～1 500m 范围内都是比较高的，以海拔 1 301～1 400m 处最高，海拔高于 1 500m 的连翘单株结果量明显降低。阴坡以海拔 1 201～1 300m 的单株结果量最高，随着海拔的增高，产量逐渐降低。植株的丛高在阳坡、半阳坡随海拔的增高而有所增高，阴坡以海拔 1 401～1 500m 处的最高[3]。

第三节　土壤与连翘

一、土壤类型与土壤厚度对连翘生长及结果的影响

土壤是影响连翘生长和结果的重要因子。连翘对土壤要求不严，中性、微酸或微碱性条件下的砂壤、棕壤、黄褐土上均能正常生长，不同土壤类型对连翘生长结实影响不大[4]。

在野生环境下，由于阴阳坡受光照时间、光照强度等因素有差异，不同坡向不同坡位的土壤情况不同。同坡位阴坡土壤厚度均高于阳坡；阳坡不同坡位土壤厚度从高到低依次为中坡位＞下坡位＞上坡位，阴坡土壤厚度从高到低依次为上坡位＞中坡位＞下坡位[5]。土壤厚度对连翘生长结实影响较大，生长在深厚土壤（土层厚度＞30cm）的连翘长势强、结果多；生长在贫瘠土壤（土层厚度 10～30cm）的连翘长势弱、结果少。

二、土壤肥力对连翘药用成分的影响

土壤肥力是与药用植物品质直接相关的主要环境因子，土壤肥力反映了土壤对植物营养的供给情况，直接影响了药用植物的生长发育与代谢物积累[6-7]。

不同土壤肥力条件影响连翘苷、连翘酯苷 A 的积累。有机质、速效钾有利于连翘苷的积累；速效钾也有利于连翘酯苷 A 的积累，而有机质和碱解氮不利于连翘酯苷 A 的积累，碱性土壤促进连翘苷的积累而抑制连翘酯苷 A 的积累[8]。

连翘是多年生灌木植物，生长周期长，考虑到连翘自身生物学特性及种植区多为山地的实际情

况，充分了解当地土壤养分结构及空间分布，针对不同地区土壤养分研究，人工弥补土壤养分不足，辅以人工施肥是提高药用植物品质和产量的关键栽培技术环节[9-10]。

第四节　阳坡、阴坡与连翘

坡位、坡度也可通过水土等因子的变化对连翘生长结果产生影响。一般阳坡、半阳坡上部的连翘表现较好，但坡位、坡度影响的程度不如海拔、坡向和土层厚度的影响大。阳坡光照时间长，平均气温高。因此，阳坡和半阳坡的单株结实率明显高于阴坡，而阴坡的丛高明显高于阳坡。

一、阳坡、阴坡对连翘花期的影响

王海莉[11]对阴坡、阳坡对连翘花期的影响进行了研究，结果表明，连翘整个花期持续 40d 左右，阴坡花期比阳坡晚 5～6d，主要原因是阳坡每日光照时间比阴坡长 3h 以上，导致阴坡的日积温比阳坡低 5℃左右，从而使阴坡花期滞后。

二、阳坡、阴坡对连翘结果数的影响

连翘在阴、阳坡均能生长，但阳坡、半阳坡连翘生长较好，植株茂盛，开花结果稠密；阴坡荫蔽度高的区域，连翘生长较差，或枝叶生长繁茂但开花结果稀疏。从结果情况看，阳坡比阴坡要好[2]。

据 8～12 年生，海拔＞1 300m，阳坡、半阳坡的生长状况分析，阳坡和半阳坡的单株结实量高于阴坡，而阴坡的丛高高于阳坡、半阳坡；坡上部的连翘表现较好，单株结实量比坡中部高 9.7%，丛高比坡中部高 6.2%，但影响的程度不如海拔、坡向和土层厚度大[12]。

因此，连翘建园地应选择排水条件良好，年平均温度 8℃以上，海拔 1 800m 以下，土层厚度≥20cm 的富含腐殖质的砂壤土阳坡、半阳坡地[13]。

第五节　连翘与伴生植物

一、河南省连翘群落的伴生植物

汤正辉等[14]分别于 2011 年与 2012 年的 4—10 月对河南省连翘灌丛群落特征及物种多样性进行了研究，在栾川、卢氏、陕州和济源共设 15 个 10m×10m 的样地，每个样地内划分 4 个 5m×5m 的样方，在每个样方右下角设 3m×3m 灌木样方，用同样的方法在 3m×3m 灌木样方内设 2m×2m 草本样方。乔木层逐株调查，记录种名、胸径、高度、冠幅及乔木层总盖度等；灌木层、草本层记录种名、生活型、株数、高度、盖度等。生境因子记录经度、纬度、海拔、坡向、坡度等。研究结果表明，在被调查的 15 块样地中记录到的乔木和灌木株计 303 株，隶属于 32 科 54 属 71 种。其中，种类较多的科有蔷薇科 Rosaceae（6 属 10 种）、蝶形花科 Fabaceae（4 属 9 种）、忍冬科 Caprifoliaceae（3 属 6 种），壳斗科 Fagaceae、虎耳草科 Saxifragaceae 等也有较多分布。草本植物株计 981 株，隶属于 20 科 51 属 56 种。其中，种类较多的科有菊科 Asteraceae（16 属 22 种）、毛茛科 Ranunculaceae（6 属 6 种）、伞形科 Apiaceae（3 属 3 种），唇形科 Lemiaceae、百合科 Liliaceae 等分布较多。

1. 栾川县连翘群落的伴生植物

在栾川县，连翘为优势种，成片分布于海拔 900～1 300m 的山坡、路边。群落中乔木种类较少，为山杨（*Populus davidiana* Dode）和油松（*Pinus tabuliformis* Carr.）等喜阳树种。灌木层盖度 50%～80%，以三裂绣线菊（*Spiraea trilobata* L.）、美丽胡枝子［*Lespedeza thunbergii* subsp. *formosa*（Vog.）H. Ohashi］为主，还有李（*Prunus salicina* Lindl.）、木蓝（*Indigofera tinctoria* L.）等。光照、温度和降水条件适宜，土壤为棕壤土或褐土，肥力适中，连翘生长良好，平均高度达 3.4m。草本层盖度 5%～15%，以艾（*Artemisia argyi* Levl.）、野艾蒿（*Artemisia lavandulifolia* DC.）占优势，还有打破碗花（*Anemone hupehensis* Lemoine）、马兰（*Aster indicus* L.）、牛尾蒿（*Artemisia dubia* Wall. ex Besser subf. *intermedia* Pamp.）等（见表 3-2）。

2. 卢氏县连翘群落的伴生植物

在卢氏县，连翘零星分布于海拔 1 000～1 200m 的山坡或山沟，土壤以黄壤和灰化土质为主。群落中乔木层盖度 70%～90%，主要有栗（*Castanea mollissima* Bl.）、槲栎（*Quercus aliena* Bl.）、盐肤木（*Rhus chinensis* Mill.）等树种。灌木层盖度 25%～50%，主要有山梅花（*Philadelphus incanus* Koehne）、钝叶蔷薇（*Rosa sertata* Rolfe.）、中国旌节花（*Stachyurus chinensis* Franch.）等。草本层盖度 4%～40%，主要有菊科的牛尾蒿（*A. dubia* Wall. ex Besser subf. *intermedia* Pamp.）、艾（*A. argyi*）、千里光（*Senecio scandens* Buch.）等，还有打破碗花（*A. hupehensis* Lemoine）、博落回 [*Macleaya cordata*（Willd.）] 等。由于该试验区域林分郁闭度高，乔木和灌木分布较多，连翘的生长受到限制（见表 3-2）。

3. 陕州区连翘群落的伴生植物

在陕州区，试验区的海拔为 800～900m。连翘为优势种成片分布于山坡、山沟、路边，土壤为砂砾土，土层薄。群落中乔木层主要有槐 [*Styphnolobium japonicum*（L.）Schott] 和零星分布的栗（*C. mollissima* BL.）、臭椿 [*Ailanthus altissima*（Mill.）Swingle]。灌木层盖度 15%～30%，连翘为优势种，还有美丽胡枝子 [*L. thunbergii* subsp. *formosa*（Vog.）H. Ohashi]、酸枣 [*Zizyphus jujuba* Var. *spinosa*（Bunge）Hu ex H. F. Chow]、鼠李（*Rhamnus davurica* Pall.）等。草本盖度 10%～15%，主要有艾（*A. argyi*）、黄瓜菜 [*Crepidiastrum denticulatum*（Houtt.）Pak & Kawano]、打破碗花（*A. hupehensis*）、蛇莓 [*Duchesnea indica*（Andrews）] 等。样地 4 位于山崖边，土壤极贫瘠，土壤厚度约 5cm，但连翘仍能完成开花结果的过程，说明该物种对土壤肥力和水分要求不高（见表 3-2）。

4. 济源连翘群落的伴生植物

在济源市，连翘单株或数株集中分布，试验区域海拔 860～1 010m。乔木层盖度 7.5%～65.5%，主要有鹅耳枥（*Carpinus turczaninowii* Hance）、蒙桑（*Morus mongolica*）、山槐 [*Albizia kalkora*（Roxb.）] 等。灌木层盖度 56%～65%，黄刺玫（*Rosa xanthina* Lindl.）、黄荆（*Vitex negundo* L.）、毛黄栌（*Cotinus coggygria* var. *pubescens* Engl.）为优势物种，其他主要有连香树（*Cercidiphyllum japonicum* Sieb.）、猬实（*Kolkwitzia amabilis* Graebn.）等。草本层盖度 2%～5%，主要有葎草 [*Humulus scandens*（Lour.）Merr.]、打破碗花（*A. hupehensis*）、博落回（*M. cordata*）、蛇莓（*D. indica*）、马兰（*A. indicus*）、蒲公英（*Taraxacum mongolicum* Hand.-Mzt.）等。该试验区与卢氏试验区情况相似，在乔木或灌木种类较多时，连翘不是优势种（见表 3-2）。

表 3-2 河南省连翘群落分布的主要伴生植物种类

地点	海拔（m）	连翘分布区主要伴生植物		
		乔木	灌木	
栾川县	900～1 300	油松 *P. tabuliformis*	三裂绣线菊 *S. trilobata*	米面蓊 *B. henryi*
		山杨 *P. davidiana*	美丽胡枝子 *L. thunbergii* subsp. *formosa*	
		栗 *C. mollissima*	李 *P. salicina*	
		胡桃 *J. regia*	木蓝 *I. tinctoria*	
		臭椿 *A. altissima*	聚花荚蒾 *V. glomeratum*	
卢氏县	1 000～1 200	栗 *C. mollissima*	山梅花 *P. incanus*	光萼溲疏 *D. glabrata*
		槲栎 *Q. aliena*	钝叶蔷薇 *R. sertata*	山茱萸 *C. officinalis*
		盐肤木 *R. chinensis*	酸枣 *Z. jujuba* var. *spinosa*	灰叶梾木 *C. schindleri* subsp. *poliophylla*
		黄连木 *P. chinensis*	中国旌节花 *S. chinensis*	杜梨 *P. betulifolia*
		漆树 *T. vernicifluum*	胡颓子 *E. pungens*	海州常山 *C. trichotomun*

（续）

地点	海拔（m）	连翘分布区主要伴生植物		
		乔木		灌木
陕州区	800～900	槐 S. japonicum	毛构 B. papyrifera	茅莓 R. parvifolius
		栗 C. mollissima	美丽胡枝子 L. thunbergii subsp. formosa	苦参 S. flavescens
		臭椿 A. altissima	酸枣 Z. jujuba var. spinosa	荚蒾 V. dilatatum
		鼠李 R. davurica	扁担杆 G. biloba	
		鹅耳枥 C. turczaninowii	黄刺玫 R. xanthina	三裂绣线菊 S. trilobata
		蒙桑 M. mongolica	黄荆 V. negundo	花木蓝 I. kirilowii
济源市	860～1 010	山槐 A. kalkora	毛黄栌 C. coggygria var. pubescens	太平花 P. pekinensis
		楝 M. azedarach	连香树 C. japonicum	金银忍冬 L. maackii
		茶条槭 A. tataricum subsp. ginnala	猬实 K. amabilis	陕西荚蒾 V. schensianum

二、山西省连翘群落的伴生植物

1. 太岳山连翘群落的伴生植物

茹文明等[15]对太岳林区连翘灌丛群落特征进行了研究，结果表明，连翘群落垂直分化明显，可分为乔木层、灌木层、草本层、地被层4个层次，但地被层不发达，层间植物很少。

连翘灌丛为山地落叶阔叶林砍伐后形成的次生植被，太岳林区植被正处于森林恢复阶段，连翘群落上层大部分有乔木覆盖，且在不同地段有在某一种乔木林下集中分布的趋势。不同地段、不同乔木林下的连翘群落分布特征各不相同。根据样方资料，对该区集中分布于蒙古栎、鹅耳枥、元宝槭、白皮松、白桦、山杨、油松、落叶松8种主要乔木林下的连翘群落特征，以及与上层无乔木覆盖、灌木为主要层的连翘群落特征进行分类分析，即9个群系。各群系的综合特征见表3-3。

表3-3　9个群系的基本情况

序号	群系	样方数	环境概况	连翘重要值	总种数	主要伴生灌木
1	鹅耳枥 Carpinus turczaninowii	56	海拔1 400～1 600m 阴坡或半阴坡	24.86	86	栒子、三裂绣线菊、绣线菊、白鹃梅
2	蒙古栎 Quercus mongolica	64	海拔1 200～1 600m 阳坡或半阳坡	27.67	94	绣线菊、卫矛、三裂绣线菊、栒子
3	白皮松 Pinus bungeana	21	海拔1 140～1 300m 阳坡	8.03	59	荆条、白鹃梅、黄刺玫、栒子
4	白桦 Betula platyphylla	25	海拔1 400～1 500m 阴坡	24.08	55	红瑞木、卫矛、荆条、金花忍冬
5	华北落叶松 Larix gmelinii vax. principis-rupprechtii	10	海拔1 500～1 600m 阳坡或半阳坡	29.61	41	金花忍冬、绣线菊、红瑞木、黄刺玫
6	山杨 Populus davidiana	8	海1 500～1 600m 阳坡或阴坡	38.03	33	卫矛、红瑞木、黄蔷薇、金花忍冬
7	五角槭 Acer piotum subsp. mono	24	海拔1 000～1 600m 阳坡或半阳坡	22.81	70	红瑞木、卫矛、绣线菊、野蔷薇
8	油松 Pinus tabuliformis	30	海拔1 500m 阳坡或半阳坡	33.45	58	麻叶绣线菊、绣线菊、三裂绣线菊、白鹃梅
9	无乔木	9	海拔1 200～1 500m 阴坡或半阴坡	27.30	46	黄刺玫、荆条、白鹃梅、绣线菊

2. 平顺天脊山连翘群落的伴生植物

连翘产业技术攻关小组在平顺天脊山于 2013 年 7—9 月采用随机取样调查法，调查了 13 个乔木样方和 48 个灌木样方，共计 61 个样方。在调查区内，选择阳坡和阴坡，分别随机设置样方，乔木样方为 10m ×10m，灌木样方为 5m×5m，并在四个角和中央各设置 1 个 1m×1m 的草本样方，记录样方内各物种的种名、高度、多度（株数）和盖度。调查结果表明，平顺天脊山连翘群落的伴生植物主要有以下几种类型。

2.1 阴坡连翘群落的伴生植物

连翘在阴坡形成油松-连翘＋胡枝子-披针薹草群落（Ass. *Pinus tabuliformis-Forsythia suspensa* ＋ *Lespedeza bicolor-Carex lancifolia*）

在阴坡油松发育成森林，郁闭度约 40%。乔木层内偶见蒙古栎。灌木层种类除连翘和胡枝子外，还有三裂绣线菊、山桃、山杏、六道木、美蔷薇、黄刺玫、稠李等 7 种。灌木层盖度 60%～80%，连翘盖度 25%～45%，在 10m×10m 样方内，连翘 15～30 株。披针薹草为草本层的建群种，占绝对优势，种盖度达 80%～90%。拂子茅其次，盖度达 20%～40%。常见种以东亚唐松草、小红菊、南牡蒿、地榆、铁杆蒿、山豆花、野棉花、南山堇菜等 8 种为主，每个样方都出现，但盖度不足 10%。北柴胡、驴欺口、祁州漏芦、展枝沙参、前胡、苦参、穿山龙、泥胡菜、桃叶鸦葱、银白风毛菊、草木樨、白头翁、苍术、茜草、玉竹等 15 种植物盖度不及 1%。

2.2 阳坡连翘群落的伴生植物

（1）连翘＋白莲蒿-披针薹草群落（Ass. *Forsythia suspensa* ＋ *Artemisia gmelinii-Carex lancifolia*）

该群落发育在多砾石，贫瘠土壤的阳坡，偶有油松分布。该群落可分为三层结构。第一层为连翘、黑桦树、三裂绣线菊和黄刺玫组成灌木层；第二层为铁杆蒿半灌木层；第三层为披针薹草为主的草本层。灌木层盖度为 30%～70%，连翘的盖度 25%～50%，黑桦树、三裂绣线菊和黄刺玫的盖度达 5%～40%，灌木层也有本氏木蓝分布。半灌木层铁杆蒿盖度为 10%～30%。草本层建群种为披针薹草，盖度达 30%～70%。山豆花、地榆、毛建草、中华隐子草、茅香、白羊草、火绒草、小红菊等 8 个种出现于每个样方。还有本氏木蓝、翻白草、筋骨草、香青兰、紫花地丁、南山堇菜、远志、西伯利亚远志、祁州漏芦、百蕊草、山豆花、华北前胡、银白风毛菊、红纹马先蒿、野亚麻、山韭、岩败酱、朝天委陵菜、野棉花、华北大黄、珍珠菜茜草、本氏木蓝、北柴胡、山丹、桃叶鸦葱、北方拉拉藤、防风、黄芩、委陵菜、华北蓝盆花等 30 种常见种类。

（2）油松-连翘-披针薹草群落（Ass. *Pinus tabuliformis-Forsythia suspensa-Carex Lancifolia*）

该群落乔木种类只一种油松，油松郁闭度 60%～80%。灌木层中连翘占绝对优势，还有黄刺玫、胡枝子、杠柳，其中连翘盖度达 20%～50%。草本层仍然以披针薹草建群，盖度达 30%～90%。小红菊、山豆花、地榆、白羊草、白头翁每个样方都出现。此外还有南山堇菜、防风、岩败酱、北柴胡、山韭、香青兰、远志、狗舌草、茅香、毛建草等 10 种常见植物。

3. 太行山南段陵川境内连翘群落的伴生植物

郭佳佳等[16]对以太行山南段陵川域内广泛生长的连翘为研究对象，通过样方调查方法，解析连翘群落结构及影响因子，结果表明：该区连翘群落可分为 5 类群丛：①连翘（*Forsythia suspensa*）＋三裂绣线菊（*Spiraea trilobata*）-披针叶薹草（*Carex lanceolata*）群丛；②连翘（*Forsythia suspensa*）＋白刺花（*Sophora davidii*）-披针叶薹草（*Carex lanceolata*）＋铁杆蒿（*Tripolium vulgare*）群丛；③辽东栎（*Quercus wutaishanica*）-连翘（*Forsythia suspensa*）＋三裂绣线菊（*Spiraea trilobata*）-披针叶薹草（*Carex lanceolata*）＋白头翁（*Pulsatilla chinensis*）群丛；④油松（*Pinus tabuliformis*）-连翘（*Forsythia suspensa*）-披针叶薹草（*Carex lanceolata*）群丛；⑤连翘（*Forsythia suspensa*）＋黄刺玫（*Rosa xanthina*）-披针叶薹草（*Carex lanceolata*）群丛。

三、陕西省商洛市连翘群落的伴生植物

任宏力等[17]对商洛连翘群落生物多样性进行了调查，结果表明，在连翘分布区的生态群落复杂多样，主要植物有马尾松、雪松、白皮松、樟子松、巴山冷杉、秦岭冷杉、山楂、高山柳、大叶杨、小叶杨、红桦、槲栎、黄蜡树、柞树、油松、白皮松、华山松、圆柏、侧柏、李树、榆树、构树、荆条、蒿、麻珠珠、猕猴桃、五味子、牛蒡子、野山药、紫丁花、猫儿眼、对角刺及多种草本植物等。群落分布主要有以下两种类型。①乔木层-连翘-草本植物。这种群落主要分布在800m以下和1 500m以上海拔地区，在阳坡连翘生长良好，但不能形成优势种。在阴坡受乔木的影响，在郁闭度较高的环境中，连翘难以形成优势群落，连翘植株以向上生长为主，开花率和结实率明显降低。②灌木层（连翘）-草本植物，在平均海拔960m范围内，无论是阳坡还是阴坡在群落内连翘都能形成优势种群。通过不同层次物种多样性对比可知，连翘种群物种多样性的分布特点为草本层＞灌木层＞乔木层[18]。

参 考 文 献

[1] 郭丁丁，张潞，朱秀峰．中药连翘种质资源调查报告［J］．时珍国医国药，2012，23（10）：2601-2603.

[2] 安维，杨胜亚．河南省野生连翘生境及其与植物生长发育的关系［J］．中药研究与信息，2004，6（4）：30-34，44.

[3] 王伏雄．北方植物学研究（第一集）［M］．天津：南开大学出版社，1993.

[4] 李书春，连运甫．中条山树木志［M］．北京：中国林业出版社，1995.

[5] 张建军．生态因子及抚育对野生连翘生长和产量的影响［J］．山西农业大学学报（自然科学版），2013，33（1）：10-15.

[6] 李建设，赵嘉真，倪义斌．洛南县发展连翘调查报告［J］．中国林副特产，2005（3）：63.

[7] 李卫建，李先恩．连翘有效成分含量与土壤养分的量化关系研究［J］．中国中药杂志，2005，30（20）：1577-1580.

[8] 雷立，任宏力，李惠民，等．商洛不同产地连翘有效成分含量与土壤因子的相关性研究［J］．山东农业科学，2016，48（5）：55-57，61.

[9] 张姣，张晓虎，阎佩云．洛南县连翘种植区土壤养分状况及空间分布特征初步研究［J］．中国农学通报，2020，36（10）：95-101.

[10] 渠晓霞，毕润成．连翘种群生物学特征与种质资源研究［J］．山西师范大学学报（自然科学版），2004，18（3）：76-80.

[11] 王海莉．不同环境条件对连翘生长发育过程的影响［J］．中医学报，2014，29（11）：1630-1634.

[12] 刘学勤，赵雨明，王德平，等．石灰岩山地连翘灌丛立地类型的划分［J］．经济林研究.1992，10（1）：27-31.

[13] 刘鑫．连翘人工林培育技术［J］．山西林业科技，2019，48（1）：44-45.

[14] 汤正辉，祝亚军，谭运德，等．河南省连翘灌丛群落特征及物种多样性研究［J］．中南林业科技大学学报，2013，33（4）：28-33，42.

[15] 茹文明，渠晓霞，侯纪琴．太岳林区连翘灌丛群落特征的研究［J］．西北植物学报，2004，24（8）：1462-1467.

[16] 郭佳佳，张雷廷，车建芳，等．太行山南段连翘群落结构及其影响因子研究［J］．生态学报，2021，41（21）：8589-8601.

[17] 任宏力，李惠民，周曙东，等．商洛连翘群落生物多样性调查报告［J］．陕西农业科学，2015，61（6）：78-80.

[18] 张玲．连翘的数量生态学研究［D］．临汾：山西师范大学，2012.

第四章

连翘种苗培育

第一节 实 生 苗

1. 种子采集

在采集连翘种子时应注意的问题有两点：①必须选择生长健壮，枝条节间短而粗壮，花果着生密而饱满，种子结实性状优良，无病虫害的单株作为采种母株[1]；②必须采集成熟的果实，一般在寒露至霜降期间，约于9月下旬至10月中旬采集黄色、裂开的成熟果实[2]。

2. 种子播种前准备

在播种前要对种子进行人工精挑细选，剔除杂质和病、残、虫食粒。为了使连翘种子萌发快、出苗整齐，播种前对种子进行沙藏处理，目的是让种子进行生理后熟、软化种皮、增加通透性；使种子的内激素发生变化，发芽抑制素逐渐减少，生长激素增加。在沙藏过程中加入0.05%的硼酸和0.01%的过氧化氢，对连翘种子的萌发有促进作用[3]。将连翘种子进行低温沙藏，不仅可以提高连翘种子的发芽率，还可以促进连翘种子提早发芽。

3. 育苗地的选择

选择好育苗地是连翘育苗的重要环节。这既关系到苗子的生长好坏，又与移栽定植后植株是否正常生长发育密切相关[4]。育苗地应选择向阳湿润、土壤肥力较好的熟地，要求土层深厚、质地疏松，以富含腐殖质的砂壤土或壤土为好，以pH近中性（6～8）为宜。

4. 育苗地整地

由于连翘根系比较发达，主根较长，所以育苗地应在1个月前全面深翻30cm以上，清除周围的杂草和石块，让土壤充分熟化，以消灭杂草，防止病虫害，增加土壤通透性和蓄水能力，改善土壤理化性状创造适合连翘育苗的土壤条件。播种前翻耕大稀土块，施足基肥，1hm²施圈肥30 000～45 000kg，均匀地撒到地面上，然后耙细整平[5-6]。下种前要深耕细耙，使上下土层肥力均匀，防止表土过肥而影响主根向深层生长。平整耙细做畦，畦宽1.2m，畦长10m，畦高15～20cm。畦面要平整，以利于排水灌溉，表土要平整细碎，以利于幼苗出土。

5. 播种量及播种方法

种子繁殖一般选择春播，即3—4月播种；亦可进行秋播，即9—10月播种。研究表明，春播于3月中下旬（即惊蛰前后）播种，秋播于9月下旬（即秋分前后）播种为宜[7]。

春播种子需要去皮处理和沙藏层积催芽。尽量早播，早出土，生长期长，苗木生长量大，同时避免夏季灼伤，便于管理。播前灌足底水，晾晒2～3d，深耕细耙，一般采用开沟条播，按行距20～30cm在苗床上开深3～4cm横沟，顺沟把沙藏催芽的种子，按1m长播种150粒的开沟播种量均匀地撒入沟内，播幅约10cm，覆1～2cm的灰肥和细土，稍加镇压，然后用柴草覆盖保墒[8]。

秋播连翘种子成熟后随采随播，种子不作处理也可成苗，但为了出苗整齐，苗木生长健壮，通常在土壤封冻前，将种子用石灰水浸泡后脱去果皮后再播种。播后必须及时浇水、覆膜、遮阴。一般也采用沟状条播，沟宽 10cm，深 2～3cm，沟间距 25cm，将种子均匀撒入沟内，覆土不宜太厚，覆土后轻轻压实，上盖稻草或地膜。每 667m² 播种 6～10kg。

6. 苗期管理

种子出苗前，要保持土壤湿润，不要揭开覆盖塑料薄膜，应在 20～30d 左右出苗后再揭。为了提高成活率，要提早进行间苗，第一次间苗可在苗高 3～4cm 时进行，去弱留强，以后根据幼苗生长发育状况合理间苗 1～2 次，最后一次间苗应在苗高 10cm 时进行，注意保持通风透光和空间分布的均匀性，每 1m² 留苗 40～50 株。

幼苗生长期间，要及时除草松土，每隔 10～20d 除草松土 1 次，在灌溉后或雨后进行，松土深度要浅于覆土厚度，行间松土可适当加深。育苗期间缺少追肥措施，不利于幼苗快速生长，根据生产要求，在苗木速生期要追施以氮、磷为主的速效复合肥。培育 1 年，当苗木长到 50cm 以上即可出圃定植。

第二节　扦　插　苗

1. 嫩枝扦插

（1）采条：从树龄 3 年或 4 年生的连翘植株中选择生长健壮的作为母树，夏季 6—7 月份选取当年生的枝条，处理成 15～20cm 长的插穗，注意下切口到插穗的底芽要留 1cm 距离。

（2）苗床的准备：做深 40cm，宽 1～1.3m，长视地形而定的苗床。喷施高锰酸钾消毒。

（3）插穗处理：将选择好的插穗在浓度为 200mg/kg 的 NAA（萘乙酸）溶液中速蘸 1～2min。

（4）扦插：将插穗按间距为 10cm 插于床上。

（5）塑料拱棚：用竹子在苗床上搭成间距为 20cm 左右拱棚支架，随后覆上塑料膜，在上方搭上遮阳网，塑料拱棚周围用土密封好，苗床始终保持温度 25～28℃，相对湿度 80％以上，一个月后可掀棚。减少喷水次数，降低苗床相对湿度进行炼苗，使生出的新根木质化。使幼苗逐渐适应外界环境，可以使苗根生长健壮。

2. 硬枝扦插

同嫩枝扦插不同的是：①选择生长健壮的 3～4 年生连翘做母株，冬季从母株上剪取芽饱满的枝条，截成 10cm 长的插穗；②要将插穗进行沙藏，将剪成的插穗 50～100 枝捆成 1 捆，埋入沙或土中，覆土 5～6cm，翌年春天刨出。苗床的制作、扦插时的做法、拱棚的制作等参照嫩枝扦插的做法。

第三节　容器育苗

容器育苗技术含量高，适合大规模集约化育苗，便于机械化管理、运输和栽植，由于苗木品质好，可带土栽植，因此造林成活率高，后期成长快。

1. 容器选择

容器可根据需要选择。容器内要盛装扦插小苗，选用厚度为 0.2mm 的塑料袋做成长 20cm、直径 10cm 杯桶状。

2. 选地作床

可选择背风向阳、靠近水源、排水良好的地方作为育苗地。苗床宽 2m、长 10m、深 30～40cm，将苗床挖成深与容器袋相同或略大于容器袋。

3. 配置营养土

营养土配制比例为田园土：河沙：枯枝落叶土（或草炭土）＝1:1:1。

4. 插穗处理

6—7 月从生长健壮的 3 或 4 年生母株上，截取当年生的嫩枝，然后把插穗剪成 15cm 左右长，同时插穗顶部剪留 3～4 片叶。将选择好的插穗在浓度为 200mg/kg 的 NAA 中速蘸 1～2min。

5. 装杯与摆放

将插穗三分之一部分（4cm 左右的深度）插入营养袋内，插完后浇透水，最后把插口封住，营养袋紧密排列于苗床内。

6. 塑料拱棚

用竹子和塑料膜做成拱棚，要注意在一个月之内不能揭棚，同时苗床温度要始终保持在 25～28℃，相对湿度在 80％以上，30～40d 可生根，期间不必浇水[9-10]。

第四节　连翘种子质量标准

目前，连翘的开发利用已经初具规模，但是在连翘的种植、采集和加工过程中存在不规范问题，尤其是种子的质量问题，没有统一的标准加以控制，这影响了当地连翘的产量和品质。连翘主要采用种子进行繁殖，种子的优劣直接影响植株的生长发育及药材质量，优良的种子是保证和生产优质药材的关键。因此，制定连翘种子质量分级标准以便控制其品质，规范种子供需市场，同时对连翘的规范化生产具有重要意义[11]。

李书敏等[12]于 2016 年 12 月从河南省卢氏县金红连翘种植基地收连翘种子，用于质量检验方法评价。于 2017 年 12 月分别从河南、山西、陕西、江苏、河北等连翘主产地收集种子共 40 份，去除 12 份质量太差的种子，其余 28 份用于质量标准研究，收集的材料基本覆盖连翘主产区。

考察了连翘种子的扦样、发芽率、胚率、净度、含水量、千粒重、生活力等检验方法，建立了连翘种子质量检验方法，结果见表 4-1。根据此方法对新采收的连翘种子样品进行质量检验，利用 SPSS 软件对各项指标所测得的数据做相关性分析、主成分分析以及 K 均值聚类分析，初步确定了影响连翘种子质量分级标准的因素，依次为净度、含水量、千粒重、胚率和发芽率，并以此制定了连翘种子的质量分级标准，见表 4-2。

表 4-1　连翘种子质量检验方法

检测项目	检验方法
真实性	外观鉴定和种子大小鉴定
扦样	过 14 目筛子后进行净度分析，净度分析样品最少为 12.2 g，送检样品最少为 122.0 g
千粒重	百粒法测定千粒重
含水量	粉碎高恒温（130±2）℃烘干 5 h
生命活力	室温浸种 10 h 后，沿胚纵切，于 0.2％TTC 溶液中恒温（35±1）℃避光染色 5 h
胚率	用解剖针挑开浸泡过的种子，观察胚的有无
发芽率	25℃恒温光照双层滤纸床培养，计数时间为 5～15d，以芽长为种子长度的 1/2 为萌芽标准

表 4-2　连翘种子质量分级标准

级别	净度（％）	千粒重（g）	含水量（％）	胚率（％）	发芽率（％）	外观特征
1	≥92	≥3.9	≤9.1	≥90	≥85	大小均匀，少量杂质
2	≥81	≥3.2	≤9.2	≥83	≥74	大小较均匀，有瘪粒及杂质
3	≥79	≥3.1	≤9.3	≥72	≥54	大小不均匀，有秕粒及杂质

连翘种子分级标准是连翘生产质量管理的重要组成部分，为规范化种植基地和野生抚育基地选择连翘种子提供一定的参考。建议选择产量高、果实大、有效成分含量高的连翘建立留种基地，保证连翘种子内在和外在品质，最终能生产出优质连翘药材。

第五节　连翘种苗质量标准

优质中药材种苗是提高药材产量、质量和用药安全的根本保障。种苗质量标准化是确保中药材种苗质量、保证种苗安全性、提高药材质量和产量、保护国家中药材资源的重要途径。目前，绝大多数中药材种苗还未制定相应的质量标准，种苗质量参差不齐，严重影响中药材规范化栽培生产[13-15]。截至目前，连翘种苗尚没有统一的质量标准，不利于连翘的规范化种植。

李梦焕等[16]采集河南省三门峡、洛阳，山西省长治、运城，陕西省商洛等连翘主产区的连翘种苗，测定其地径、苗高、主根长、大于 3cm 一级侧根数、根幅、芽体数等指标，通过 SPSS 24.0 软件进行 K 类中心聚类分析，确定连翘种苗质量的分级指标，见表 4-3，并对连翘种苗分为 4 个等，分别为Ⅰ级、Ⅱ级、Ⅲ级、Ⅳ级，低于Ⅲ级为不合格种苗。供试所有连翘种苗中，Ⅰ级种苗占 12.3%，Ⅱ级种苗占 23.8%，Ⅲ级种苗占 34.2%，建议市场采用Ⅰ、Ⅱ、Ⅲ级种苗。

表 4-3　连翘种苗质量分级标准

等级	地径（cm）	主根长（cm）	苗高（cm）	根幅（cm）
Ⅰ	≥0.81	≥19.6	≥61.5	≥19.4
Ⅱ	0.76～<0.81	16.8～<19.6	48.6～<61.5	12.7～<19.4
Ⅲ	0.58～<0.76	16.4～<16.8	43.2～<48.6	11.5～<12.7
Ⅳ	<0.58	<16.4	<43.2	<11.5

目前，我国中药材品种选育工作仍较落后，中药材种子种苗生产经营体系尚未建立，且其质量管理体系也不完善，监督管理缺位。中药材种子种苗标准化是一个系统工程，涉及具体标准的制定、育种工作的科学规划以及市场流通的管理等，离不开行政管理部门强有力的推动[17-19]。

参 考 文 献

[1] 刘少庆. 连翘播种育苗技术的研究 [J]. 陕西林业科技，2010，（6）：15-17.

[2] 朱小强，樊军龙. 连翘地膜覆盖播种育苗技术 [J]. 林业科技，2005，30（3）：66-68.

[3] 牛芳芳，唐秀光，任士福，等. 连翘种子萌发特性研究 [J]. 河北林果研究，2013，28（2）：150-153.

[4] 刘一飞. 连翘栽培管理规程 [J]. 现代农业科技，2006，（8）：17.

[5] 陈佳琳，于洪伟. 连翘栽培技术 [J]. 河北林业科技. 2012，（2）：105.

[6] 王祥. 连翘的水土保持作用与栽培技术 [J]. 山西水土保持科技，2010，（4）：47-48.

[7] 王治军，解诗和，马云樊，等. 连翘育苗及造林技术 [J]. 陕西林业科技，2005，（8）：26.

[8] 彭方仁. 黄连木丰产栽培实用技术 [M]. 北京：中国林业出版社，2010.

[9] 段玉忠. 连翘育苗技术 [J]. 林业实用技术，2009，（9）：34.

[10] 牛芳芳. 河北太行山连翘药用林栽培关键技术调查研究 [D]. 保定：河北农业大学，2013.

[11] 李小玲，华智锐. 商洛连翘种子品质检验与质量标准研究 [J]. 江西农业学报，2014，26（11）：43-45.

[12] 李书敏，李钦，袁王俊. 连翘种子质量检验方法和分级标准研究 [J]. 中药材，2019，42（9）：1995-1998.

[13] 阎新佳，温静，项峥，等. 连翘的化学成分研究 [J]. 中草药，2017，48（4）：644-647.

[14] 滕训辉. 山西野生连翘资源保护与可持续利用研究 [J]. 中医医药导报，2010，7（34）：81-82，115.

[15] 马满驰，张教洪，单成钢，等. 中药种苗质量标准研究进展 [J]. 山东农业科学，2015，47（4）：139-142.

[16] 李梦焕，袁王俊，王书辉，等. 连翘种苗质量标准研究 [J]. 河南农业科学，2019，48（3）：55-60.

[17] 魏建和，陈士林，程惠珍，等. 中药材种子种苗标准化工程 [J]. 世界科学技术，2005，7（6）：104-108.

[18] 郑维全，扬建峰，李志刚，等. 优良胡椒插条种苗标准化繁育技术 [J]. 热带农业科学，2011，31（4）：17-21.

[19] 魏锋，刘薇，严华，等. 我国中药材及饮片的质量情况及有关问题分析 [J]. 中国药学杂志，2015，50（4）：277-283.

第五章
连翘野生抚育和规范化栽培

第一节　连翘野生抚育

近几年，国家实施的天然林保护工程和生态绿化工程对连翘天然资源的分布、生长、结实率影响较大，使连翘天然林面临分布面积缩减、产量逐年减少、产品品质下降等问题。因此，对连翘天然林的抚育经营管理已成为林业管理部门迫切需要解决的重大问题，并且已在河北、山西、陕西等地大面积推广。为了规范连翘天然林抚育管理工作，提高连翘产量，刘劲[1]对连翘清杂露翘、补植、平茬更新、树形培养、整形修剪等抚育措施进行了研究，以期为连翘天然林抚育管理提供技术支撑。

一、抚育管理对象

抚育管理对象为盖度≥30%或密度≥1 500株/hm²，分布基本均匀且相对集中连片的天然连翘林。

二、抚育管理方法

连翘耐干旱瘠薄、生命力强，天然连翘林大部分生长在立地条件差的山坡上，多年来只进行采摘。因缺乏管理，徒长枝、老化枝多，大部分连翘只开花不结果，产量很低。因此，应及时对连翘天然林进行抚育改造，采取清杂露翘、补植、平茬更新、树形培养、整形修剪等技术措施，使天然连翘林更新复壮，增加产量，提高经济效益。

1. 清杂露翘

清杂露翘的主要任务是清理连翘地里的杂草、灌木。清杂露翘在6月下旬至8月下旬进行，在此期间杂灌生长旺盛，清除后可有效防止其继续生长。采用全面清理或者带状清理的方法，将林中影响连翘采光和正常生长的灌木、杂草和过密的连翘植株进行清除，堆放于林间，让其自然腐烂。对于杂灌丰富的林地，可用割灌机进行清理。清除杂灌的过程中注意保护珍稀、濒危物种。按株行距2～3m，选择生长健壮的植株作为保留株（丛）。根据立地条件不同，保留连翘植株在1 650～2 250株（丛）/hm²。

2. 补植

天然连翘林中有大量的空穴地，缺苗现象严重，要通过移植和补植，保证单位面积株数和产量，使连翘均匀分布。一般采用鱼鳞坑和水平阶补植。对于坡度>25°的地段，采用鱼鳞坑整地，深60cm左右，直径60cm，土堰宽、高10～20cm。坡度在15°～25°的地方，由于坡度比较缓和，采用水平阶整地方式能充分利用土地，水平阶宽1～1.5m，长要根据地形和田面整平而定，深60cm左右，沿等高线呈品字形排列。坡度<15°的地段，一般采用穴状整地，直接挖穴补植。采用1～2年生的健壮苗木，春季或秋季栽植，春季一般在3月下旬至4月下旬之间进行，秋季在7—8月份雨季进行。在鱼鳞坑或水平阶内栽植时，先在坑（阶）内挖小穴，苗木放在穴中央，使苗木根颈低于地表5～10cm。苗木定植之前，最好对苗木（裸根苗）根系进行打浆处理，主根过长的应先截根，定植时先在根系周

围填湿润细土，覆土超过根颈时，用手向上提苗，保证不窝根，用脚踏实，再填土与地表取平，再踏实，浇透水，上覆规格为 1m×1m 的薄膜，其上再覆 1～2cm 松土保墒。

连翘容器苗移栽将容器袋撕开，将容器苗栽入穴内，浇透水后上覆规格为 1m×1m 的薄膜，其上再覆 1～2cm 土层。连翘的异花授粉结果率高于自花授粉，长花柱连翘或短花柱连翘自花授粉结实率极低，几乎只开花不结果。所以在连翘种植过程中必须将 2 植株混栽，以提高结实率[2]。

3. 平茬更新

连翘天然林内，存在很多老化甚至枯死的植株，严重影响光照，导致产量和质量下降，容易发生病虫害，应及时对其进行平茬更新，恢复树势。平茬更新在连翘落叶后到翌年萌动前的休眠期进行。平茬更新的方法有 3 种，分别是整株（丛）平茬、轮回平茬和交替平茬。整株（丛）平茬是将连翘株（丛）地上部分全部剪除，留茬高度<5cm。不能随意砍伐，要用长力臂压力剪或手锯，在略高于地面处锯断植株，保证截面平整光滑，以利于伤口愈合。轮回平茬是以连翘丛为单位，对老化、生长衰弱的植株，每年进行 1/3 的平茬更新，3 年完成 1 个轮回。第 1 年在东南方向进行平茬，第 2 年在西南方向进行平茬，第 3 年在正北方向进行平茬。交替平茬适合大面积的连翘抚育，省时省工，根据不同的立地条件，选择带状或块状平茬方式，分年度完成平茬更新。通过连续 3 年的平茬，基本上可完成天然连翘林的整体更新，既不影响产量收益和春季开花景观效果，也不影响连翘的生态功能。

平茬后，在选留培养植株后，应及时抹除无用萌条。并在春梢停止生长前，及时摘心，促发主枝和侧枝，培养结果枝组，促进花芽分化，保证来年产量。

三、树形培养

1. 主干疏层形

在主干上距地面 80cm 处定干，在 50～80cm 整形带的不同方向，选择 3～4 个发育充实的侧枝摘心，促进多发分枝，培育成主枝，之后在主枝上再选留 3～4 个壮枝培育成一级侧枝，在一级侧枝上再放出侧枝。2～3 层主枝，上下错落、螺旋状排列。1 层和 2 层之间距离 50～60cm，1 层主枝配置 3～4 个侧枝，2 层主枝配置 2～3 个侧枝。中心干要及时落头，控制整体树高不超过 2m。

2. 开心形

没有明确主干，当植株高度达 1m 左右时，在主干离地面 70～80cm 处剪去顶梢，再于夏季摘心，促多发分枝，并在不同的方向上，选择 3～5 个发育充实的侧枝，培育成为主枝，主枝上再留 3～4 个壮枝，培育成为副主枝，在副主枝上，放出侧枝，树冠呈杯状。

3. 丛状

每丛保留 3～5 株连翘，形成丛状圆头形。呈灌丛状，没有主干。此种树形是由 3 年生以上枝条，或者平茬后抽生出的枝条组成。该树形在 4～5 年后树势衰弱，需进行平茬更新再萌发出新枝条。

四、整形修剪

1. 生长期修剪

生长期修剪的主要目的是调节营养生长与生殖生长矛盾，保证当年产量，也可为以后丰产奠定基础。生长期修剪时间以春末夏初为宜，对新生枝条，尤其是徒长枝、竞争枝，以摘心为主，同时抹除基部萌蘖。摘心在春梢停止生长前（5 月下旬至 6 月上旬）完成。新梢长度达到 50～80cm 时摘去顶芽。对新生植株，春末夏初及时摘心修剪，促发主枝和侧枝，避免徒长，也可促使花芽分化，尽快丰产。

2. 休眠期修剪

休眠期修剪的主要目的是培养丰产、稳产的良好树形。休眠期修剪应在冬季落叶后至早春萌动前完成。主要修剪技术措施为疏剪为主，短截为辅。即在 1 年生徒长枝的中上部剪去 1/2～2/3，以促发侧枝，促分花芽；对已经开花结果多年，开始衰老的结果枝群，进行短截或重截，可使剪口以下抽生壮枝，恢复生长势，提高结果率。剪除过于密集、枯老枝、重叠枝、病弱枝、机械损伤枝等，改善天然连翘林通风透光情况。

第二节　连翘规范化栽培

一、选地整地

1. 选地

作为无公害连翘的规范化生产基地必须符合绿色中药材对土壤、大气、水质的要求。育苗地宜选择土层深厚、疏松肥沃、排水良好的砂壤土；扦插育苗地最好采用沙土地（通透性能良好容易发根）而且要靠近水源的地方便于灌溉；栽植地宜选择土壤肥沃，质地疏松的砂质壤土的背风向阳山坡。

选择规模化种植基地时，应充分考虑海拔、坡向、坡位，以及种植山地和丘陵缓坡地的植被、土壤立地条件等。最好集中连片规模种植，且远离交通干道 100m 以上。种植时不管是坡堰还是平地，都要横竖对齐。

2. 整地

地选好后，于秋季翻耕深 20～25cm，结合整地施基肥，667m² 施有机肥 2 000～3 000kg，拣去石块、杂草、根杈等，耙细整平。直播地按行距 2m、株距 1.3m 挖穴，穴深与穴径 30～40cm，育苗地做成 1m 宽的平畦，畦长视地形而定。移栽定植地按行距 1.5m，株距 1.3m，宽深各 60cm 挖穴，每穴施有机肥 5kg 与土混匀。

3. 繁殖

生产上多采用种子繁殖。

（1）种子采集。选择生长健壮、枝条节间短而粗壮、花果着生密而饱满、无病虫害的优良株作采种母株，于 9 月中旬前后采集成熟的果实，晾干、敲打，去掉杂质得到的纯净种子。种子不能暴晒以免影响出苗率，应采用摊薄于通风阴凉处，阴干后熟数日的干燥方法，选取籽粒饱满的种子作种用。

（2）种子处理。秋播的种子不用处理即可播种，第 2 年春出苗。春播的种子在播前必须进行种子处理。用沙藏的方法处理，将连翘种子与湿沙以 1∶3 比例充分混合；沙的湿度以手握成团，手松散开而不滴水为宜。埋入坑内，覆土略高于地面，待翌春播种用。或春播前用凉水浸泡 1～2d 后稍晾干；或在春播前将种子放入 30℃温水中浸泡 4h 捞出后稍晾待播。然后进行直播或育苗。

（3）播种。分直播和育苗移栽两种：直播播种期分春播和秋播，春播以 3 月上旬（惊蛰后）播，秋播以 9 月下旬（秋分后）播为宜，在已备好的穴中间挖一小坑，深度 3cm 左右，选择经处理饱满无病虫的种子，每坑播 5～10 粒，覆土后稍压，使种子与土壤充分结合，保持土壤湿润，春播约半月左右即可出苗，秋播翌春出苗。育苗移栽播种时间与直播相同。将种子播在整好的苗床上，行距20～25cm 开浅沟，沟深 3.5～5cm，盖细土 1～2cm 后，略加镇压再盖草保持湿度 15d 左右出苗。

（4）苗期管理。苗高 7～10cm 时，进行第 1 次间苗，拔生长细弱的密苗，保持株距 5cm 左右。当苗高 15cm 左右时，进行第 2 次间苗，去弱留强，按株距 7～10cm 留壮苗 1 株加强苗床管理及时中耕除草和追肥培育 1 年，当苗高 50cm 以上时，即可出圃移栽定植。

4. 移栽定植

于冬季落叶后到早春萌发前均可进行移栽定植，在已备好的行距 1.5m、株距 1.3m 宽、深各 60cm 定植穴内定植。先将土填入坑内达半穴时，再适时施入有机肥与土混匀。然后每穴栽苗 1 株，分层填土踏实，使根系舒展。栽后浇水，水渗后盖，土高出地面 10cm，以利保墒。定植时要成片栽植以利授粉，同时要将长花柱和短花柱植物相间种植，才能开花结果，这是增产的关键。

一般春季适宜在土壤解冻至萌芽前种植，夏季可选择雨季种植，秋栽在土壤上冻前进行。最好在雨季或秋季落叶后栽植。

在春季种植时，由于气候干燥，裸根苗自然条件下放置 4h 后大部分须根干枯失水，增加了死苗风险，应当在小苗起苗后立即进行泥浆蘸根处理，即在树苗根系上裹上一层泥浆，起到保持树苗根系湿润的作用，以保持树苗活力，提高树苗移栽成活率。泥浆水的比例一般为：细粒保水剂∶黏泥∶水＝1∶150∶200。处理时将根及根茎部进行泥浆处理（将根茎置于泥浆水中浸泡 5min 左右），每穴 1 株，分层填土，提苗、踏实、灌水。水渗后再覆土略高于地面。

5. 田间管理

（1）中耕除草。苗期要经常松土除草，保持苗床无杂草；定植后每年冬季要中耕除草 1 次，株周围草可铲除或用手拔除。避免杂草为害防止杂草与连翘争水肥，特别在苗期更要注意及时除草。

（2）施肥。苗期勤施薄肥，每 667m² 施硫酸铵 10～15kg，以促进茎、叶生长。定植后，每年冬季结合松土除草施入腐熟有机肥，幼树每株 2kg，结果树每株 10kg，于株旁挖穴或开沟施入，施后盖土，壅根培土，以促幼树生长健壮，多开花结果。

（3）间作。定植后 1～2 年园地空隙较大，为充分利用地力和光能可合理间作。间作物以矮秆作物为宜，如豆类、薯类、毛苕子、紫云英等是连翘以园养园的一项重要技术措施。

（4）灌水与排水。连翘苗期应保持土壤湿润，旱期及时沟灌或浇水；因连翘最怕水淹，雨季要开沟及时排水，以免积水烂根[3]。

（5）整形修剪。

①幼树期修剪管理。定植后 1～3 年为幼树期，管理的主要措施是通过修剪形成合理的树冠，修剪的原则是轻剪，保留营养枝，以促为主，壮大树体，促使尽早形成合理树冠。一般春夏种植的当年定干。

第 1 年定干剪顶。栽植的苗木萌芽后，从主干高 20cm 处剪顶，促进萌生枝形成。6 月下旬—8 月下旬，选留 6～7 条健壮的萌生枝作为骨干枝组成 1 个灌丛。

第 2 年促进萌发结果枝。种植第 2 年，上年选留的骨干枝开始萌发侧枝，在侧枝长 20～30cm 处短截，促进萌发结果枝。

第 3 年更新结果枝。第 3 年修剪的主要任务是培养更新结果枝，促发新的营养枝和结果枝，充实树冠，逐步形成稳固的树冠，确保进入结果盛期。

②成龄树修剪管理。定植后 3～5 年连翘逐步进入开花结果期，管理的原则是通过整形修剪巩固充实树形，促进冠层结果枝更新，控制冠顶优势，调整生长与结果的关系。

③冬季修剪。修剪时间在连翘植株休眠期，主要是剪除植株的根茎、主干、膛内、冠顶着生的无用徒长枝及冠层病虫枝、残枝和过密的细弱枝。

④春季修剪。修剪时间为 4 月下旬—5 月上旬，主要是抹除植株的根茎、主干、膛内、冠顶上所萌发和抽生的新芽、嫩枝，剪除冠层结果枝梢部的风干枝。

⑤夏季修剪。修剪时间为 5 月中旬—7 月下旬，主要是剪除植株根茎、主干、膛内、冠顶处萌发的徒长枝。

⑥秋季修剪。一般在 10 月以后修剪，也可延迟到休眠期修剪，主要是剪除植株冠层着生的徒长枝[4]。

（6）病虫草害防治。连翘具有强烈的杀菌、杀虫能力，使连翘病虫害发生并不严重，为害比较严重的虫害主要是钻心虫、蜗牛；草害为菟丝子。防控措施坚持"预防为主，综合防治"的方针，重点做好冬季清园，清除园内枯枝、落叶及杂草，有条件的可以深翻 1 遍，既有利于改良土壤理化性状，又有助于杀灭在土壤中越冬的病原菌和害虫。

①病虫害防治。

钻心虫　以幼虫钻入茎秆木质部髓心危害，严重时被害枝不能开花结果，甚至整株枯死。防治方法：冬季清除枯枝落叶和杂草消灭越冬虫卵；及时剪除受害枝条并烧毁；用 40％乐果乳油 500 倍液或 80％敌敌畏原液沾药棉堵塞蛀孔毒杀。

蜗牛　主要为害花和幼果。防治方法：蜗牛一般在阴天和雨后活动较频繁，在这时利用简单的器械进行捕捉；或者利用蜗牛的特殊生活习性，设计诱集堆，进行诱杀。有小蜗牛或蜗牛产卵时，用量按每 667m² 用 500g 的 6%蜗克星颗粒剂、2kg 的 8%灭蜗灵颗粒剂、5kg 的麦麸或研细的饼肥，将其碾碎后拌细土或饼屑 5kg，于土表干燥并且天气温暖的傍晚，均匀撒在连翘根部周围；或用 1：1 混合的 50%辛硫磷乳油和 50%的马拉硫磷乳油稀释成 1 000 倍液喷雾；或用 5%灭梭威颗粒剂触杀，1hm² 用 3 000～5 000g[5]。

吉丁虫　防治方法：在成虫羽化前剪除虫枝集中处理，消灭幼虫和蛹。在成虫发生期，把浓度为 50%的马拉硫磷乳油稀释成 1 500～2 500 倍液，进行喷雾防治；也可用 90%固体敌百虫 500～1 000 倍液进行喷雾防治。

桑天牛　成虫产卵前振动连翘枝子收集成虫人工捕杀。发现产卵痕，用针刺破卵粒，使其不能孵化。

②寄生菟丝子防治。

连翘的寄生植物主要是菟丝子，主要寄生在连翘的茎上为害，以种子在土中或混于寄主植物种子中越冬。次年 5—6 月种子萌发，茎蔓缠绕寄主植物的茎，生出吸器吸附、固定并伸入植物茎叶的细胞内吸取营养，造成寄主植物生长衰弱、枯死，外观呈乱麻状。8 月中旬开花，秋季种子成熟后落入土中越冬。防治方法：发现其小范围寄生侵害时，应及时连同受害连翘植株一起铲除，剪下的植物集中深埋或焚烧，防止再传播。在菟丝子发生普遍的地方应在种子未成熟前彻底拔除，以免成熟种子落地增加翌年侵染源。加强栽培管理，注重中耕除草，于菟丝子种子未萌发前进行中耕，将其深埋 3cm 土层以下，使之不能出土发芽。菟丝子大面积发生时，在其萌发高峰期喷 1.5%五氯酚钠和 2%扑草净液，每隔 25d 喷 1 次药，共喷 3～4 次，以杀死菟丝子幼苗。

6. 采收加工

（1）采收。

连翘定植 2～3 年开花结果。8 月中下旬采摘尚未完全成熟的青色果实，加工成青翘；10 月上旬，果皮变黄褐色、果实裂开时摘下，加工成老翘；选择生长健壮，果实饱满，无病虫害的优良母株上成熟的黄棕色果实晒干，筛出种子选留作种用。

（2）加工。

①青翘。将采摘的青色果实用笼蒸 15min，取出晒干或低温烘干即可。青翘以身干、不开裂、色较绿者为佳。

②老翘。将采摘的黄棕色果实晒干即成。老翘以身干、瓣大、壳厚、色较黄者为佳。

③留种。将留种用的黄棕色果实果壳内的种子筛出，去灰土，阴干备用[6]。

7. 包装、运输、贮藏

（1）包装。禁止使用农药、化肥原包装及被污染的包装物，用清洁卫生的麻袋或编织袋，每件 25kg 的标准袋。内装质量卡，卡上标明药材名称、产地、质量、收获日期、质量标准等，缝包机锁口，并在口处设置绿色药材标志卡。

（2）运输。运输工具必须清洁卫生，近期装过农药、化肥、水泥、煤炭、矿物、禽兽及有毒的运具，未经消毒严禁运输。

（3）贮藏。选择干燥、环境整洁、无污染的密封专用仓库贮存，设置温度表、干湿温度计，确保仓库温度在 30℃以下，空气相对湿度 70%～75%。药材含水量控制在 8%～11%甚至 8%以下，若有仓虫，使用低毒农药熏蒸[7]。

第三节　连翘茶园栽培技术

连翘花有观赏价值，是公园、广场、荒山绿化美化的主要品种；同时连翘还是茶树，其叶是做茶的好原料，在太行山区民间一直流传着"打老儿茶"的传说，也有民间采连翘叶做茶的习俗。在全国连翘主产区的河北涉县和山西安泽，生产的"连王古茶"和"荀翘茗茶"，已成为当地的品牌，创造了相当高的社会效益和品牌价值。

1. 选地整地

选择山地或坡地，海拔 500～1 000m，土层 60cm 以上，坡度 20°以下，交通便利，周围无工矿企业，环境好，无污染的地块作为连翘种植地。通过刨根彻底清除地上灌木、杂草。按照水平方向设置宽 1.7m 的带，其中，种植带宽 1m，采摘通道宽 0.7m。将种植带进行翻耕，结合翻耕亩施入农家肥 1 500kg、含氮较高的复混肥 20kg。

2. 栽植技术

（1）种苗选择。选择太行山连翘品种，毛叶连翘和匍匐型连翘除外。选 3 年生苗，要求苗木茎粗 0.7～1cm，根系完整、发达，无病虫害。

（2）栽植时间。在 10 月上旬—11 月下旬连翘停止生长，进入休眠期后栽植。

（3）栽植方法。在种植带中栽植 2 行，行距 50cm，株距 40cm，两行相邻植株呈等腰三角形，保证等距离，亩栽苗 1 960 株，栽后浇定植水。

3. 茶园管理

（1）合理施肥。施肥以氮肥为主，辅以磷钾肥及微肥，增施腐熟的人粪尿、饼肥及其他有机肥，且遵循多次少量原则。第 1 年亩施纯氮 8～12kg；第 2 年开始，每年施纯氮 10～15kg。

（2）茶园除草。

①人工除草。主要包括人工手动拔除、锄头铲除或者浅耕翻土。在幼龄期茶园中，一般采取人工拔除的方式除草，避免用锄头伤及茶树根系，对于通道内杂草，可进行机械耕作除草。

② 铺设覆盖物。a. 铺草，其作用是保持茶园土壤温度，减少水分蒸发，防止水土流失，同时对于抑制杂草生长也有比较明显的效果。b. 地膜覆盖，试验表明，地膜覆盖比稻草覆盖更加有优势，它不仅能够保证茶园地表的温度、湿度，同时可以非常有效的抑制杂草滋生，还可以有效的保水保湿保肥，促进茶苗的根系生长，防止病虫害发生。

（3）修剪管理。

①定型修剪。定植后，自离地 10cm 处剪去上部；第 2 年从基部抽生 3～5 个枝条，保留 2～3 个枝条培养成主干，当主干高 40cm 时，自 35cm 处打顶，限制主枝生长，促生更多侧枝，侧枝超出 20cm 时，再次打顶；以后每提高 10～15cm 便打顶 1 次，

经过多次打顶处理，形成高 80～90cm，宽 100～120cm 的连翘采茶带骨架。

②整面修剪。也叫修剪养蓬，即修剪采茶面，栽植后连续 2～3 年剪去上部突出部分，形成一个平整的平面或弧形采茶面。

4. 茶叶采摘

（1）幼龄茶园采摘。连翘栽植后第 3 年，进入幼龄茶园采摘期，此时主要原则是：以留蓄为主，采养并举，少采多养，采高养低，采顶养边，采密养稀，采去顶芽，多蓄养健壮分枝；新梢较密处要少留叶片，适当疏芽，新梢稀处留 2～3 叶采去顶芽。

（2）壮年茶树采摘。栽植第 5 年后，进入壮年茶树采摘期，要及时采摘，待新梢有 10%～15% 长到合乎采摘标准时，即可按照正常的采茶步骤进行采摘[8]。

—————————— 参 考 文 献 ——————————

［1］刘劲. 连翘天然林抚育管理技术［J］. 山西林业科技，2019，48（1）：42-43.

［2］牛芳芳. 河北太行山连翘药用林栽培关键技术调查研究［D］. 保定：河北农业大学，2013.

［3］王兴仁，冯玉良，李甲富. 连翘 GAP 规范化栽培技术［J］. 陕西林业科技，2009（1）：128-130.

［4］贺献林，陈玉明，李星，等. 太行山区连翘生态种植技术［J］. 现代农村科技，2019（12）：19.

［5］徐建国，戴瑞云，范惠，等．农田蜗牛发生与防治技术研究［J］．蔬菜，2005，（8）：27．

［6］王兴仁，冯玉良，李甲富．连翘 GAP 规范化栽培技术［J］．陕西林业科技，2009（1）：128-130．

［7］黄鹏．连翘开发利用前景及规范化栽培技术［J］．北方园艺，2009（3）：195-197．

［8］贾和田，刘灵娣，付亚平，等．太行山区连翘茶园栽培技术［J］．现代农村科技，2022（12）：35．

第六章
连翘采收与产地加工

第一节　连翘采收

一、连翘适宜采收期

因地区不同，成熟期不尽相同，各地的连翘适宜采收期也存在差异。近几年由于疫情的原因，再加上自然气候和囤积炒作等因素的影响，导致连翘价格一路飙升，受到经济利益的驱使，产地"抢青"采摘现象十分严重，连翘产区的采收期提前到了 6 月中下旬，此时的折干率只有 25%～30%，这使得连翘野生资源受到极大破坏，导致连翘产量低，品质差，造成连翘资源的严重浪费。因此，控制连翘的采收时间，对连翘资源的合理利用和可持续发展具有重要意义。

由于连翘主产区域南北约 800km、东西约 700km，再加上各地每年气候变化差异较大，所以各个主产区应依据本地连翘的实际生长情况，来确定什么时间开始采摘最合适，采摘时间一般由南向北逐渐推进，南北主产区的产新时间大约相差 20d。

连翘酯苷和醇溶性浸出物在 6 月中旬有 1 个明显的高峰期，连翘苷含量在 7 月初有 1 个明显的高峰期，但连翘百果干重还处在明显的快速增长期，这时采摘青翘，药材的产量较低。进入 9 月上旬，连翘酯苷、连翘苷和醇溶性浸出物的动态积累出现第 2 个高峰期，虽然含量没有第 1 个高峰期高，但这时药材青翘的产量是最大的。因此，应当制止青翘采收时间的"抢青"现象，陈随清等建议在 8 月中下旬—9 月上旬进行青翘的采收[1]。

我们连翘产业技术攻关小组于 2021 年在山西省长治市山西振东集团总部的大院内开展了连翘适宜采收期的研究，以连翘苷和连翘酯苷 A 为考察指标，通过对主要化学成分含量测定及其生物产量综合分析，确定连翘的适宜采收期。

1. 青翘适宜采收期

2012 年 6 月份开始，选取 42 株连翘作为样品株，分别设计：3 个短花柱类型（S1、S4、S16）、3 个长花柱类型（L1、L2、L4）、以及 3 个混合样（每个混合样是选取 6 株长花柱和 6 株短花柱植株混合样品，每株每次采 30 粒青翘，每隔 10d 采样 1 次），处理后按 2015 年版《中国药典》，对连翘苷和连翘酯苷 A 进行含量测定，见表 6 - 1 和表 6 - 2。生物产量以不同采收时间青翘干湿比表示，即干湿比=干重/鲜重×100%。

表 6 - 1　不同采收期各花柱类型的连翘苷的含量（%）

日期	L1	L2	L4	S4	S1	S16	混合 1	混合 2	混合 3
6 月 20 日	0.76	0.99	0.70	—	—	—	—	—	—
6 月 30 日	0.61	0.71	0.54	0.55	1.08	0.50	0.88	0.81	—
7 月 10 日	0.48	0.56	0.43	0.36	0.86	0.40	0.67	0.64	0.64
7 月 20 日	0.38	0.48	0.40	0.26	0.71	0.30	0.61	0.57	0.56
7 月 30 日	0.32	0.35	0.30	0.22	0.65	0.27	0.49	0.44	0.41

（续）

日期	L1	L2	L4	S4	S1	S16	混合1	混合2	混合3
8月9日	0.25	0.34	0.22	0.18	0.57	0.21	0.38	0.34	0.34
8月19日	0.17	0.26	0.17	0.13	0.43	0.17	0.31	0.30	0.32
8月29日	0.12	0.16	0.11	0.07	0.45	0.16	0.33	0.25	0.25
9月8日	0.07	0.08	0.06	0.04	0.34	0.13	0.20	0.16	0.16
9月18日	0.05	0.07	0.04	0.03	0.32	0.12	0.19	0.11	0.12

表6-2　不同采收期各花柱类型的连翘酯苷A的含量（%）

日期	L1	L2	L4	S4	S1	S16	混合1	混合2	混合3
6月20日	13.53	16.47	13.91	—	—	—	—	—	—
6月30日	12.30	13.53	11.82	11.91	11.43	10.53	12.02	13.30	—
7月10日	9.72	10.20	9.43	9.36	9.46	8.09	9.66	10.47	9.76
7月20日	8.22	9.04	8.64	8.04	8.18	6.82	8.60	9.73	8.90
7月30日	8.03	8.59	8.22	8.12	8.56	6.47	8.36	8.89	7.98
8月9日	7.24	8.43	8.33	8.15	7.84	5.84	7.76	8.44	7.18
8月19日	7.09	8.05	7.69	7.96	7.25	5.38	6.95	8.05	7.21
8月29日	6.68	7.42	6.92	7.12	6.99	5.06	7.20	7.40	6.91
9月8日	6.25	6.80	7.00	6.54	6.63	5.14	6.37	6.76	6.18
9月18日	5.84	6.65	6.67	6.59	5.95	4.76	6.29	6.23	6.09

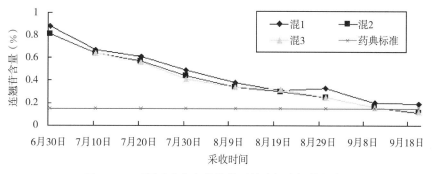

图6-1　不同采收期各花柱类型的青翘连翘苷的含量

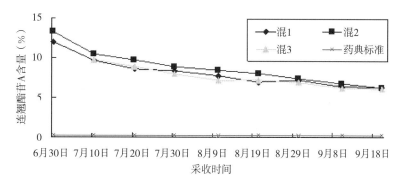

图6-2　不同采收期各花柱类型的青翘连翘酯苷A的含量

从图6-1和图6-2可见，青翘中的连翘苷、连翘酯苷A含量随生长时间的增加而降低，其中6月30日左右连翘苷、连翘酯苷A的含量最高，最高分别可达1.08%、13.5%，为2010年版药典标准的7倍和5倍。

表 6-3 不同采收期青翘的折干率（％）

日期	L1	L2	L4	S4	S1	S16	混合1	混合2	混合3
6月20日	23.43	22.87	23.26	—	—	—	—	—	—
6月30日	24.10	23.67	22.87	24.25	27.38	19.63	23.15	23.36	—
7月10日	25.73	23.40	24.92	26.07	28.70	21.74	25.46	25.01	24.85
7月20日	29.26	26.85	26.34	28.70	22.22	25.88	28.28	27.47	27.99
7月30日	32.56	31.19	30.85	32.21	34.62	29.40	31.90	31.69	31.63
8月9日	35.02	32.91	32.54	33.29	35.55	31.33	32.36	32.89	33.97
8月19日	35.23	33.13	32.57	33.79	35.94	31.38	34.02	33.61	34.39
8月29日	36.15	35.39	33.37	34.85	37.16	33.23	35.42	35.29	35.97

　　表 6-3 列出了不同采收期青翘的折干率情况，以青翘干湿比表示。表 6-3 和图 6-3 反映了青翘的折干率随着采收期不同而不同，即随着生长时间的增加，连翘折干率增大，即生物产量增加。7月 30 日以后，青翘干湿比增长较慢，趋于平缓，表明此时青翘的膨大几乎停止，转向木质化生长，干湿比在 9 月 18 日达到最高，达到 36.35％。

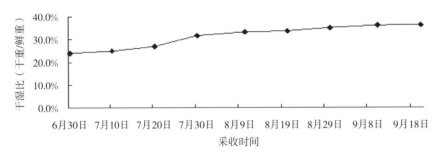

图 6-3 不同采收期青翘的折干率

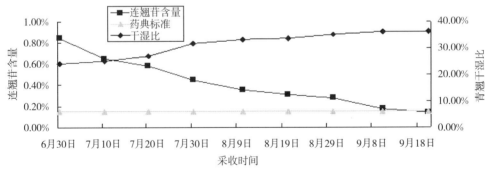

图 6-4 不同采收期青翘的折干率与连翘苷的变化

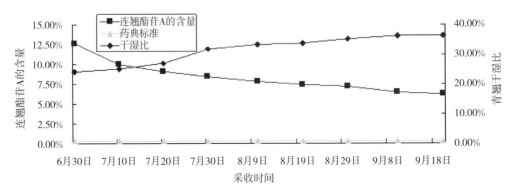

图 6-5 不同采收期青翘的折干率与连翘酯苷 A 的变化

图 6-4 和图 6-5 分别表示青翘的折干率与连翘苷、连翘酯苷 A 的变化关系。表明折干率与连翘苷、连翘酯苷的变化趋势相反，连翘苷的积累与折干率变化在 7 月 16 日左右有个平衡点；连翘酯苷的积累与折干率变化在 7 月 10 日左右有个交叉点，但折干率仍在增加，含量也远超过药典标准。从生物产量和化学成分综合比较分析，考虑含量测定达到《中华人民共和国药典》2010 年版规定的标准（连翘苷含量 0.15%，连翘酯苷 A 0.25%），且生物产量较高。因此，采收青翘的时期在 8 月中下旬至 9 月上旬较好。

2. 老翘适宜采收期

连翘主产区的老百姓在老翘的采收时间上从每年的 10 月份开始采收，持续到第二年的连翘开花之前，而这种现象特别是在遇到流感发生较多年份导致老翘价格大幅上涨时尤为突出，不同采收期老翘的化学成分含量及比例都不一样，严重影响老翘在临床应用的疗效。因此，老翘适宜采收期的研究显得非常必要。

我们连翘产业技术攻关小组于 2012 年开展了老翘适宜采收期的研究。老翘样品于 2012 年 10 月 10 日开始采集于山西振东集团定植的 36 株连翘植株，至 2013 年 3 月 15 日结束合计采集 11 次样品，并且以固定的每 12 株为一个混合试验样品。通过对不同采收期老翘内连翘苷、连翘酯苷 A、浸出物的含量测定，为老翘适宜采收期的确定提供科学依据。

表 6-4　不同采收期老翘中连翘酯苷 A 含量（%）

采集时间	混合 1	混合 2	混合 3	$\bar{x}$
2012 年 10 月 10 日	1.82	2.67	2.84	2.44
2012 年 10 月 20 日	0.81	0.89	1.36	1.02
2012 年 10 月 29 日	0.34	0.57	1.03	0.65
2012 年 11 月 10 日	0.28	0.72	0.44	0.48
2012 年 11 月 20 日	0.23	0.33	0.37	0.31
2012 年 11 月 30 日	0.26	0.32	0.32	0.30
2012 年 12 月 10 日	0.21	0.36	0.39	0.32
2012 年 12 月 30 日	0.23	0.26	0.29	0.26
2013 年 01 月 20 日	0.14	0.19	0.23	0.19
2013 年 02 月 25 日	0.14	0.19	0.15	0.16
2013 年 03 月 15 日	0.14	0.21	0.18	0.18

从表 6-4 中可以看出老翘中连翘酯苷 A 的含量在 2012 年 10 月 10 日采集的样品中最高，为 2.44%，2013 年 2 月 25 日的样品最低，为 0.16%，同时在 2012 年 12 月 30 日以前的样品中连翘酯苷 A 的含量都达到了《中华人民共和国药典》2010 版规定的 0.25% 的标准，在以后的几个样品测定结果中连翘酯苷 A 的含量则达不到药典规定的标准。从整个采集老翘样品中连翘酯苷 A 含量的测定结果来看，其含量呈现不断下降的趋势。

从表 6-5 可以看出从老翘样品采集开始到采集结束的测定结果中，连翘苷含量均达不到 2010 版中华人民共和国药典规定的不得低于 0.15% 的标准，在本实验测定结果中连翘苷含量最高的仅为 0.108%，最低的为 0.039%，同时在整个老翘采收样品实验测定结果中，虽然 2012 年 11 月份至 2013 年 1 月份之前的几个样品中连翘苷含量测定趋于平稳，但是从整体实验测定结果的趋势上看，老翘中连翘苷则呈现不断下降的趋势。

表6-5　不同采收期老翘中连翘苷含量（%）

采集时间	混合1	混合2	混合3	$\bar{x}$
2012年10月10日	0.118	0.073	0.134	0.108
2012年10月20日	0.080	0.070	0.070	0.073
2012年10月29日	0.077	0.052	0.046	0.058
2012年11月10日	0.078	0.054	0.031	0.054
2012年11月20日	0.070	0.055	0.052	0.059
2012年11月30日	0.077	0.053	0.050	0.060
2012年12月10日	0.068	0.050	0.060	0.059
2012年12月30日	0.064	0.067	0.035	0.055
2013年01月20日	0.074	0.064	0.060	0.066
2013年02月25日	0.048	0.035	0.034	0.039
2013年03月15日	0.058	0.052	0.047	0.052

表6-6　不同采收期老翘中浸出物含量（%）

采集时间	混合1	混合2	混合3	$\bar{x}$
2012年10月10日	22.67	27.36	25.92	25.32
2012年10月20日	21.79	21.30	25.08	22.72
2012年10月29日	20.62	20.50	23.20	21.44
2012年11月10日	19.25	19.35	21.54	20.05
2012年11月20日	17.62	17.51	19.80	18.31
2012年11月30日	17.33	16.71	18.49	17.51
2012年12月10日	16.93	17.17	19.74	17.95
2012年12月30日	16.53	15.68	17.79	16.67
2013年01月20日	17.35	16.30	17.82	17.16
2013年02月25日	15.50	15.14	16.26	15.63
2013年03月15日	15.31	15.73	17.02	16.02

从表6-6可以看出，老翘采收样品中浸出物的测定结果在2013年1月20日之前均达到了2010版中华人民共和国药典中的不得少于16%的规定，浸出物含量最高的为2012年10月10日的25.32%，最低的为2013年2月25日的15.63%，而且从整个老翘采集样品测定结果中看出浸出物的含量变化与连翘苷、连翘酯苷A同样呈现为不断下降的趋势。

从以上所有老翘样品中连翘苷、连翘酯苷A、浸出物三种成分含量的测定结果看，连翘酯苷A、浸出物两种成分在某一个时期内均达到了2010版中华人民共和国药典规定的标准，而连翘苷却在整个采收实验含量测定结果中始终没有达到药典规定的标准。连翘酯苷A不但是从连翘属植物中发现的抗菌活性最强的成分之一，同时也是连翘的主要特征性成分，在评价连翘及以抗菌为主要功效的制剂质量时发现连翘酯苷A优于连翘苷。因此，建议在对老翘进行品质评价和质控时应以连翘酯苷A和浸出物这两方面评价指标为主，或采用多指标成分进行老翘质量的评价更为合适。

综上所述，老翘中的连翘苷含量在整个采收期的实验结果中均没有达到2010版药典的规定，如果仅从老翘中连翘酯苷A和浸出物含量这两个指标来考察老翘的品质，那么老翘的采收期应该为每年的10月份至11月份下旬。

二、连翘采收方法

野生连翘多生长在山坡沟沿上，并与各种杂草、灌木及乔木伴生，采摘困难，人们往往采用折枝、撇叉、割梢（图 6-6），甚至把整株树砍倒的疯狂采摘方式，导致在连翘主产区的山上到处可见连翘断树和散落在地上被折断的连翘残枝，连翘资源遭受不同程度的破坏。因此，需要借助行政干预手段，保证资源的可持续利用，同时研究适宜的采收工具。

图 6-6　折枝

三、限制连翘抢青

对于野生连翘来说，谁采到就是谁的，连翘价高时就容易出现抢青现象。虽然这几年政府出台文件禁止抢青，但不能完全阻止这种现象发生。截至 2022 年 7 月 15 日，全国已产出新货（抢青干货）4 000t 左右，干货成本为：野生的 110～115 元/公斤，家种 125～130 元/公斤。抢青货的挥发油含量不达标，加工成本高，下一步如何处理成了大难题。

近年来，虽然连翘主产地河南卢氏、陕州，山西安泽、陵川，河北涉县等地年年都在发布制止连翘抢青的通告，山西安泽县甚至派森林公安在山口设卡检查；河北涉县专门发出了禁止连翘采青通告，通告要求各乡镇村要在村口设卡，派驻专人值守，严查早采收行为。派驻专人值守，严查早采收行为；河南陕州区西张村镇将通告做成固定的牌子竖立在山口，但却收效甚微难以制止。

对于连翘抢青行为和对连翘植株滥采滥伐现象，地方相关部门也出台了有关规定，加强保护和抚育连翘野生种质资源，抑制连翘抢青行为。如邯郸市涉县在全县范围对于连翘采青行为严格禁止，明确了禁止采摘连翘的时间（2016 年 6 月 1 日至 7 月 15 日早晨六点前），任何在禁止采摘连翘时间内的进行连翘采收行为的，一律视为采青。为保证连翘的药效质量，明确连翘最佳采收时间，确保连翘可以适时采收，并使用科学的采收方法，保障连翘的药效品质，保护植物资源，促进连翘产业的可持续发展。

因此，限制连翘抢青，提高连翘产量，保证连翘品质，应该从以下几方面开展工作：①发挥政府职能，构建农林草、药监等部门联动机制，出台相关限制措施，加大处罚力度，杜绝乱采滥摘和抢青采收。②加强宣传教育，对采摘方法及保护措施进行全面的培训，提高农民素质，培养自觉保护野生连翘资源的意识。③采取控制连翘采收期和集中统一加工等措施，提高连翘产品质量，确保用药安全、有效、可控[2]。

第二节　连翘产地加工

目前在连翘主产区，青翘的产地加工方法多样，有蒸制、煮制、生晒及烘烤等，加工不规范，加工规模小，没有统一标准，缺乏管理，造成了青翘质量参差不齐。有的地方青翘采用蒸制和煮制的产地加工方法，蒸煮时间随意，药农都是凭经验操作，不同药农的经验有差异，没有蒸制和煮制相关参数的量化指标。有的地方青翘不经蒸煮，直接生晒，晾晒时翻晒不及时，青翘外观色泽不一致，干湿不均匀，导致标包入库后的二次晾晒，甚至发霉变质，造成了人力、物力和财力的浪费；有的地方青翘用炉火烘烤，造成青翘被炭中的硫和碳燃烧产生的灰尘污染，造成青翘的硫及灰分超标，严重影响了青翘为主要原料的中成药在临床上的疗效。

要解决目前青翘产地加工存在的问题，就必须加强青翘加工的规范化、标准化的小试、中试和大生产研究，同时研制出一条联动作业的连翘产地加工的生产线，然后再到连翘主产区进行示范推广。

采用蒸制不同时间（5min、10min、15min、20min）和煮制不同时间（3min、5min、8min、10min、15min）对青翘样品进行产地加工，通过高效液相色谱（HPLC）法同时测定其中连翘苷、连翘酯苷 A 的含量，通过对比蒸制和煮制样品有效成分的含量，确定蒸制和煮制的最佳时间。其次，将蒸制和煮制最佳时间处理的青翘样品与晒干、60 ℃直接烘干的青翘样品的外观色泽及有效成分的含量进行综合比较，确定青翘最适宜的产地初加工方法。

直接晒干法：取新鲜青翘常温晒干即得；

直接烘干法：取新鲜青翘直接 60 ℃烘干即得；

蒸制法：取新鲜青翘用蒸汽分别蒸 5min、10min、15min、20min，取出 60 ℃烘干即得；

煮制法：取新鲜青翘加 3～5 倍水分别煮 3min、5min、8min、10min、15min，取出 60 ℃烘干即得。

1. 不同蒸煮时间对青翘有效成分含量的影响

表 6-7　煮制、蒸制样品中连翘苷、连翘酯苷 A 含量

炮制方法	连翘苷含量/%	连翘酯苷 A含量/%	炮制方法	连翘苷含量/%	连翘酯苷 A含量/%
煮 3min	0.75	12.93	蒸 5min	0.81	2.28
煮 5min	0.79	14.37	蒸 10min	0.80	14.78
煮 8min	0.82	14.50	蒸 15min	0.79	14.21
煮 10min	0.80	14.18	蒸 20min	0.80	13.79
煮 15min	0.77	14.36			

根据 2010 版《中华人民共和国药典》规定，连翘干燥品中连翘苷不得少于 0.15%，连翘酯苷 A 不得少于 0.25%，本试验测得结果，连翘苷含量为药典标准 5 倍，连翘酯苷 A 含量超过药典标准 50 倍，说明蒸或煮后可极大限度地保留青翘中的有效成分（见表 6-7）。

青翘蒸煮制品中，随着蒸煮时间的延长，其连翘酯苷 A 的含量呈现不同变化。蒸制 5min 时，连翘酯苷 A 的含量较低，原因可能是酶的活性没有被完全破坏；随着蒸制时间的延长，酶的活性越来越低，蒸 10min 或煮 8min 左右时，酶活性被完全破坏，故连翘酯苷 A 含量此时达到最大值。连翘苷的含量随蒸、煮时间的增加变化不大。因此，确定青翘蒸 10min 或煮 8min 为最佳蒸、煮条件。

2. 不同产地和加工方法对青翘品质的影响

表 6-8　不同初加工方法处理后各样品中连翘苷、连翘酯苷 A 含量

炮制方法	第一批样品连翘苷含量/%	第一批样品连翘酯苷 A 含量/%	第二批样品连翘苷含量/%	第二批样品连翘酯苷 A 含量/%
直接烘干	0.14	1.83	0.29	2.76
直接晒干	0.25	1.97	0.51	5.37
煮 8min	0.36	9.64	0.90	15.85
蒸 10min	0.36	9.88	0.82	16.22

从表 6-8 和图 6-7 可以看出，连翘蒸制、煮制后品质要优于直接晒干和烘干。烘干法连翘苷和连翘酯苷 A 含量均较低，晒干后含量均略高于烘干法，原因可能是烘干过程中酶的活性被破坏得慢，导致连翘苷、连翘酯苷 A 部分被降解，另外烘干过程中水分未能快速散发出去，连翘苷和连翘酯苷 A 的引湿性造成其含量降低。蒸煮后连翘外观较油润，有光泽，内部清亮，呈玻璃状，且有效成分含量较晒干和烘干高。烘干和晒干的青翘，外观色泽和内部都较暗，内部有羽状碎末，为挥发油成分在加热过程中发生变化产生的结果。连翘苷含量：蒸制＞煮制＞直接晒干＞直接烘干；连翘酯苷 A含量：蒸制＞煮制＞直接晒干＞直接烘干。蒸制法有效成分含量大于煮制法，所以生产中选择了蒸制

直接烘干　　直接晒干　　煮制8min　　蒸制10min

C

图6-7　不同炮制方法处理后青翘的性状特征

注：A. 不同加工方法后青翘外观色泽，左上为生晒、右上为烘干、左下为煮制、右下为蒸制；

B. 不同加工方法后青翘刨开后内部色泽，从上至下依次为生晒、烘干、煮制、蒸制；

C. 不同加工方法后青翘的粉末色泽，从左至右依次为烘干、晒干、煮制、蒸制。

法进行青翘产地加工。利用这个研究结果，山西振东道地药材科技开发有限公司在平顺县安装了一套联动青翘工业化生产线，通过蒸制"杀酶保苷"，最大限度地保留有效成分，生产出的青翘外观较油润，有光泽，连翘苷和连翘酯苷 A 含量均一稳定。

图6-8　山西振东道地药材科技开发有限公司青翘联动初加工生产线

青翘加工一体化设备——采用多层热风烘干，合理利用空间，全方位加工青翘，受热均匀，无硫，含量是炭火烘干的3～4倍。每日加工鲜货30吨，干货10吨。

参 考 文 献

[1] 陈随清，王三性，董诚明，等. 连翘果实化学成分积累动态的研究 [J]. 中国中药杂志，2007，32（11）：1096-1097.

[2] 王进明，王瑞娜，范圣此. 野生连翘资源调查与分析 [J]. 安徽农业科学，2012，40（15）：8483-8484，8594.

参 考 文 献

第七章
连翘的化学成分及药理药效

第一节 连翘的化学成分

连翘化学成分方面的研究较为系统。目前，已从连翘中分离得到多种化合物，包括苯乙醇苷类、木脂素类、萜类及黄酮类等。

一、苯乙醇苷类

苯乙醇及其苷类化合物是连翘的主要特征性有效成分之一。现已从连翘中分离得到连翘酯苷 A、翘酯苷 B、翘酯苷 C、翘酯苷 D、翘酯苷 E、翘酯苷 F、连翘酚、异连翘酯苷、caleolarioside A、plantainoside A、suspensaside A、suspensaside B、毛柳苷、β-羟基泽丁香酚苷、泽丁香酚苷、木通苯乙醇苷 B、3，4-二羟基苯乙基-8-O-β-D-葡萄糖苷等[1-5]。

二、木脂素类

木脂素及其苷类是连翘中较早被认识的一类活性成分，包括连翘苷、连翘脂素、（＋）-表松脂素、异落叶松脂素[6]、异橄榄脂素、异落叶松脂素-4-O-β-D-葡萄糖苷、异落叶松脂素-9′-O-β-D-葡萄糖苷、calceolarioside B[7]、松脂素单甲基醚-4-O-β-D-葡萄糖苷、7′-epi-8-羟基松脂素、8-羟基松脂素、dimethylmatairesinol、forsythialan A、forsythialan B、cedrusin、落叶松脂素、牛蒡酚、牛蒡子苷、罗汉松脂素、罗汉松苷、二甲基罗汉松脂素[8-9]等。

三、黄酮类

连翘中的黄酮类成分是植物次生代谢的一类重要产物，主要包括黄酮（醇）及其苷类、二氢黄酮。其中以芦丁和槲皮素为代表的成分具有良好的抗炎、抑菌活性，备受研究者青睐，其他黄酮类化合物在连翘中含量甚微，缺乏较为深入的研究。黄酮类化合物包括槲皮素、异槲皮素、芦丁、紫云英苷[10-11]、汉黄芩素-7-O-β-D-葡萄糖醛酸苷[12]等。黄酮类成分信息见表7-1。

表7-1 连翘中的黄酮类成分

化合物名称	分子式	分子量	参考文献
槲皮素	$C_{15}H_{10}O_7$	302.24	[13]
异槲皮素	$C_{21}H_{20}O_{12}$	464.38	[13]
芦丁	$C_{27}H_{30}O_{16}$	610.50	[13]
山柰酚	$C_{15}H_{10}O_6$	286.24	[13]
异鼠李素	$C_{16}H_{12}O_7$	316.27	[13]
木犀草素	$C_{15}H_{10}O_6$	286.24	[13]

（续）

化合物名称	分子式	分子量	参考文献
紫云英苷	$C_{21}H_{20}O_{11}$	448.38	[13]
木犀草苷	$C_{21}H_{20}O_{11}$	448.38	[14]
橙皮苷	$C_{28}H_{34}O_{15}$	610.57	[13]
金丝桃苷	$C_{21}H_{20}O_{12}$	464.38	[13]

四、挥发油和萜类

挥发油主要存在于连翘种子中，含量平均可达 3.8%，且多数为单萜、单萜醇和倍半萜类化合物，其中含量较多的有 α-蒎烯、β-蒎烯、伞花烃、芳樟醇、水芹烯、对聚伞花烯、松油烯-4-醇、柠檬烯、孟二烯等[15]。

连翘中还含有三萜、环烯醚萜类化合物。其中三萜类成分有齐墩果酸、熊果酸[16]、白桦脂酸、2α-羟基白桦脂酸、2α,23-羟基熊果酸[17]、3β-乙酰基-20,25-环氧达玛烷-24α-醇、3β-乙酰基-20,25-环氧达玛烷-24β-醇、β-香树脂醇乙酸酯、20S-达玛烷-24-烯-3β,20-二醇-3-乙酸酯、20S,24S-环氧达玛烷-25-醇-3α-羟基乙酸酯等，环烯醚萜苷类有五福花苷酸等[18]。

五、生物碱类

包括 suspensine A、7'-O-methylegenine、egenine、bicuculline 等异喹啉类生物碱[19]。

六、有机酸及甾醇类

从连翘果实中分离出硬脂酸、棕榈酸[17]、丁二酸[15]、香荚兰酸、棕榈酸、琥珀酸、咖啡酸、对羟基苯乙酸甲酯、咖啡酸甲酯[8]、原儿茶酸[20] 等有机酸类和 β-谷甾醇[17]、胡萝卜苷等甾醇类化合物。

第二节 连翘的药理药效

一、抗菌、抗病毒作用

连翘具有广谱抗菌作用，对多种革兰阳性菌、阴性菌均有抑制作用。其煎剂的最低抑菌浓度（MIC）分别为：肺炎双球菌 3.75mg/mL、金黄色葡萄球菌 3mg/mL、白喉杆菌 7.5mg/mL [21-23]。连翘种子挥发油在体外对多种细菌均有较强的抗菌作用，其中以对金黄色葡萄球菌的作用最强，且作用稳定而持久[24-25]。

连翘有效成分连翘酯苷具有极强的抗菌、抗病毒活性，其对金黄色葡萄球菌的抑制作用比四环素还强，是迄今为止连翘属植物中发现的抗菌活性最强的成分之一，为中药连翘的主要特征性成分。连翘酚对金黄色葡萄球菌、志贺氏痢疾杆菌也有一定的抑菌作用[26]。连翘还可直接破坏内毒素结构，以消除或减轻细菌毒素引起的休克等各种中毒症状[27]。

二、抗炎作用

连翘的甲醇提取物有明显的抗炎活性，其中的牛蒡苷元是主要的活性中介物质，有显著的抗炎和止痛作用，在急性炎症动物实验模型中，可以抑制毛细血管通透性的增加、补充发炎组织中的白细胞[28]。

连翘醇提物腹腔注射有非常明显的抗渗出作用及降低炎性部位血管壁脆性作用，对炎性屏障的形成无抑制作用，P32 标记红细胞实验表明连翘能促进炎性屏障的形成。用人工方法给大白鼠复制无菌性肉芽囊模型，腹腔注射连翘液有抗渗出作用，未见抗增生作用。注射连翘液的大白鼠，其血中 P32 标记红细胞渗入"炎性肉芽囊"内的红细胞数量明显地减少，表明该连翘有降低炎症病灶区微血管壁脆性的作用[29]。

三、抗氧化作用

连翘果实和连翘叶的乙酸乙酯、正丁醇和乙醇提取部分均有较强的抗氧化活性[30-31]。给予连翘提取物的老鼠，15d 后与阴性对照组相比血浆中的肿瘤坏死因子-α、白介素-1β 和白介素-6 都有明显降低[32]。连翘花提取物通过清除活性氧自由基和提高抗氧化酶活力保护线粒体[33-34]。此外，异连翘酯苷、连翘酯苷 A 和连翘苷对 DPPH 自由基均有一定的清除作用，前 2 种物质的抗氧化能力大大优于连翘苷，是新的天然抗氧化剂[22]。连翘苷和 8-羟基松脂素对过氧硝基引起的细胞损害有抵抗作用[35]。

四、保肝作用

连翘煎剂能明显降低大鼠皮下注射四氯化碳引起的血清谷丙转氨酶及碱性磷酸酶活性增高，同时明显减轻肝脏坏死和变性，肝细胞内积蓄的肝糖原及核糖核酸含量大部分恢复或接近正常，表明连翘具有抗肝损伤作用。其中连翘酯苷、齐墩果酸和熊果酸是连翘抗肝损伤的有效成分[36]。此外，连翘煎剂能减少家鸽静脉注射洋地黄或犬注射阿扑吗啡引起的呕吐，延长所致呕吐的潜伏期，其原理可能是抑制延脑的化学感受区[37]。连翘煎剂对人工发热的家兔有解热作用[38]。连翘水提液具有抑制弹性蛋白酶活性的作用，连翘酯苷是抑制弹性蛋白酶活性的有效成分之一[39]。

五、抗癌作用

连翘中的木脂素类、黄酮类、三萜类化合物是发挥抗肿瘤作用的主要成分，网络药理学研究表明与 AKT1、IL6、ESR1、EGFR、EGF 和 CCND1 等靶点有关[40]；连翘苷可降低肺癌小鼠中的肿瘤体积和瘤细胞密度，其剂量与血管内皮生长因子（VEGF）呈负相关，与血管生成抑制因子内皮抑制素（endostatin）蛋白的表达成正相关[41]；连翘酯苷 B 可抑制 NF-κB（p-p65，p65）的表达，上调 p21，降低周期蛋白 CyclinE、CDK2 的水平来抑制人宫颈癌（HeLa）细胞增殖[42]；Dammar-24-ene-3β-acetate-20S-ol 可以下调 HK2 的表达来抑制肝癌细胞增殖，促进细胞凋亡，提高对放疗的敏感性[43]。

六、抗阿尔茨海默病（AD）作用

阿尔茨海默病的诱发与 β-淀粉样蛋白（Aβ）的沉积有密切关系，而 2-花生四烯酸甘油（2-AG）水平的升高可抑制 β-淀粉样蛋白（Aβ）的积聚。Chen 等[44]研究表明，连翘苷可以逆转 β-淀粉样蛋白片段 25-35（Aβ25-35）损伤导致的 2-AG 水平的下降。机制表明：连翘苷通过在环氧合酶-2（COX-2）活性位点上形成 6 个氢键以此来抑制 COX-2 活性（$IC_{50}=4.89\mu mol/L$）、还可以抑制单酰甘油酯酶（MAGL）蛋白的表达、调节大麻素受体 1（CB1R）依赖的 NF-κB 蛋白水平，来提高 2-AG 的含量，以此达到缓解阿尔茨海默病症状的目的。异连翘苷可通过调节线粒体功能来减少细胞凋亡，以此发挥神经保护作用，机制研究表明与是通过调节参与细胞凋亡的 PI3K/AKT 通路有关[45]。虽然连翘苷与异连翘苷在抗 AD 方面有一定的优势，但 AD 的发病机制众多，包括胆碱能神经元假说、Aβ 毒性假说、Tau 蛋白假说、胰岛素假说、自由基损伤假说等[46]。目前，针对连翘只在 Aβ 毒性假说、炎症假说、神经保护方面做了一定的研究，但是否对其他发病机制有作用还未阐释。

参 考 文 献

［1］ Endo K. Structure of forsythoside A，an antibacterial principle of *Forsythia suspensa* leaves ［J］. Heterocycles，1981，16（8）：1311-1314.

［2］ Nishibe S，Okabe K，Tsukamoto H，et al. The structure of forsythiaside isolated from *Forsythia suspensa* ［J］. Chem Pharm Bull，1982，30（3）：1048-1057.

［3］ Nishibe S，Okabe K，Tsukamoto H，et al. Studies on the Chinese crude drug "Forsythiae Fructus" Ⅵ. The structure and antibacterial activity of suspensaside isolated from *Forsythia suspense* ［J］. Chem Pharm Bull，1982，30（12）：4548-4553.

［4］ Kitagawa S，Tsukamoto H，Hisada S. Studies on the Chinese crude drug "Forsythiae Fructus." Ⅶ. A new caffeoyl glycoside from *Forsythia viridissima* ［J］. Chem Pharm Bull，1984，32（3）：1209-1213.

［5］ Endo K，Hikino H. Structures of rengyol，rengyoxide and rengyoLone，new cyclohexy-lmethane derivatives from *Forsythia suspensa* fruits ［J］. Can J Chem，1984，62（10）：2011-2014.

［6］ 方颖，邹国安，刘焱文. 连翘的化学成分 ［J］. 中国天然药物，2008，6（3）：235-236.

［7］ 冯卫生，李珂珂，郑晓珂. 连翘化学成分的研究 ［J］. 中国药学杂志，2009，44（7）：490-492.

［8］ Chang MJ，Hung TM，Min BS，et al. Lignans from the fruits of *Forsythia suspensa*（Thunb.）Vahl protect highdensity lipoprotein during oxidative stress ［J］. Biosci Biotechnol，Biochem，2008，72（10）：2750-2755.

［9］ Piao XL，Jang MH，Cui J，et al. Lignans from the fruits of *Forsythia suspensa* ［J］. Bioorganic & Medicinal Chemistry Letters，2008，18（6）：1980-1984.

［10］ Naghski J，Porter W L. Isolation of rutin from two varieties of For sythia intermedia ［J］. J Am Chem Soc，1947，69（2）：572.

［11］ Matsuo K，Tokoroyama T，Kubota T. Bitter constituents of *Forsythia viridissima* ［J］. Phytochemistry，1972，11（4）：1522-1523.

［12］ 刘悦，宋少江，徐绥绪，等. 连翘化学成分研究 ［J］. 沈阳药科大学学报，2003，20（2）：101-103.

［13］ 阎新佳，温静，王欣晨，等. 连翘化学成分与药理活性研究进展 ［A］. 中国商品学会第五届全国中药商品学术大会 ［C］. 哈尔滨：中国商品学会，2017.

［14］ 罗彬，张进忠. 连翘提取物化学成分研究 ［J］. 中国实验方剂学杂志，2013，19（3）：143-146.

［15］ 王鹏，张忠义，吴惠勤. 超临界 CO_2 萃取连翘挥发油的正交试验和 GC- MS ［J］. 分析分析测试学，2002，21（4）：34-37.

［16］ 陈玉俊，项进，许美娟，等. 连翘化学成分的研究 ［J］. 中国中药杂志，1999，24（5）：296-297.

［17］ Xue Jiao，Xie Li，Liu Bao-rui，et al. Triterpenoids from the fruits *of Forsythia suspensa* ［J］. Chinese Journal of Natural Medicines，2010，8（6）：414-418.

［18］ Shamsur Asr，Ozaki Y，Rashid Ma，et al. Dammarane derivatives from the dried fruits of *Forsythia suspensa* ［J］. Phytochemistry，2001，56（8）：815-818.

［19］ Dai SJ，Ren Y，Shen L，et al. New alkaloids from *Forsythia suspensa* and their anti-inflammatory activities ［J］. Planta Medica，2009，75（4）：375-377.

［20］ 才谦，刘玉强，冯雪. 连翘籽化学成分研究 ［J］. 中药材，2009，32（11）：1691-1693.

［21］ 李晓燕. 中药连翘抗菌活性的考察 ［J］. 山东医药工业，1997，16（2）：46.

［22］ 董杰德，陈晨华，仇素英，等. 四种中草药抗柯萨奇及埃柯病毒的实验研究 ［J］. 山东中医学院学报，1993，17（4）：46-49.

［23］ 于起福，孙非. 四种中草药水煎剂抗柯萨奇 B5 病毒的细胞学实验研究 ［J］. 吉林中医药，1995，（1）：35.

［24］ 马振亚. 连翘子挥发油对感染流感病毒小白鼠的保护作用和对葡萄球队菌在家兔血液中消长的影响 ［J］. 陕西新医药，1982，11（4）：58-59.

［25］ 马振亚. 连翘种子挥发油对流感病毒等病原微生物的影响 ［J］. 陕西新医药，1980，11（3）：51-52.

［26］ 曲欢欢. 连翘化学成分和生物活性研究 ［D］. 西安：西北大学硕士学位论文，2008：41.

［27］ 高淑娟，戴锡珍，要华民. 几种清热解毒中药抗内毒素作用的比较实验 ［J］. 天津中医，1992，2（3）：42.

［28］ Kang HS，Lee JY，Kim CJ. Anti-inflammatory activity of arctigenin from Forsythiae Fructus ［J］. J Ethnopharmacol，2008，116（2）：305-312.

［29］ 芮菁，尾崎幸，唐元泰. 连翘提取物的抗炎镇痛作用 ［J］. 中草药，1999，30（1）：43.

［30］ 张杲. 连翘叶药用价值及其药用活性组分的初步研究 ［D］. 西安：陕西师范大学硕士学位论文，2006：39.

［31］耿慧君，王文科，毕润成．连翘叶的体外抗氧化活性研究［J］．山西师范大学学报（自然科学版），2005，19（4）：71-73.

［32］Lu T，Piao XL，Zhang Q，et al. Protective effects of Forsythia suspensa extract against oxidative stress induced by diquat in rats［J］．Food Chem Toxicol，2010，48（7）：764-770.

［33］李兴泰，李洪成，刘泽．连翘花醇提物保护线粒体及抗氧化研究［J］．中成药，2009，31（6）：839-843.

［34］李兴泰，李洪成，陈瑞．连翘花水提物保护线粒体及抗衰老研究［J］．食品科技，2009，34（2）：220-224.

［35］Piao XL，Cho EJ，Jang MH，et al. Cytoprotective effect of lignans from *Forsythia suspensa* against peroxynitriteinduced LLC-PK1 cell damage［J］．Phytotherapy Reasearch，2009，23（7）：938-942.

［36］徐春媚，王文生，曹艳红，等．连翘护肝作用的实验研究［J］．黑龙江医药科学，2001，24（1）：10-12.

［37］周济桂，傅定一，何洁虹，等．中药镇吐作用的初步探讨［J］．天津医药杂志，1960，2（2）：131-134.

［38］孟祥乐，李俊平，李丹，等．连翘的化学成分及其药理活性研究进展［J］．中国药房，2010，21（43）：4117-4119.

［39］李长城，严仪昭，孙仁宇．连翘、丹参当归和川芎嗪抑制弹性蛋白酶活力的对比观察［J］．中国中药杂志，1990，15（9）：47-49.

［40］聂承冬，阎新佳，温静，等．基于分子对接和网络药理学的连翘抗肿瘤的作用机制分析［J］．中国中药杂志，2020，45（18）：4455-4465.

［41］郑末，姜忠敏．连翘苷对 Lewis 肺癌 VEGF 和内皮抑素表达的影响［J］．中国病理生理杂志，2016，32（1）：167-171＋178.

［42］张哲，吕毓，黄攀豪．NF-κB 介导的连翘酯苷 B 对宫颈癌细胞增殖活性的抑制作用［J］．中国临床药理学与治疗学，2020，25（4）：387-392.

［43］张红．连翘三萜类化合物对肝癌细胞增殖、凋亡及放疗敏感性的影响［J］．中国老年学杂志，2020，40（22）：4871-4876.

［44］Chen LQ，Yan Y，Chen TG，et al. Forsythiaside prevents β-amyloid-induced hippocampal slice injury by upregulating 2-arachidonoylglycerol via cannabinoid receptor 1-dependent NF-κB pathway［J］．Neurochem Int. 2019，125：57-66.

［45］Wang CY，Hao J，Liu X，et al. Isoforsythiaside attenuates alzheimer′s disease via regulating mitochondrial function through the PI3K/AKT Pathway［J］．Int J Mol Sci. 2020，21（16）：5687.

［46］应侠，吴振，雷严，等．阿尔茨海默病的发病机制及治疗药物研究进展［J］．中国药房，2014，25（33）：3152-3155.

第八章
连翘药材商品规格等级

中药材商品规格等级的划分历史悠久，是评价中药材质量优劣的重要参考指标，影响着同种药材价格高低，对促进中药材"优质优价"，方便、规范市场交易，以及对整个中药行业的发展具有重要意义[1]。

历代本草均有对药材品质优劣相关的评价，如秦汉时期的《神农本草经》按功效不同将药物分为"上、中、下"三品；南北朝时期的《本草经集注》记载的30多种中药材有90多种规格；明代李时珍的《本草纲目》中根据药材的产地及药性强弱对其进行了等级划分；新中国成立后，相继颁布了《36种药材商品规格标准》《54种药材商品规格标准》《七十六种药材商品规格标准》，对目前药材的等级进行了更细致的分类[2]。

虽然中药传统商品规格等级对中药的流通作出了重要贡献，但是由于中药野生资源减少、种植和加工方式改变、主产地变迁等因素，中药的形态特征和质量发生了较大改变，从而导致部分中药的传统商品规格等级已难以满足当前中药生产和市场交易需要[3]。针对上述问题，国家中医药管理局等部门批准中国中医科学院中药资源中心成立"中药材商品规格等级标准技术研究中心"，并鼓励中药的等级划分由商品规格等级划分向质量等级划分发展，如建议对中药的性状特征、效应化学成分和生物活性采用综合分级方法进行质量等级划分[4]。因此，随着中医药产业在发挥预防和治疗疾病方面作用的加强和人民群众对中药材需求的增加，迫切需要制定适合当前中药材规格等级划分的标准。

连翘始载于《神农本草经》，具体性状质量方面的评价较少，无品质方面的具体记载，仅见明代《本草原始》[5]"闭口者佳，开瓣者不堪用"之记载。在近代文献中，1977版《中国药典》一部记载："青翘"以色较绿，不开裂者为佳；"老翘"以色较黄、瓣大、壳厚者为佳[6]。《中华本草》[7]记载：青翘以色较绿，不开裂者为佳；老翘以色较黄、瓣大、壳厚者为佳。

一、部颁连翘药材商品规格等级

1984年原国家中医药管理局及卫生部联合下达试行的《七十六种药材商品规格标准》对连翘药材商品规格等级划分的规定为：连翘分黄翘、青翘两种规格，均为统货[8]。

黄翘 规格：统货。标准：干货。呈长卵形或卵形，两端狭长，多分裂为两瓣。表面有一条明显的纵沟和不规则的纵皱纹及凸起小斑点，兼有残留果柄。表面棕黄色，内面浅黄棕色，平滑，内有纵隔，质坚脆，种子已脱落。气微香，味苦，无枝梗、种子、杂质、霉变。

青翘 规格：统货。标准：干货。呈狭卵形或卵形，两端狭长，多不开裂。表面青绿色，有两条纵沟和凸起小斑点，内有纵隔，质坚硬。气芳香，味苦。间有残留果柄。无枝叶及枯翘、杂质、霉变。

二、连翘药材商品电子交易规格等级标准

2016年，成都天地网信息科技有限公司联合中国医学科学院药用植物研究所，对栀子、吴茱萸等7种果实种子类药材商品电子交易规格等级标准进行了调查研究[9]，结果表明，在产地和市场，青翘均出现选货（去柄货），这类青翘主要是选择一些较大的青翘，不开口，然后进行去柄，俗称去柄

货。因此，在《七十六种中药材商品规格标准》基础上进行了细化，连翘依然分青翘和老翘两种规格，等级上进行了选货和统货之分，分为青翘选货和统货、老翘选货和统货，依据开口个重量占比、碎瓣重量占比、枝梗叶重量占比进行划分，具体见表 8-1。

表 8-1　中药材商品电子交易规格等级标准——连翘

规格名称	流通俗称	颜色、质地	开口个重量占比	碎瓣重量占比	籽重量占比	枝、梗、叶重量占比	0.2cm以下灰渣重量占比	虫蛀、霉变	干度
青翘水煮（汽蒸）选货	水煮	表面绿褐色，质硬	≤5%	≤1%	≤5%/≤3%	≤3%	≤4%	无	干货
青翘水煮（汽蒸）统货	水煮	表面绿褐色，质硬	≤5%	≤3%	≤5%/≤3%	≤5%	≤4%	无	干货
青翘生烘统货	水煮	表面绿褐色，质硬	≤15%/≤10%	≤5%	10%/≤5%/≤3%	≤5%	≤4%	无	干货
青翘生晒统货	生晒	表面黄棕色或黄褐色，质硬	≤30%/≤20%	≤8%	10%/≤5%/≤3%	≤5%	≤4%	无	干货
老翘（黄翘）选货	黄翘	表面黄棕色或红棕色，质脆	全开	≤1%	≤8%/≤5%	无	≤4%	无	干货
老翘（黄翘）统货	黄翘	表面黄棕色或红棕色，色较暗淡，质脆	≥70%/≥90%	≤5%	≤8%/≤5%	≤10%	≤4%	无	干货

三、中华中医药学会发布的连翘药材商品规格等级

为了更好地获悉连翘采收加工和市场流通情况，也为了制定出较好的连翘商品规格等级的划分标准，李婷等[10]对河北安国、安徽亳州、成都荷花池、河南禹州四个国家级中药材市场的连翘流通状况以及连翘道地产区（山西安泽产区、山西平顺产区、河北涉县产区）的连翘采收加工情况进行了调研，并收集了相应的连翘药材样品，其中老翘统货样品 14 个，青翘选货和统货样品共 51 个。根据调查的结果发现：

①连翘的炮制存在不同的方式，有水煮烘干、气蒸烘干、直接炕干和直接晒干。干燥方法主要是炕干，大型制药企业会采用烘干方式。

②连翘有青翘和老翘两个规格，老翘均为统货，青翘在个别市场和产地加工作坊均出现了青翘选货，即青翘去柄货。

③青翘的采收时间不一致，在产地和市场均能见到不同采收时间的青翘。

结合连翘的本草和历代品质考证，并通过对市场和产地所流通的不同规格等级连翘的各项数值的测定，2018 年 12 月李石飞等在中华中医药学会发布了连翘药材商品规格等级的团体标准，该标准根据采收时间不同，将连翘分为青翘和老翘两个规格；在青翘规格项下，根据市场流通情况，分为选货/去柄货和统货两个等级，相应的规格等级划分见表 8-2。

表 8-2　连翘规格等级划分

规格	等级	性状描述	
		共同点	区别点
			果柄残留率
青翘	选货	呈狭卵形至卵形，两端狭长，长 1.5~2.5cm，直径 0.5~1.3cm。表面有不规则的纵皱纹且突起的灰白色小斑点较少，两面各有 1 条明显的纵沟；多不开裂，表面青绿色，绿褐色。质坚硬，气芳香，味苦，无皱缩	<10%
	统货		不做要求

（续）

规格	等级	性状描述	
		共同点	区别点
			果柄残留率
老翘（黄翘）	统货	呈长卵形或卵形，两端狭尖，多分裂为两瓣，长1.5～2.5cm，直径0.5～1.3cm。表面有一条明显的纵沟和不规则的纵皱纹及凸起小斑点，间有残留果柄，表面棕黄色，内面浅黄棕色，平滑，内有纵隔。质坚脆。种子多已脱落。气微香，味苦	

注1：青翘采收后经汽蒸或水煮，然后烘干或晒干，称为水煮货；采收后直接炕烤干燥称为炕货；采收后直接晒干称为生晒货，水煮货颜色较亮，色泽均匀；炕货颜色较深，内表面多为黑褐色；生晒货颜色较浅，色泽不均。

注2：当前市场连翘药材存在水煮货、炕货和生晒货三种混合情况。

注3：青翘统货的果柄残留率范围在30%～80%。

应用综合客观、科学合理的分级方法对流通中的连翘商品规格等级研究及标准制定对连翘产业的发展十分重要，不仅能确保连翘品质，也能规范市场交易流通，引导市场优质优价，促进连翘药材质量的提高，确保百姓用药的安全。

参 考 文 献

[1] 李鹏英，王海洋，李健，等. 中药材商品规格等级的形成与演变 [J]. 中国中药杂志，2016，41（5）：764-768.

[2] 付绍智，蒋用福. 药材商品品别、规格与等级标准的探讨 [J]. 中国现代中药，2008，10（8）：12-13.

[3] 钱秀玉，聂黎行，戴忠，等. 中药质量等级评价研究进展 [J]. 药物分析杂志，2019，39（10）：1724-1737.

[4] 贤明华，许静，卫军营，等. 中药产业相关团体标准发展的战略思考 [J]. 中华中医药杂志，2017，32（4）：1419-1421.

[5] 明·李中立. 本草原始（卷四）. 信元堂，清·道光甲辰：30.

[6] 国家药典委员会. 中华人民共和国药典一部 [M]. 1977版. 北京：中国医药科技出版社，1977：288.

[7] 国家中医药管理局《中华本草》编委会. 中华本草 [M]. 第十六卷. 上海：上海科学技术出版社，1999：155.

[8] 国家医药管理局，卫生部. 七十六种药材商品规格标准 [S]. 1984：131.

[9] 陈向阳，甘我挺，郭宝林，等. 栀子吴茱萸等7种果实种子类药材商品电子交易规格等级标准 [J]. 中国现代中药，2016，18（11）：1416-1421＋1442.

[10] 李婷，李石飞，雷振宏. 连翘药材商品规格等级标准研究 [J]. 山西大学学报（自然科学版），2019，42（3）：619-627.

第九章

连翘伪品的鉴别

连翘市场需求量大，导致目前市售药材青翘、老翘混杂；中药材市场上，在连翘的交易中还掺杂着许多伪品，我国有部分地区将金钟花（*F. viridissima* Lindl.）、秦连翘（*F. giraldiana* Lingelsh.）、丽江连翘（*F. likiangensis* Ching et Feng）、奇异连翘（*F. mira* M. C. Chang）、卵叶连翘（*F. ovata* Nakai)[1]和紫丁香[2]混作连翘使用。从流通上看，目前市场销售的不仅是青翘和老翘，还有连翘籽、连翘叶，甚至连翘药渣，这些连翘的衍生品，大多以连翘或连翘提取物的形式销出使用，而影响到我国连翘产品品质及整个行业的规范化及规模化发展。

一、连翘正品

2020版《中华人民共和国药典》一部规定连翘的性状为：本品呈长卵形至卵形，稍扁，长1.5～2.5cm，直径0.5～1.3cm。表面有不规则的纵皱纹和多数突起的小斑点，两面各有1条明显的纵沟。顶端锐尖，基部有小果梗或已脱落。青翘多不开裂，表面绿褐色，突起的灰白色小斑点较少；质硬，种子多数，黄绿色，细长，一侧有翅。老翘自顶端开裂或裂成两瓣，表面黄棕色或红棕色，内表面多为浅黄棕色，平滑，具一纵隔；质脆；种子棕色，多已脱落。气微香，味苦。

二、连翘伪品

1. 金钟花（狭叶连翘）

全株有毒，梗在节间通常有片状髓，叶稍宽而不分裂，果实稍短呈卵形，长1.0～2.0cm，果皮稍薄，基部有皱褶疣状突起，分布于中部至顶部纵沟两侧，质脆，种子金黄色，具三棱，种皮皱缩，有不规则纹理，捻碎后有丝相连。

2. 秦连翘

秦连翘呈长椭圆形，长0.5～1.8cm，直径0.3～1.0cm，顶端锐尖，太多开裂，基部多连接，表面淡棕色，较光滑，突起的小斑点不明显，一瓣稍弯向内侧，另一瓣稍弯向外，形似鸡喙。内有两粒种子，浅棕色，呈偏长椭圆形，周围翘状，一面有3～5条较明显的纵棱，种子大多脱落，气微香，味苦[3]。

3. 卵叶连翘

呈卵圆形，长0.8～1.1cm，果皮具小突起和不规则细密纵皱纹，质硬，种子淡黄色，具三棱，捻碎后种皮易脱落，无丝相连。

4. 丽江连翘

卵形，长约1cm，果皮无突起，具不规则纵皱纹，质硬，种子棕色或红棕色，具三棱，捻碎后无丝相连。

5. 奇异连翘

果实呈卵形扁平，长约1.5cm，果皮黑褐色，具不规则纵皱纹，种子棕色，细长，稍弯曲，一侧有翼，半透明[1]。

5种类似品果实与连翘的性状特征比较见表9-1，5种类似品果实与连翘的显微组织特征比较见表9-2[4]。

表 9-1　5 种类似品果实与连翘的性状特征比较

性状	连翘	金钟花	秦连翘	卵叶连翘	丽江连翘	奇异连翘
果实形态	卵圆形，稍扁	卵形，较宽扁	卵圆形	卵圆形，稍扁	卵形，稍扁	卵形，扁平
长（cm）	1~2.5	1~1.7	0.5~1.8	0.8~1.1	约1	约1.5
直径（cm）	0.5~1.2	0.5~1.2	0.3~1	0.4~0.7	约0.6	约0.8
果皮表面特征	青翘：绿褐色，瘤点较少；老翘：棕黄色，瘤点较多，均匀分布于中部至顶部	果皮较薄，波状弯曲，基部有皱褶，瘤点集中分布于中部至顶部的纵沟两侧	无瘤点，具凸起的细密纵皱纹	有小突起和无规则细密纵皱纹	无瘤点，具不规则纵横皱纹	黑褐色，具不规则纵皱纹
质地	青翘：硬；老翘：脆	脆	硬	硬	硬	软
种子	黄绿色或棕色，细长，稍弯曲，一侧有翼，捻碎后有丝相连	金黄色，具三棱，种皮皱缩，具不规则纹理，捻碎后有丝相连	黄色，具三棱，捻碎后有丝相连	淡黄色至黄色，具三棱，捻碎后种皮易脱落，无丝相连	棕色至棕红色，具三棱，捻碎后无丝相连	棕色，细长，稍弯曲，一侧有翼，半透明

表 9-2　5 种类似品果实与连翘的显微组织特征比较

组织位置	特征项	连翘	金钟花	秦连翘	卵叶连翘	丽江连翘	奇异连翘
果皮横切面	维管束周围石细胞和纤维的有无及其位置	有（青翘偶见）内侧	无	有，外侧	无	有，内侧和外侧	无
	内果皮占果皮厚度的大致比例	青翘1/5 老翘1/3	1/2	1/2	1/2	2/3	1/6，内果皮细胞壁未增厚
果柄横切面	木栓最内层石细胞环的有无	有	无	无	无	无	无
	中柱形状	圆形	类四方形	圆形	类四方形	圆形	圆形
	中柱鞘纤维的有无	有	有	无	有	有	有

三、连翘同属易混植物检索表

于以上几种连翘具有极其相似的形态特征，为了便于快速鉴别，特将以上几种植物编制成检索表，结果如下。

1. 花萼深裂，裂片呈宽披针形，无毛 ……………………………………………… 奇异连翘 *Forsythia mira*

1. 花萼裂片具睫毛 ……………………………………………………………………………………… 2

 2. 花萼裂片呈长圆形或长圆状椭圆形 ………… 连翘 *Forsythia suspense*（Thunb.）Vahl

 2. 花萼裂片呈卵形或宽卵形 ………………………………………………………………………… 3

  3. 果表面具皮孔 ………………………… 金钟花 *Forsythia viridissima* Lindl.

  3. 果表面皮孔不明显，枝节间具有片状髓 ……………………………………………… 4

   4. 枝无薄膜状剥裂，叶缘具锯齿，下面叶脉凸起

   ………………………………………………… 卵叶连翘 *Forsythia ovate*

   4. 枝具薄膜状剥裂 …………………………………………………………………………… 5

    5. 叶全缘，叶缘略反卷，两面无毛，叶柄无毛

    ………………………………………………… 丽江连翘 *Forsythia likiangensis*

    5. 叶全缘或疏生小锯齿，上面无毛或被短柔毛，下面被较密柔毛或长柔毛，叶柄被柔毛或无毛

    ………………………………………………… 秦连翘 *Forsythia giraldiana* Lingelsh.

　　药监部门要加大监察力度，对药材市场开展专项整治活动，防止连翘伪品和不合格连翘产品流入市场，同时建立连翘市场准入制度，并要监管长效；其次健全连翘药材流通追溯体系，应用现代信息技术和物联网技术，通过连翘产品包装带有的电子标签，做到连翘来源可追溯、去向可查证、责任可追究，保证连翘产业中连翘原药材的质量。

参 考 文 献

[1] 吴晓冬，吴峰. 连翘及其伪品的鉴别 [J]. 浙江中西医结合杂志，2003，13（7）：455-456.

[2] 李晓燕，傅茂东. 中药连翘的一种伪品-紫丁香果实生药学鉴定 [J]. 时珍国医国药，2000，11（11）：997-998.

[3] 朱锦华，张翠元，李水福. 连翘及其混伪品秦连翘的鉴别 [J]. 中药材，1997，20（7）：335-337.

[4] 李晓燕. 中药连翘及其几种类似品的鉴别 [J]. 中草药，2000，31（6）：463-466.

第十章
连翘的综合利用

连翘的需求主要在中医临床处方用药、中成药制药、工业用原料药、油料作物、水土保持植物及源于新技术开发的药物、保健食品、饲料等新产品用原料领域。

考察不同药用部位有效成分含量的差异有利于连翘资源的合理开发和可持续利用。多项研究表明，连翘不同部位有效成分的含量存在差异。曹晓燕等[1]对连翘不同部位连翘苷的含量进行了比较，结果表明，青翘叶（3.03%）＞老翘叶（2.78%）＞连翘花（0.73%）＞青翘（0.22%）＞老翘（0.19%），且连翘果实中连翘苷主要来源于果壳，种子中连翘苷含量较低[2-3]。连翘苷在叶中的含量远高于其他部位[4-6]，且以5月最高[7]。连翘酯苷A的含量青翘高于同期连翘叶，芦丁、连翘苷的含量则是连翘叶高于同期连翘。连翘叶、树皮、花、果实、种子中连翘酯苷A含量较高，而根、枝、果壳中较低[8]。

此外，王金梅等[9]采用HPLC法测定了连翘叶、茎、果实中芦丁的含量，结果表明，叶（0.91%）＞果实（0.27%）＞茎（0.12%）。张飞等[10]还测定了连翘花、叶中绿原酸等成分的含量。结果绿原酸在3月连翘叶中的含量最高，但连翘花中芦丁含量可达49.65mg/g，是连翘叶的2.5倍。崔洋等[11]采用区带毛细管电泳法测定了连翘果实、叶、茎、花中连翘苷、连翘脂素等5个木脂素类成分的含量，结果叶、花中连翘苷、（＋）-松脂素-β-D-葡萄糖苷的含量均高于果实。

第一节　连翘花的综合利用

连翘是优良的观花灌木和蜜源植物，具有花期长，花色长久不褪的特点[12]。连翘资源丰富，色素含量高，易于提取并有较好的稳定性。因而，连翘花黄色食用色素是一种极具开发潜力的食用色素。连翘花黄色素作为一种水溶性很好的天然植物色素，可作为高级食品添加剂，也可广泛应用于药品、化妆品等生产过程中。

HPLC分析表明连翘花和连翘果实具有类似的化合物，包含苯乙醇苷类，木脂素类，黄酮和三萜类等化学成分[13]。同时，研究表明连翘花提取物表现出抗氧化[14-15]，抗菌[16]，抗炎，抗肿瘤等多种药理活性。

白美美等[17]调研发现，山西民间有采集连翘花，水煮后用此水洗脸的习俗，长期坚持使用，有益于消除面部的黄褐斑、蝴蝶斑等。同时对连翘花抑制酪氨酸酶活性成分进行了研究，结果表明，酪氨酸酶抑制活性测试表明化合物均显示出一定的抑酶活性，同时各化合物之间表现出明显的协同作用，这些成分可能是连翘花美白作用的物质基础。因此，从连翘花中分离得到的抑制酪氨酸酶活性组分作为天然酪氨酸酶抑制剂在美白化妆品领域将具有良好的应用前景。

王金梅等[18]对连翘花及花蕾的挥发性成分进行了研究，从连翘花蕾和花中共鉴定了83个化合物，其中共有化合物为40个。花蕾的挥发性成分以烃类为主，花的挥发性成分以醇、醛和酮类化合物为主；酯类化合物在花蕾中的含量高于花中，而花蕾中酸类化合物含量低于花中，表明酯类化合物在花蕾开放的过程中，逐渐水解成了酸类成分；萜类化合物在花蕾和花中的含量相差不大。此外，还在连翘花中首次检测到了2,6-二-叔丁基对甲酚和2,6-二-叔丁基-4-（1-氧代 丙基）苯酚。上述两种物质均具有较强的抗氧化活性，其中前者俗称抗氧化剂264，简称BHT，广泛用于食品保鲜、药品和化妆品的包装材料上，是目前用量最大、使用范围最广的抗氧化剂。这两种物质的存在提示连翘花具有潜在的抗氧化活性。

第二节　连翘籽的综合利用

连翘籽为木樨科植物连翘 *Forsythia suspensa*（Thunb.）Vahl 的干燥种子，药名连翘心。连翘籽位于连翘果实中心，连翘籽占果实重的 35%～40%，一部分做种子繁殖育苗；籽在入药时，连翘籽多已脱落，多遗弃或充作燃料、肥料等；个别地区有用连翘心入药的习惯[19]。连翘籽实油营养丰富，油味芳香，富含易被人体吸收、消化的油酸和亚油酸。近年来，已引起化学工业界的极大兴趣，具有很好的开发潜力。

一、连翘籽的化学成分

连翘心主要含有苯乙醇及其苷类、木脂素及其苷类、五环三萜类、黄酮类、挥发油类等化合物，药理研究认为其具有抗菌、抗炎、止呃逆、抗肝损伤、抑制磷酸二酯酶、抗病毒、降血压等作用。冯雪等从连翘籽中分离出 β-香树脂醇乙酸酯、乙酸酯、20-二醇-3-乙酸酯等脂类化合物[20]。李飞鹤等采用 HPLC 测定连翘心中连翘酯 A 含量，为其含量测定进行了方法学研究[21]。张巧月等通过建立 HPLC-ESI-MS/MS 方法，测定连翘心中连翘酯苷 A、连翘苷、连翘酯素、芦丁、槲皮素、异槲皮苷、阿魏酸和橙皮苷的量，为连翘心的成分测定提供了科学依据[22]。

二、连翘籽的药理药效

连翘心入药，首见于《小儿卫生总微论方》，中医用连翘心清心热，可治疗热病、心烦及不寐等症；据《温病条辨》卷一的清宫方及加减方中，连翘心可用于太阴温病，昏谵语者[23]。据古代医籍记载有清心热作用[24]。现代临床研究表明连翘心可用治疗呃逆，同时能够安神清心，其药理作用与壳相似且抑菌活性与壳功效具有一致性[25-27]。连翘种子挥发油对亚洲甲型流感病毒有显著的抗病毒作用，对细菌和真菌尤以金黄色葡萄球菌，肺炎球菌，甲、乙型链球菌，奈氏球菌，福氏痢疾杆菌，甲型付伤杆菌，白色和热带念球的抗菌作用明显[28]。

三、连翘籽油的开发与利用

连翘籽含油率达 25%～33%，油土黄色，营养丰富，油味芳香，富含易被人体吸收、消化的油酸和亚油酸，可制成优质食用油；连翘籽油也可作为制造香皂、化妆品等的工业原料[29-30]，是工业上一种很有前途的野生植物油源。

连翘籽精油为无色透明液体，具芳香味，含量 4%，其中含量较多的有 β-蒎烯和 α-蒎烯等[31]。用含有精油的连翘籽油制备 1030 漆，其电气性能较高，其耐油、耐热性能均达到部颁标准；连翘籽油代替亚麻油制 1032 绝缘漆，其性能也全部达到部颁标准；连翘籽油在制备改性醇酸树脂漆，其酯交换反应终止时间控制也完全适应生产要求；连翘油与顺丁烯二酸酐的加成产物配制成无溶剂快干漆，其性能符合部颁标准[32]。因此，开发利用连翘籽油，充分利用我国丰富的野生油料资源，对我国的经济发展具有重要的经济意义和社会意义[33]。

第三节　连翘叶的综合利用

连翘叶在历代本草典籍中很少有入药的记载。《中药大辞典》《中华本草》等现代典籍记载：连翘茎叶，味苦，性寒，功能主治为：清热解毒，主治心肺积热[34]。

在历代本草古籍中也有相关连翘叶食用的记载，如《汉书·淮南枕中记》记载的用连翘叶制作的茶被称为"打老儿茶"，又名"长寿茶"；明代的《救荒本草》记载"采连翘嫩叶炸熟，换水浸去苦味，淘洗净，油盐调食"；《本草纲目》中记载"气味（茎叶）苦、平、无毒"；清代《清圣祖实录》卷二有"延年翘"的记载[35]。

一、连翘叶化学成分及药理药效

1. 连翘叶化学成分

连翘叶含有多种化学成分，包括连翘脂苷类、木脂素类、多酚类、有机酸类等[36]，如表10-1所示。

表10-1 连翘叶中主要化学成分

中英文名称	分子式 分子量	结构式	连翘叶中检测/提取含量	参考文献
连翘苷 （Phillyrin）	$C_{27}H_{34}O_{11}$ 534.55		4.23%～7.27%（烘干干叶） 2.30%～5.32%（蒸后阴干） 5.43%（炒茶）	[37] [37] [38]
连翘酯苷A （Forsythiaside A）	$C_{29}H_{36}O_{15}$ 624.59		8.83%～11.27%（烘干干叶） 3.31%～8.30%（蒸后阴干） 5.36%（干叶75%乙醇提取） 8.16%（干叶甲醇提取） 3.32%（干叶水提取）	[37] [37] [39] [39] [39]
连翘酯苷F （Forsythiaside F）	$C_{34}H_{44}O_{19}$ 756.70		0.0016%～0.0039%（干叶）	[40]
连翘脂素 （Phillygenin）	$C_{21}H_{24}O_6$ 372.41		1.67 mg/g（干叶）	[41]
金丝桃苷 （Hyperoside）	$C_{21}H_{20}O_{12}$ 464.38		3.38～5.77 mg/g（干叶）	[42]

（续）

中英文名称	分子式 分子量	结构式	连翘叶中检测/提取含量	参考文献
芦丁 （Rutin）	$C_{27}H_{30}O_{16}$ 610.52		0.80%～1.63%（烘干干叶） 1.63%～2.70%（蒸后阴干）	［37］ ［37］
槲皮素 （Quercetin）	$C_{15}H_{10}O_7$ 302.24		0.02～0.11 mg/g（干叶）	［42］
齐墩果酸 （Oleanolic acid）	$C_{30}H_{48}O_3$ 456.70		4.30～4.45 mg/g（干叶）	［43］
熊果酸 （Ursolic acid）	$C_{30}H_{48}O_3$ 456.70		8.94～9.73 mg/g（干叶）	［43］
植物醇 （Phytol）	$C_{20}H_{40}O$ 296.531		2.98%（干叶）	［44］
丙烯酸羟乙酯 （2-Hydroxyethyl acrylate）	$C_5H_8O_3$ 116.12		3.18%（干叶）	［44］
咖啡酸 （Caffeic acid）	$C_9H_8O_4$ 180.15		0.03%～0.64%（干叶）	［45］

（续）

中英文名称	分子式 分子量	结构式	连翘叶中检测/提取含量	参考文献
绿原酸 (Chlorogenic acid)	C₁₆H₁₈O₉ 354.31		0.02%～0.17%（干叶）	[40]
山柰酚-3-O- 芸香糖苷 (Kaempferol 3- rutinoside)	C₂₇H₃₀O₁₅ 594.52		0.29%～0.67%（干叶）	[45]
橙皮苷 (Hesperidin)	C₂₈H₃₄O₁₅ 610.56		0.14%～0.34%（干叶）	[45]
（＋）-表松脂素- 4′-O-葡萄糖苷 （（＋）- Epipinoresinol -4-O- glucopyranoside）	C₂₆H₃₂O₁₁ 520.531		0.04%～0.16%（干叶）	[40]
牛蒡子苷 （Arctiin）	C₂₇H₃₄O₁₁ 534.552		3.93%（干叶）	[46]

（续）

中英文名称	分子式 分子量	结构式	连翘叶中检测/提取含量	参考文献
牛蒡子苷元 （Arctigenin）	$C_{21}H_{24}O_6$ 372.417		0.22%（干叶）	[46]

研究发现，连翘叶中含有连翘苷、连翘酯苷 A、连翘脂素等多种化学成分，其中连翘苷、连翘酯苷的含量远高于常作为药材原料入药的连翘果中的含量[47]，这些化合物具有较强的抗氧化、抗病毒等生物活性[48]。

朱成栋等从连翘叶水提物中分离得到了 6 个化合物，分别为 forsythenside F，forsythoside I，calcelarioside D，calcelarioside C，（＋）-松脂素-4-O-β-D 葡萄糖苷，suspensasideA，这 6 种化合物均具有抗氧化、抗菌、抗炎活性[49]。

2. 连翘叶药理药效

连翘叶提取物具有多种药理活性，如抗氧化、抑菌活性，保肝、抗衰老、保护心脏等[50]。

（1）抗病毒活性。连翘苷和连翘酯苷具有较强的抗病毒活性。Qu 等[51]为了发现新的抗流感药物，在体内研究了连翘苷对甲型流感病毒感染的抗病毒作用，在感染 A 型流感病毒的小鼠中，以每日 20mg/kg 的剂量连续 3d 给药可显著延长小鼠的平均生存时间，减轻了肺组织损伤，表明连翘苷对 A 型流感病毒感染具有潜在的保护作用。

玄振玉等[52]也证实了高纯度的连翘酯苷具有体外抗流感甲型病毒及退热作用，可应用于抗病毒药物。在新型冠状病毒感染（Corona Virus Disease 2019，COVID-19）的预防和治疗中，传统中药被广泛采用，特别是在症状较轻的病例中，其中连花清瘟胶囊在抗击新冠肺炎中表现出良好效果。

钟南山研究团队在分析武汉医院收治的 COVID-19 患者临床资料的基础上，在透射电镜下观察连花清瘟胶囊对新型冠状病毒（SARS-CoV-2）粒子形态的影响，结果证实了连花清瘟胶囊可明显抑制 SARS-CoV-2 的复制，并在体外发挥抗炎作用[53]。

Cheng 等[54]采用柔性对接方法，将连花清瘟胶囊中 21 种化合物和 SARS-CoV-2 的主要蛋白酶进行对接打分，结果显示，芦丁、连翘脂苷 E、金丝桃苷的分数均优于洛匹那韦（Lopinavir）。其中，金丝桃苷可能是 SARS-CoV-2 主要蛋白酶的抑制剂。

（2）抗菌活性。连翘叶的乙醇提取物具有广谱抗菌作用。王小敏等[44]测定了连翘叶乙醇提取物对金黄色葡萄球菌的最低抑菌浓度，为 3.125mg/mL，与连翘果乙醇提取物的最低抑菌浓度（6.25mg/mL）相比，连翘叶乙醇提取物的抑菌效果更好。

张元波[55]对连翘叶抗菌作用的化学物质基础进行了研究，发现连翘叶提取物中的连翘酯苷 A 和连翘酯苷 I 是抗菌的基础物质，从连翘叶提取出的连翘酯苷 A 与头孢唑林、万古霉素两种抑制剂共同使用时，抑菌效果会增强。

（3）抗氧化活性。科学研究表明，人体衰老是自由基不断氧化从而引发组织损伤的结果，而自由基的平衡可以通过补充抗氧化剂来调节。因此，从植物材料中提取更安全的天然无毒的抗氧化剂来代替人工合成的抗氧化剂已经引起了学者们的关注。连翘叶中含有连翘酯苷 A 和酚类等活性成分，具有较强的抗氧化活性。

张元波等[56]对连翘叶提取物进行了抗氧化测定，认为酚类是连翘叶抗氧化的物质基础。Jiao 等[57]利用 LC-MS/MS 技术对连翘叶泡茶液中主要活性成分进行了比较，并测定了其抗氧化活性，结果显示连翘叶中的主要活性物质在早期（4 月）的含量最高，并且抗氧化能力最强。

Yuan 等[58]采用多种生化方法筛选了粗连翘苷、纯化连翘苷、粗连翘酯苷和纯化连翘酯苷的抗氧化性能。结果表明，连翘酯苷具有较好的 1,1-二苯基-2-三硝基苯肼（DPPH）自由基清除能力、还原力和脂质过氧化作用，其水平优于丁基羟基甲苯（Butylated Hydroxytoluene，BHT），浓度为25～30μg/mL的纯化连翘酯苷的DPPH自由基清除活性＞90%，表明连翘叶可作为天然抗氧化剂的经济膳食来源，改善人体健康。

（4）保肝功效。研究发现连翘叶茶有保护肝脏的功效。刘静[59]通过小鼠模型实验发现连翘叶茶提取物能够显著提高肝损伤小鼠血清中总胆红素（Total Bilirubin，TBIL）和蛋白质（Protein，TP）的含量，表明连翘叶茶可改善肝损伤小鼠胆红素的代谢和肝脏合成蛋白质的功能。

白美美[60]以醉酒小鼠血清中的血浆抗利尿激素（Antidiuretic Hormone，ADH）活性作为检测指标，测定了连翘叶红茶、绿茶对小鼠的解酒功效，模型组小鼠的醒酒时间为（494.8±34.1）min，给予连翘叶红茶及绿茶后，小鼠醒酒时间缩短，其中绿茶高剂量组（18g/kg）小鼠的醒酒时间仅为（254.7±107.5）min，同时连翘叶茶使乙醇中毒小鼠血清的ADH活性升高，表明连翘叶茶可以减轻乙醇中毒小鼠的肝脏受损程度。

（5）降血脂、血糖功效。周菲[45]在实验中发现，连翘叶粗提物可以抑制的胰脂肪酶（Pancreatic Lipase，PL）活性，既减少了人体对脂肪的吸收，又降低了血脂，其中6月份的连翘叶提取物对PL的抑制率最高，粗提取浓度为1 000μg/mL时抑制率达到46.64%。

Kan等[61]从连翘叶中提取出连翘脂素和槲皮素等五种化合物，并对五种化合物的降血脂功效进行了研究，服用芦丁后，小鼠血清中的总胆固醇含量为3.124mmol/L，而高胆固醇饮食组的小鼠血清中总胆固醇含量为4.402mmol/L，表明芦丁具有较高的降血脂活性，Kang等认为这与芦丁等化合物的抗氧化机制有关。

Xu等[62]从连翘叶中分离得到连翘苷等活性成分，研究了其对脂肪细胞胰岛素抵抗机制的影响，结果显示连翘苷在100μmol/L和200μmol/L的浓度下有显著增加葡萄糖消耗的作用，改善了胰岛素的抵抗机制，起到降血糖的作用。

3. 连翘叶茶

在我国陕西、河北、山西等地，民间早有将连翘叶制成茶作为（保健）饮料饮用的习惯，连翘叶茶具有清除自由基和抗氧化作用，较好的保健价值[63-65]。研究表明，连翘叶属于无毒性物质[66-67,48]，这为连翘叶在食品领域开发创造了条件。2017年，山西省颁布了《食品安全地方标准 连翘叶》（DB S14/001—2017），在全国首先将连翘叶列入食品范畴，进行管理，规定了连翘叶每日推荐食用量：鲜连翘叶≤15g/d，干制连翘叶≤6g/d[68]。

（1）连翘茶制作工艺的研究。按照传统制茶工艺的不同，可将连翘叶茶分为绿茶和红茶。传统连翘叶茶多为绿茶，即将连翘嫩叶采摘后经过杀青、蒸制或晾晒、揉搓、炒制等工艺制成茶；也有一些地区人们习惯将连翘叶经过自然发酵工艺后制成红茶。随着生活水平的提高，人们对饮食的认知变化，对健康、营养有了的更高追求，在传统制茶工艺基础上，很多人对具体制茶方法、制茶工艺条件进行了进一步的研究探索。

（2）传统制茶工艺条件优化。对于传统连翘叶绿茶的制作工艺，李蒙蒙[69]通过实验研究了不同采收时期连翘叶中松脂醇-β-D-葡萄糖苷、连翘脂素、连翘苷、连翘酯苷A的含量差异，发现连翘叶中这些有效成分在6—7月时含量较高；研究不同杀青方法和干燥条件对连翘叶中有效成分含量的影响，发现蒸制的连翘叶颜色更均匀，质量更稳定，高温烘干时的含量更高，确定连翘叶的最佳加工方式为蒸制5min，80℃烘干。麻景梅等[70]通过对连翘叶茶制作工艺中干燥这一环节进行研究，发现干燥条件的不同对连翘叶茶中总黄酮含量的影响不大，而连翘酯苷A和连翘苷的含量在不同干燥条件下变化较大；研究结果显示通风阴干时连翘叶茶中连翘酯苷A和连翘苷保留较好，其含量高于采用鼓风干燥及真空干燥方式。

传统连翘叶红茶多采用调萎、揉捻、发酵、烘焙、复焙等工艺步骤对茶叶进行加工，与绿茶加工工艺相比主要差异在于对茶叶进行了发酵。红茶的活性物质与绿茶差异较大，主要为连翘脂素。在绿茶中含量很低的连翘脂素，经过发酵这一步骤在茶叶中大量生成，新鲜连翘叶及连翘叶绿茶中的连翘苷含量很高，但在红茶中含量却非常低，由此可推断经过发酵，新鲜连翘叶中的连翘苷大量转化成了连翘脂素。汪青波[71]对新鲜连翘叶中的连翘苷转化成连翘脂素的发酵条件进行了正交实验研究，最终得到最佳发酵条件为连翘叶含水量 55%、发酵温度 30℃、发酵时间 2h，在此条件下连翘苷可有效转化成连翘脂素。

（3）新型连翘叶茶品研究。杨丽霞等[72]将连翘叶配以薄荷和大枣，研究制备出了一种连翘叶复合袋泡茶，优化后配方为连翘叶 30%、大枣 52.8%、薄荷 1%、绿茶 16.2%，改善了单一连翘叶茶的口感与风味，营养也更加丰富均衡。

王亚恒等[73]研究得到了一种连翘叶速溶保健茶的制作工艺，对速溶茶的溶化性、外观、成型性等指标进行评价对比，得到其最佳制备工艺，即连翘叶干膏粉与乳糖的混合比例为 1∶1.5，80%乙醇进行湿润，采用湿法制粒，60℃干燥 1.5h，最后进行整粒即得连翘叶速溶保健茶。

尤颖[74]分别以阴干的连翘叶、炒制杀青的连翘叶、杀青发酵的连翘叶作为原料，制备出了相应的连翘叶速溶茶，并采用响应面法优化得到了连翘叶速溶茶水提工艺，即料液比为 1∶20（g∶mL）、提取温度为 90℃、提取时间为 180min，再采用喷雾干燥制备得到连翘叶速溶茶，将这 3 种速溶茶进行对比，发现其中杀青发酵的连翘叶速溶茶感官评价得分最高，炒制杀青的连翘叶和杀青发酵的连翘叶制成的速溶茶抗氧化能力最强，炒制杀青的连翘叶速溶茶抑菌效果最好。

（4）连翘叶茶营养成分研究。原江锋等[64]将一芽二叶、三叶的连翘嫩叶采摘下来，经过摊青、杀青、揉捻、初炒、复炒和干燥等工艺步骤将其制成连翘叶绿茶，并对其进行分析测试，测定其含水量为 3.6%，测定其矿物质元素含量从高到低分别为 Ca390.00mg/kg、Mn62.70mg/kg、Mg34.40mg/kg、Na29.30mg/kg、K22.70mg/kg、Zn22.50mg/kg、Fe17.50mg/kg 和 Cu0.81mg/kg，测定其活性成分含量分别为茶多酚 172mg/g、氨基酸 13.23mg/g、咖啡因 29.3mg/g、总黄酮 26.48mg/g、总木脂素 19.76mg/g 和总三萜酸 6.15mg/g，可见连翘叶绿茶含有丰富的对人体具有保健作用的活性成分。

王晓燕等[38]对连翘叶茶的重要活性物质——总黄酮、连翘酯苷、连翘苷的含量进行了分析测定，发现有机连翘叶茶中总黄酮含量为 24.12%、连翘酯苷为 7.29%、连翘苷为 5.43%，高于《中国药典》要求。

白美美[60]通过研究发现，连翘叶红茶的化学成分与原叶、绿茶的差异较大，连翘叶红茶中不含连翘酯苷 A，连翘苷和芦丁的含量也很少，而连翘脂素含量很高，推断连翘脂素为连翘叶红茶的主要活性物质，而苯乙醇苷和芦丁等多酚类物质为连翘叶和连翘叶绿茶的主要活性物质。

（5）连翘叶茶具体功效研究。对于连翘叶绿茶的功效，研究的人较多。杨建雄等人[65,75-79]通过一系列对小鼠的实验研究证明了连翘叶绿茶具有清除自由基和抗氧化、抗衰老、保护肝脏、保护高脂血症心脏及力竭状态下心肌、非特异性免疫应激等作用。

马文兵等[80]选择了 3 种病菌对连翘叶不同溶剂的提取物进行了抑菌性研究，结果显示，连翘叶的不同溶剂提取物对大肠杆菌、金色葡萄球菌（细菌）和白色念珠菌（霉菌）均表现出了不同程度的抑制作用。

张青[81]通过给小鼠喂食不同剂量的连翘叶茶水提取物研究其通便功能，发现不同剂量的提取物均对小鼠小肠推进运动起到了促进作用，排粪便的粒数也都有所增加，喂食剂量较小的两组小鼠排出的粪便重量增加，结果分析可得连翘叶茶水提取物具有一定的通便功能。

白美美[60]从细胞水平研究了连翘叶红茶及绿茶对因乙醇损伤的肝细胞的保护作用，发现乙醇肝损伤细胞在茶的作用下生存率提高了，同时其培养液的活力在茶的作用下降低了，证实了连翘叶茶的解酒保肝作用。连翘叶绿茶中富含黄酮类物质，其中芦丁可降低毛细血管通透性和脆性，增强其致密度，有改善毛细血管的功效，对毛细血管破裂出血或皮下溢血的情况有止血功效。对长期饮用连翘茶的人群探索发现，连翘叶茶具有降低身体体温、抗炎、排毒养颜、生津止渴及清心明目等作用与功效，是一种很好的保健茶。

目前国内市场上常见的连翘叶产品只有连翘叶茶，其制备工艺较为成熟，但产品种类较单一，可以将连翘叶与其他食品原料相结合，研发具备减肥、保肝、抗疲劳、降血脂、降血糖、抗菌、抗病毒等功效的一系列功能性食品，比如茶饮品、饼干、面包等，可大大提高连翘叶的经济附加值和综合开发程度，对于壮大连翘叶"种植－初加工－深加工－销售"产业链的发展具有重要意义[36]。

连翘叶资源丰富，价格低廉。但是在开发利用方面，仅有很少的一部分被人们制成茶叶用于日常饮用，而大部分连翘叶都被丢弃，未得到充分利用，造成了很大资源的浪费。随着对连翘叶茶研究的深入，连翘叶茶的更多功效被发掘，连翘叶茶的制作工艺也在不断地优化，连翘叶保健茶的品种也在不断地被研究开发。冲泡方便、生产成本低、营养价值及保健功能好的连翘叶保健茶更符合现代快节奏生活与人们对健康的追求，连翘叶茶具有广阔的市场开发前景，连翘叶资源可以得到更多的开发与利用[82]。

现代研究表明，连翘叶与连翘果实化学成分十分类似，主要含连翘苷、连翘酯苷、右旋松脂酚、芦丁、木质素、咖啡因、糖苷等化学成分，而且部分成分的含量远高于连翘果实，其中连翘酯苷含量高 5～10 倍[7,83-84]，连翘苷含量更是高达 10 倍左右[5,85-86]。

程启斌等[87]采用 Folin-Ciocalteu 法分别测定了老翘、青翘、连翘叶及连翘花中总酚含量，结果显示连翘叶中含量最高，花及果实次之；采用 1,1-二苯基-2-三硝基苯肼（DPPH）清除法综合考察其抗氧化活性，结果与总酚含量顺序一致，二者之间呈明显正相关性。连翘叶及连翘花中总酚含量及抗氧化活性显著高于果实，前期研究连翘叶茶水提物中总酚含量可达 120mg/g 左右，这也为民间饮用连翘茶提供了科学的理论依据，为连翘叶中酚类天然抗氧化剂研究提供借鉴作用。连翘叶资源丰富，生产成本低，作为一种新型的天然食品抗氧化剂具有广泛的应用前景。

连翘叶水提物和水提醇沉物高剂量组对降低大鼠体重、降低 Lee′s 指数都有显著作用（$P<$ 0.05），连翘叶水提物高剂量组对减少体内脂肪积累有极显著作用（$P<0.01$），而水提醇沉物高剂量组具有显著作用（$P<0.05$），证明两者都具有减肥作用。血脂含量检测结果证明：两者对降低大鼠血清中甘油三酯、总胆固醇、低密度脂蛋白含量都起极显著作用（$P<0.01$），证明二者也都具有降血脂作用。由于连翘叶水提物及水提醇沉物两者减肥和降血脂作用药效相近，考虑实际生产中工艺简化及生产效益，连翘叶减肥保健品以直接水提更为可行[45]。

（6）连翘枝、叶作为新型饲料添加剂。在过去很长一段时间内，抗生素作为一种饲料添加剂在畜牧生产中被广泛应用。因抗生素类药物滥用而产生的超级细菌严重威胁人类与动物的健康，为了保证人类食品安全，我国已出台一系列法律法规严格控制使用抗生素，养殖行业对抗生素的管理已经上升到法律层面[88-89]。由于抗生素残留及耐药性问题的日趋突出，我国规定从 2020 年 7 月 1 日起，全面禁止在动物饲料中添加抗生素[90]。抗生素类饲料添加剂的限制对饲料畜牧业持续和高质量发展带来了新的挑战。因此，寻找抗生素替代品成为科研人员的研究热点。

中草药具有在动物体内残留较少、无耐药性、可以增强机体免疫和提高生产性能等优势[91]，是替代抗生素的优质资源。连翘作为传统中草药，含有多种活性成分，不仅能够为动物提供必需营养素，而且还能够预防常见的动物病症[92]，因此，连翘具有广阔的应用前景，可作为饲料添加剂进行开发。

在连翘种植中，为提高果实产量，每年需修剪枝条，由此产生了大量枝条、叶片等园林废弃物，造成连翘资源浪费。研究表明，连翘枝条和叶片中也含有比较丰富的功效成分，是一种廉价的中药资源。安琦等[93]尝试将连翘枝条与玉米秸秆混合后接种乳酸菌与宇佐美曲霉孢子悬液，经过自然发酵 60d 后制备成青贮饲料用于肉鹅饲喂试验，28 日龄肉鹅随机分为 3 组，饲喂 42d，含 5% 和 10% 连翘枝条的青贮饲料中功能成分连翘苷与连翘脂苷 A 的含量差异具有统计学意义（$P<0.05$）；含连翘的青贮饲料能够使肉鹅成活率提高 4.38%～4.63%，日增重提高 3.07%～4.33%，显著降低料肉比（$P<0.05$）。乳酸菌与宇佐美曲霉菌发酵含连翘青贮饲料能够有效改善连翘枝条的适口性，应用于肉鹅饲喂后，可以提高肉鹅的健康水平。利用废弃中药原料开展饲料添加剂的应用研究，可为降低生产

成本、预防与治疗禽类疾病提供新的思路。

韩勇[94]比较饲料用连翘叶水提取物、40％乙醇提取物和80％乙醇提取物的体外抗炎活性和抑菌活性，研究结果表明，3种连翘叶提取物的抗炎活性为：80％乙醇提取物＞40％乙醇提取物＞水提取物；抑菌活性为：40％乙醇提取物＞水提取物＞80％乙醇提取物。饲料用连翘叶乙醇提取物具有较好的体外抗炎活性和抑菌作用，为连翘叶作为新型饲料添加剂的开发利用提供科学依据。

如今，畜禽集约化饲养加快了肉及蛋制品的产出，但同时对动物健康提出了更高的要求，动物集约化饲养往往更容易导致疾病的产生，其影响是多方面的，尤其是夏季炎热的环境以及卫生状况严重影响畜禽生产性能和肉产品质量[95]。在饲料中添加适量中草药是对动物疾病的发生和预防起到一定的积极作用，连翘叶中含有的连翘苷、连翘酯苷等活性物质，因具有很好的抗菌、抗炎、抗氧化等功效，将其掺入动物饲料中对动物的生长起到了保护作用[96-98]。将连翘叶应用于饲料中具有广阔的应用前景，这对于提升中药资源的利用效率和效益，改变我国目前中药资源利用不充分的现状，具有重要的意义。

连翘不仅是传统的药用植物，也是油料作物、观赏植物和水土保持植物，另外，还可作天然抗氧化剂、化妆品，应用广泛，市场前景广阔，是一种极具开发价值的中药材[99]。

加强企业和科研院校合作，深入开展基础研究，提升产品附加值，使连翘加工由初加工向精深加工（创新药效成分）发展。激励连翘加工企业开发多元化产品，除积极开展连翘叶茶、化妆品、连翘籽油等延伸性产品研发外，加强中药材在饲料添加剂、生物农药等方面的开发利用，推动连翘深加工与综合开发。总而言之，要不断深入研发连翘产业的商品形势，扶持拉动连翘产业内需，扩大连翘产业的规模，促进连翘产业的长远可持续发展[100]。

参 考 文 献

[1] 曹晓燕，王东浩，思培峰，等．连翘不同部位连翘苷含量的比较［C］．全国第八届天然药物资源学术研讨会，2008，7（11）：395-398.

[2] 朱凤云，陈志红，王东，等．不同采收时间对连翘中连翘苷含量的影响［J］．河南中医药学刊，2002，17（4）：27-28.

[3] 李书渊，施玉旋，罗婷．青翘与青翘种子及老翘中连翘苷的含量测定［J］．时珍国医国药，2006，17（9）：1720.

[4] 黄九林，魏春雁，李庆华．连翘不同部位连翘苷含量测定及其抗氧化活性的测定［J］．黑龙江农业科学，2011，1（11）：84-86.

[5] 李发荣，段飞，杨建雄．中药连翘及连翘叶中连翘苷含量的比较研究［J］．西北植物学报，2004，24（4）：725-727.

[6] 罗定强，李谦，李春生，等．连翘叶中连翘甙的提取和含量测定［J］．西北药学杂志，1998，13（2）：58-59.

[7] 张杲，李发荣，段飞，等．不同采收期连翘叶中连翘苷、连翘酯苷和芦丁的含量测定［J］．天然产物研究与开发，2005，17（6）：790-793.

[8] 曲欢欢，瞿西峰，李白雪，等．连翘不同部位中连翘酯苷和连翘苷的含量分析［J］．药物分析杂志，2008，28（3）：382-385.

[9] 王金梅，高健，郅妙利，等．HPLC法测定连翘中叶、茎、果实等不同部位芦丁的含量［J］．河南大学学报：医学版，2007，26（4）：23-25.

[10] 张飞，田粟，吕明霞，等．HPLC同时测定连翘花及叶中绿原酸等活性成分的含量［J］．中国实验方剂学杂志，2011，17（9）：103-106.

[11] 崔洋，孟岩，张兰桐，等．区带毛细管电泳法同时测定连翘不同部位中5个木脂素类成分的含量［J］．药物分析杂志，2010，30（9）：1621-1625.

[12] 徐茂杰，王玉庆，牛颜冰，等．连翘在黄土高原水土流失的作用浅析［J］．中国生态农业学报，2005，13（4）：194-196.

[13] 李爱江，高辉耀．连翘花茶制备及其活性成分分析［J］．粮油加工电子版，2015（9）：57-61.

［14］王金亭，李秋凤．微波辅助提取连翘花黄色素及其抗氧化活性的研究［J］．中国酿造，2010，29（11）：100-103.

［15］李兴泰，李洪成，刘泽．连翘花醇提物保护线粒体及抗氧化研究［J］．中成药，2009，31（6）：839-843.

［16］武月红．连翘不同部位提取物抑菌效果的比较分析［J］．食品研究与开发，2014（21）：44-48.

［17］白美美，李丹凤，李石飞，等．连翘花中抑制酪氨酸酶活性成分研究［J］．天然产物研究与开发，2017，29（10）：1688-1694.

［18］王金梅，姬志强，康文艺．连翘花蕾与花的挥发性成分研究［J］．天然产物研究与开发，2011，23（3）：458-463.

［19］陈景茹．关于利用我省连翘籽油合成香料品种的探讨［J］．应用化工，1986（3）：23-28.

［20］冯雪．连翘籽化学成分的研究［D］．辽宁中医药大学，2008.

［21］李飞鹤．山西连翘子药材质量标准研究［J］．山西大学学报（自然科学版），2016，39（4）：650-656.

［22］张巧月．HPLC-ESI-MS/MS 法测定连翘心中的 8 种化学成分［J］．中草药，2017，48（1）：192-196.

［23］魏希颖．连翘种子挥发油化学成分、生物学活性及其自乳化药物传递系统的研究［D］．陕西师范大学，2010.

［24］李时珍著．本草纲目（校点本）［M］．北京：人民卫生出版社，1979：1080.

［25］Kuo P C，Hung H Y，Nian C W，et al. Chemical Constituents and Anti-inflammatory Principles from the Fruits of *Forsythia suspensa*［J］. Journal of Natural Products，2017，4（S 1）：1055.

［26］Zhang S，Shao S Y，Song X Y，et al. Protective effects of *Forsythia suspensa* extract with antioxidant and anti-inflammatory properties in a model of rotenone induced neurotoxicity［J］. Neurotoxicology，2016，52：72-83.

［27］Wang Y Z，Ma Q G，Zheng X K，et al. A new forsythenside from *Forsythia suspensa*［J］. Chin Chem Lett，2008，19：1234.

［28］马振亚．连翘种子挥发油对流感病毒等病原微生物的影响［J］．陕西新医药，1980，11：51-52.

［29］杨鹏，张金桐，黄晋玲．山西省野生油脂植物连翘资源的调查及种籽油的提取与分析［J］．山西农业大学学报，1996，16（4）：394-396.

［30］刘成伦，杨雪艳．天然药物化学［M］．北京：中央广播电视大学出版社，2011：112-119.

［31］魏明山．连翘种子挥发油的研究［J］．西北植物研究，1982，2（1）：44-49.

［32］裴红宾，高凤琴．连翘在山西的立地范围及其开发利用价值［J］．北方园艺，2006，（2）：98-99.

［33］纪宝玉，董诚明．连翘植物资源综合开发利用研究进展［C］．第六届全国药用植物与植物药学术研讨会"论文集，2003，2：34-36.

［34］国家中医药管理局《中华本草》编委会．中华本草：第十六卷［M］．上海：上海科技出版社，1999：157-159.

［35］王克楠．连翘茶香长寿村［J］．当代人，2007（9）：44-45.

［36］李敬，尤颖，赵庆生，等．连翘叶成分及生物活性研究进展［J］．食品工业科技，2020，41（18）：344-352.

［37］靳茂礼，赵韶华，王玉峰，等．连翘叶 UPLC 指纹图谱及主要活性成分含量测定［J］．中国中医药信息杂志，2013，20（5）：52-55.

［38］王晓燕，杨莹莹，叶松华，等．有机连翘叶茶中核心营养素及功效成分的测定［J］．农产品加工，2016（7）：55-56，58.

［39］梅雪，陈珍，张世禄，等．连翘叶不同提取物中连翘酯苷 A 对比研究［J］．锦州医科大学学报，2017，38（5）：8-10.

［40］支旭然，苑霖，生宁，等．HPLC-MS/MS 法测定不同采收期连翘叶中 9 种成分［J］．中草药，2013，44（22）：3231-3235.

［41］汪青波，张济世，闫珍，等．利用发酵法提高连翘叶中连翘脂素含量的方法研究［J］．化学研究与应用，2020，32（1）：143-149.

［42］原江锋，赵君峰，孙军杰，等．河南、山西连翘叶黄酮类和三萜酸类化合物含量比较［J］．食品科学，2015，36（10）：164-167.

［43］赵韶华，刘敏彦，王玉峰，等．HPLC-ELSD 法同时测定连翘叶中齐墩果酸和熊果酸［J］．食品科学，2012，33（2）：224-226.

［44］王小敏，陈乔，郭丽丽，等．连翘果、连翘叶乙醇提取物的抑菌活性及成分分析［J］．食品工业科技，2019，40（6）：95-100.

［45］周菲．连翘叶减肥保健品开发可行性研究［D］．太原：山西大学，2018.

［46］高纳影，贾秀娟，孙华庚，等．HPLC 法测定连翘不同部位中罗汉松树脂酚苷和牛蒡子苷及其苷元的含量［J］．广东药科大学学报，2019，35（1）：37-42.

［47］王进明，范圣此，李安平，等．连翘不同部位中连翘苷和连翘酯苷 A 的含量分析及其入药探讨［J］．中国现代中药，2013（7）：26-29.

［48］李学敏，田若涛，张颖，等．连翘叶提取物致畸和致突变作用的研究［J］．山西医药杂志，2019，48（4）：481-483.

［49］朱成栋，玄振玉．连翘叶化学成分研究［J］．中国药师，2012，15（11）：1526-1528.

［50］Zhang Q，Lu Z，Li X，et al. Triterpenoids and Steroids from the Leaves of *Forsythia suspensa*［J］．Chemistry of Natural Compounds，2015，51（1）：178-180.

［51］Qu X Y，Li Q J，Zhang H M，et al. Protective effects of phillyrin against influenza a virus in vivo［J］．Archives of Pharmacal Research，2016，39（7）：998-1005.

［52］玄振玉，王勇．高纯度连翘酯苷在制备抑菌、抗病毒及其他药物中的应用：中国，101390869［P］．2009-03-25.

［53］Run F L，Yun L H，Ji C H，et al. Lianhuaqingwen exerts anti-viral and anti-inflammatory activity against novel coronavirus（SARS-CoV-2）［J］．Pharmacological Research，2020，156：104761.

［54］Cheng H Y，Gao M，Wang Q L，et al. Theoretical study of the anti-NCP molecular mechanism of traditional Chinese medicine Lianhua-Qingwen Formula（LQF）［J］．Chem Rxiv Preprint，2020.

［55］张元波．连翘叶抗菌作用的主要化学物质基础研究［D］．太原：山西大学，2018.

［56］张元波，张敏，程启斌，等．连翘叶抗氧化谱效相关质量评价研究［J］．天然产物研究与开发，2017，29（4）：629-634.

［57］Jiao J，Gai Q Y，Luo M，et al. Comparison of main bioactive compounds in tea infusions with different seasonal *Forsythia suspensa* leaves by liquid chromatography-tandem mass spectrometry and evaluation of antioxidant activity［J］．Food Research International，2013，53（2）：857-863.

［58］Yuan J F，Liu X Q，Yang J X，et al. *Forsythia suspense* Leaves，a plant：Extraction，purification and antioxidant activity of main active compounds［J］．Springer Berlin Heidelberg，2014，238（4）：527-533.

［59］刘静．连翘叶茶抗氧化抗衰老及保肝作用的实验研究［D］．西安：陕西师范大学，2004.

［60］白美美．连翘叶茶保肝作用研究［D］．太原：山西大学，2018.

［61］Kang W，Wang J. In vitro antioxidant properties and in vivo lowering blood lipid of *Forsythia suspense* leaves［J］．Medicinal Chemistry Research，2010，19（7）：617-628.

［62］Xu X，Saadeldeen F S A，Xu L，et al. The mechanism of phillyrin from the leaves of *Forsythia suspensa* for improving insulin resistance［J］．Bio Med Research International，2019，（4）：1-7.

［63］梅雪，周安琴，李静，等．连翘叶的化学成分、药理学与毒理学研究概况［J］．中国药房，2015，26（22）：3143-3146.

［64］原江锋，邱智军，刘建利，等．连翘叶绿茶制备及活性成分分析［J］．河南科技大学学报：自然科学版，2015，36（2）：78-82.

［65］杨建雄，朱淑云，李发荣．连翘叶茶的体外抗氧化活性［J］．食品科学，2002，23（12）：120-123.

［66］Han Z，Lei X L，Zhang H，et al. Evaluating the safety of forsythin from *Forsythia suspensa* leaves by acute and sub-chronic oral administration in rodent models［J］．Asian Pacific Journal of Tropical Medicine，2017，10（1）：47-51.

［67］李晓，郭唯，陈飞，等．连翘叶不同提取物的急性毒性试验研究［J］．饲料研究，2013（1）：11-12.

［68］山西省食品安全地方标准审评委员会．DBS14/001—2017 食品安全地方标准 连翘叶［S］．北京：中国标准出版社，2017.

［69］李蒙蒙．连翘和连翘叶的采收加工与质量相关性研究［D］．开封：河南大学，2019.

［70］麻景梅，王迎春，李琛，等．不同干燥条件连翘叶茶有效成分含量比较［J］．中国中医药信息杂志，2017，24（8）：76-79.

［71］汪青波．连翘叶中连翘脂素的制备工艺研究［D］．太原：山西大学，2019.

［72］杨丽霞，梁正辉，郭政港．连翘叶复合袋泡茶的制备及配方优化［J］．山西农业大学学报（自然科学版），

2021，41（3）：1-8.

［73］王亚恒，姚宁，王小平，等．连翘叶速溶保健茶成型工艺优选［J］．中国药师，2017，20（10）：1863-1865.

［74］尤颖．连翘叶速溶茶制备及生物活性评价［D］．石家庄：河北经贸大学，2021.

［75］杨建雄，刘静，李发荣，等．连翘叶茶抗氧化抗衰老作用的实验研究［J］．营养学报，2004，26（1）：65-67.

［76］杨建雄，刘静．连翘叶茶保肝作用的实验研究［J］．陕西师范大学学报（自然科学版），2005，33（3）：82-85.

［77］侯改霞，杨建雄．连翘叶茶提取物对高脂血症小鼠体重增长和心脏脂质过氧化的影响［J］．中药药理与临床，2005，21（4）：51-52.

［78］侯改霞，杨建雄．连翘叶茶提取物对力竭运动及恢复期小鼠心肌抗氧化酶和LDH同工酶活性的影响［J］．中国运动医学杂志，2006，25（1）：90-92.

［79］刘静，杨建雄．连翘叶茶对小鼠非特异性免疫及应激作用的实验研究［J］．榆林学院学报，2006，16（2）：45-47.

［80］马文兵，马雪梅．连翘叶茶提取物的抑菌活性研究［J］．中国中医药资讯，2011，3（15）：3-4.

［81］张青．连翘叶和高山薯地上部分化学成分及连翘叶茶润肠通便药理活性研究［D］．石家庄：河北医科大学，2012.

［82］潘雅琼．连翘叶茶的功效及制作工艺研究进展［J］．现代食品，2022，28（8）：44-46.

［83］靖会，李教社，曹蔚，等．高效液相色谱法测定连翘中连翘酯苷的含量［J］．西北药学杂志，2003，18（4）：156-157.

［84］丁冈，刘延泽．中药连翘及其同属植物的研究近况［J］．中药材，1994，17（10）：42-44.

［85］庞维荣，赵平，刘养清，等．不同生长期的连翘中连翘酯苷及芦丁含量动态研究［J］．世界中西医结合杂志，2007，2（5）：277-279.

［86］李卫建，李先恩．连翘果实干物质与有效成分积累规律研究［J］．中草药，2006，37（6）：921-924.

［87］程启斌，李石飞，张立伟．连翘不同部位总酚含量测定及抗氧化活性比较研究［J］．化学研究与应用，2016，28（5）：610-616.

［88］王菊．无抗饲料在畜牧生产中的应用分析［J］．畜牧兽医科技信息，2018（11）：142-144.

［89］贾金煜．无抗饲料在畜牧生产中的应用［J］．农业与技术，2018，38（6）：119-120.

［90］佚名．无抗时代［J］．畜牧产业，2020（9）：29.

［91］黄元元，王森，杜立红，等．中草药添加剂在畜禽生产中的应用．饲料研究，2022，45（2）：145-149.

［92］邓志程，叶为果，巫少芬．天然生物活性物质及其功能食品的研究进展［J］．现代食品，2018（10）：83-85.

［93］安琦，曹亚彬，牛彦波，等．含连翘的青贮饲料对肉鹅饲喂效果研究［J］．生物技术进展，2022，12（2）：265-269.

［94］韩勇．饲料用连翘叶不同提取物体外抗炎抑菌活性的比较研究［J］．饲料工业，2023-12-19网络版首发.

［95］李湘潋．靶向禽流感H5N1包膜蛋白进入抑制剂的筛选及机制研究［D］．广州：南方医科大学，2013.

［96］龙沈飞，王文涛，朴香淑．连翘的作用机理及其在猪和鸡生产中的应用［J］．动物营养学报，2019，31（4）：1499-1510.

［97］代重山，李道稳，汤树生，等．连翘酯苷的生物学功能及其在鸡生产中的应用［J］．中国饲料，2014（20）：12-14，18.

［98］刘颖．贯叶连翘对鸡血生理生化指标，生产性能及禽流感抗体水平的影响［D］．金华：浙江师范大学，2010.

［99］胡静，马琳，张坚，等．连翘的研究进展［J］．中南药学，2012，10（10）：760-764.

［100］郑丽美．武安市连翘产业发展现状与对策研究［D］．邯郸：河北工程大学，2020.

第十一章
连翘市场前景

在提倡绿色、回归自然，预防保健为主，治疗为辅的当今社会，连翘开发前景广阔。连翘在预防和治疗非典、禽流感、甲型 H1N1、新型冠状病毒、清热解毒等中成药、汤剂配方，抑菌化妆品、牙膏、香皂等方面应用广泛，需求量逐年增加，连翘产业进入了一个快速发展的历史时期[1]。

一、市场需求量大

连翘历来为用量大、用途多的大宗品种，除国内畅销外还远销东南亚和欧美各国。不仅汤剂配方中应用广泛，而且是银翘解毒丸、维 C 银翘解毒片、复方银翘注射液、感冒速效胶囊等中成药的原料。通过天地云图中成药原料消耗库查询，目前使用连翘的中成药商品（分企业和剂型）共计 3 079个，用药地位重要。每年仅成药渠道，就要消耗掉连翘 5 620 吨以上，为连翘第一大需求渠道。

从我国销售统计数据看，20 世纪 60 年代年销量约 200 万～300 万千克，90 年代年销量约400 万～500 万千克，21 世纪初（2003 年）销量约 600 万～700 万千克，每年需量以 8% 的速率增长。近几年来由于完全变成了市场经济，数字统计比较困难，故有 6 000～6 500 吨的说法，又有 8 000～8 500吨的报道。据中药材天地网多年的数据统计表明，全国年蕴藏量 15 000 吨以上。丰产年景产新量可达 10 000～12 000 吨，正常情况下年产新量 7 000～9 000 吨，受灾年景年产新量在 3 000～6 000吨。青翘正常年景用量为 7 000～8 000 吨，遇着流感严重或重大疫情用量应有 9 000～10 000 吨，如2003 年因"非典"消耗量应有 7 000 吨以上，2022 年连翘用量最大，全国用量高达 12 000～150 000吨，成交价也创历史新高 230～260 元/kg。药材天地网认为近年连翘的年需要量约为 8 000 吨。老翘每年的用量大约在 1 500～2 000 吨，多年来保持相对平稳。

连翘极其易受倒春寒（3—4 月）的影响，历史上出现三次严重的冻灾减产（2010 年、2011 年和2013 年），其中以 2013 年受灾最为严重。2020 年、2021 年、2022 年也因为倒春寒出现较大幅度的减产。据天地云图中药产业大数据平台统计，2021 年连翘产量在 6 500 吨左右；2022 年连翘产新时价格高，产量在 10 000～12 000 吨；2023 年连翘产新时价格高，刺激产新量在 10 000 吨左右。连翘具有良好的清毒，消痈散结和疏散风热的功效，在多次疫情暴发时发挥了重要的作用。2021 年连翘用量在 9 000 吨左右，2022 年连翘用量约为 12 000 吨。2023 年连翘开花期遭遇霜冻、降雪和冻雨，河南减产 4 成，山西减产 5 成。但是，产新前货源仍有部分剩余。随着 2023 年没有了疫情特殊需求，以连花清瘟为首的销售额会合理下调，货源会进入实销状态。

中康云瓴中药产业大数据中心通过数据验证，认为连翘的用量近些年一直呈现稳步上升态势，特别是新冠疫情以来增幅明显，尤其是 2022 年疫情放开后，连翘用量猛增，全国几百家使用连翘投料的中药企业，主要的品类有抗病毒类、双黄连类、清热解毒类、银翘解毒类、黄连上清类、小儿清热解毒类、普通感冒类等。

含连翘成分的中成药和 2022 年用量如下：

①连翘用量在 2 000～4 000 吨的中成药有：连花清瘟系列和双黄连系列，2022 年两个系列连翘的总用量为 6 800 吨。

②连翘用量在 400～800 吨的中成药有：小儿肺热咳喘颗粒、抗病毒口服液、维 C 银翘片、配方

颗粒、银翘伤风胶囊、小儿感冒颗粒等，2022年以上系列连翘的总用量为2 900吨。

③连翘用量在200～400吨的中成药有：四季抗病毒合剂、小儿豉翘清热颗粒、疏风解毒颗粒、抗病毒颗粒口服液、桑菊感冒颗粒、银翘解毒软胶囊、京制牛黄解毒片、复方金银花颗粒、复方黄柏涂液等，2022年以上系列连翘的用量为3 200吨。

④连翘用量在100～200吨的中成药有：小儿热速清颗粒、复方双花片、午时茶颗粒、小儿宝泰康颗粒、复方双花口服液、小儿热速清等，2022年以上系列连翘的用量为1 500吨。

⑤还有一些小厂产品也用连翘，全部加起来2022年用量最少不会低于1 000吨。以上的用量总和为15 400吨。

长期来看，连翘也作为植物抗生素的代表性品种，未来5年需求仍将保持增长。其中，高含量的青翘主要走成药渠道，而不合格的青翘将主要销往中兽药或提取物渠道。

二、连翘市场价格稳中有降，但不排除疫情时反弹

从图11-1可以看出，随着市场需求量的加大，连翘的市场价格基本是稳步上升的。其中，在2003年、2010年和2013年，连翘的市场价格出现数个高峰，造成该结果的主要原因是：一是流行性疫情，如"非典""甲流"和"手足口疫"的发生，进一步刺激了连翘的市场需求量；二是倒春寒造成连翘开花结实受影响，进一步造成药材稀缺；三是因为各种民间资本投入到药材流通领域以及劳动力成本的上升，造成农民采集积极性不高，故药材价格水涨船高。

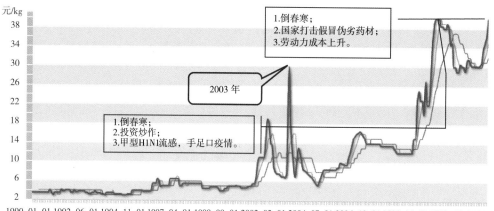

图11-1　1990—2013年连翘市场价格变化

就我国连翘价格走势，我国药典要求（2020年中国药典相较过往版本增加了挥发油的检测项，青翘挥发油不得少于2.0%；同时对青翘含连翘酯苷A的含量标准由不得少于0.25%提升为不得少于3.5%），叠加疫情需求提升，整体达标连翘供给严重不足，导致连翘价格持续上行，从2020年年初的42元/kg增长至2022年1月的113元/kg左右，随后2022年一季度仍保持上行态势，随着4—5月连翘高价背景下种植户提前采摘严重，导致产品质量严重良莠不齐，同时大批量同时供给导致连翘价格开始缓步下降，当年十月跌到最低点105元/kg。由于前两年库存薄弱，加上2022年12月疫情放开后连翘需求短期内暴增，整体市场大幅度看涨，价格直接高升至230～260元/kg，随后需求不及预期，整体价格开始下落。2018—2023年，亳州市场上的河南青翘水煮统货的价格如表11-1所示。

表11-1　亳州市场上的河南青翘水煮统货2018—2023年的价格

单位：元/kg

年份	1月	2月	3月	4月	5月	6月	7月	8月	9月	10月	11月	12月
2018	36	36	36	36	37	40	45	47	46	45	45	40
2019	40	40	40	40	40	38	38	43	43	42	41	41

（续）

年份	1月	2月	3月	4月	5月	6月	7月	8月	9月	10月	11月	12月
2020	41	47	57	51	54	53	50	56	57	57	60	65
2021	70	75	75	75	68	68	73	88	110	105	105	98
2022	98	98	115	120	145	135	125	115	115	105	115	125
2023	220	200	220	200	200	190	180	190	190	170	170	170

连翘是 3 年疫情刚需的单品，连续多年受灾减产的单品，2022 年底近乎脱缰之黑马，一个月内价格每千克上涨了 100 多元，高价刺激农民大量种植，很多山区县都把连翘作为脱贫致富的首选，经数据统计，连翘是我国近十年来种植面积最大的品种之一，连翘三年挂果 5 年进入盛果期，从 2024 年开始，绝大多数的种植连翘，均可进入盛果期，其产量将逐年递增。经中康云瓴中药产业大数据中心统计，2022 年全国家种连翘产量为 2 500 吨，2023 年已上升为 3 500 吨，预计 2024 年家种连翘产量将上升为 4 500～5 000 吨，2025 年将超过 6 000 吨。家种连翘产量的不断上升，将为连翘产业带来两个重大利好，一是连翘抢青将得到有效遏制，因为是自己种植的，所以没有农户会抢青；二是种植连翘一定会在质量最好、效益最佳的时候采收，合理采收才能提质增效，合理采收连翘品质将不断提升，合格率也将大幅提升。从近期连翘市场的价格来看，2024 年上半年仍然处于下滑态势，但连翘的市场需求较为刚需，一是稳定的用量将会支撑连翘的价格继续下行，二是流感病毒仍然多发，用量一旦上升，连翘价格不排除反弹与暴涨。

三、连翘也是山区农民增收的一项重要经济来源

连翘产区主要分布在全国 5 省，180 多个县市，主要加工地分散在 70 多个县，涉及加工户 2 000 多家，参与经营者数千人。刘红卫老师近几年通过连翘主产区调研发现，连翘收购价格趋势稳中有升，加上新型冠状病毒肆虐，市场需求激增，产地、市场到药企购销两旺，出现供不应求局面，2023 年连翘主产区，青翘鲜果收购价格最高时达到 78 元/kg，由于鲜果价格高，农民采摘积极性特别高，成年人一天收入 400～700 元，个别人一天收入上千元。从事连翘采摘加工等农户依靠连翘资源增收不断增加[2]。

四、连翘种植效益分析

1. 投入

连翘种植可以选择荒坡、丘陵地，成本包括水肥费用、人工费用、种苗费用等。水肥 400 元/亩；人工费用 1 500 元/年；3～4 年生种苗按照亩种植 220 株计算，费用 2 200 元，合计资金投入 4 100 元。

2. 产出

4～5 年生连翘亩产青翘干品 150kg，以后逐年增加。按照市场价 50 元/kg，合计每亩总收入 7 500 元。

3. 利润

每年每亩利润 3 400 元，以后会随着连翘进入盛果期逐年增加。

连翘产业是"小灌木，大产业"，集生态、经济、社会效益为一体新型战略性产业，利国、利民、利于社会，对于助力乡村振兴战略、践行"绿水青山就是金山银山"理念、推进绿色发展、实现全民健康和全面小康社会，都具有积极的作用[3]。

─────── 参 考 文 献 ───────

[1] 范圣此，张立伟. 连翘产业现状的分析及其相关问题的对策研究 [J]. 中国现代中药，2018，20（4）：371-376.

[2] 王瑞华. 对山西省连翘产业发展的几点思考 [J]. 山西林业，2021（z2）：14-15.

[3] 及华，王琳，张海新，等. 河北省道地中药材—连翘 [J]. 现代农村科技，2021，（10）：125.

附录一　中药材 GAP 延伸检查的相关文件

中药材 GAP 实施技术指导原则
第一节　中药材 GAP 的概念

中药材 GAP 是《中药材生产质量管理规范》（Good Agricultural Practice for Chinese Crude Drugs）的简称，其中 GAP 是 Good Agricultural Practice 的缩写。该规范是由我国国家药品监督管理部门依据《中华人民共和国药品管理法》等组织制定，并负责组织实施的行业管理法规；是一项从保证中药材品质出发，控制中药材生产和品质的各种影响因子，规范中药材生产全过程，以保证中药材真实、安全、有效及品质稳定可控的基本准则。该规范是中药材规范化生产和质量管理的基本要求，适用于中药材生产企业采用种植、养殖方式规范生产中药材的全过程管理，同 GLP、GCP、GMP 和 GSP 共同构成了药品管理的 5 个配套规范。实施中药材 GAP，有利于对中药材生产全过程进行有效的品质控制，是保证中药材品质"稳定、可控"，保障中医临床用药"安全、有效"的重要措施。

该规范所指的中药材是广义的概念，涵盖传统中药、草药、民族药及引进的植物药。矿物药因来源于非生物，其自然属性和生产过程与生物类药差异较大，因此其生产质量管理不包括在该规范范围内。

由于药材来源于药用动植物，因此中药材 GAP 的大部分内容是针对活的药用动植物及其赖以生存的环境而制订。中药材 GAP 既适用于栽培、养殖的物种，也包括野生种和外来种。值得注意的是，我国的中药材 GAP 概念涵盖的不仅是药用植物，还包括药用动物，这一点与 WHO 和欧盟的药用植物种植和采集的生产质量管理规范（GACP）仅包括药用植物和芳香植物不同，因为目前我国以药用动物为基原的药材还占一定的比例。

所谓中药材的生产全过程，以植物药为例，即指从种子开始经过不同的生长发育阶段到形成商品药材（经初加工）为止的过程。此过程一般不包括饮片炮制。但根据中药材生产企业发展趋势和就地加工饮片的有利因素，国家鼓励中药材生产企业按相关法规要求，在产地发展加工中药饮片。

第二节　新版中药材 GAP 的实施方式

一、实施方式

此次国家药品监督管理局、农业农村部、国家林业和草原局、国家中医药管理局联合发布新版中药材 GAP 的同时，采用公告的方式明确了新版中药材 GAP 的实施方式为"延伸检查"。这是一种新的方式，既不同于试行版中药材 GAP 实施采用的认证检查方式（认证制），也没有采用 2016 年原国家食品药品监督管理总局公告时提及的备案管理方式（备案制）。

1. 试行版中药材 GAP 实施方式采用的是国家药监部门组织的认证管理方式

试行版中药材 GAP 于 2002 年 3 月 18 日经原国家药品监督管理局局务会审议通过，2002 年 4 月 17 日以原国家药品监督管理局令第 32 号发布，并于 2002 年 6 月 1 日起施行。为推动规范的落地，基于当时的国家行政事项管理许可特点及中药材 GAP 的非强制性，国家药品监督管理部门经研究决定采取认证管理的方式实施中药材 GAP。为此，2003 年 9 月 19 日，原国家药品监督管理局以国食药监安〔2003〕251 号文印发了《关于印发〈中药材生产质量管理规范认证管理办法（试行）〉及〈中药材 GAP 认证检查评定标准（试行）〉的通知》。自 2003 年 11 月 1 日起，由原国家药品监督管理局正式受理中药材 GAP 的认证申请，并组织认证试点工作。认证通过的基地在国家药监督管理部门的网站上进行公布，同时也开展了一些基地复认证工作。截至 2016 年认证工作取消，先后共认证中药材 GAP 基地 177 个，涉及全国 26 个省份的 110 家企业 71 种中药材。因此，2003—2016 年，试行版中药材 GAP 的实施方式采用的是行政气息较浓厚的"认证制"，且由国家药监部门直接认证，地方药监部门给予配合。

2. 新版中药材 GAP 曾考虑采用备案管理的实施方式

2016 年 2 月 3 日，国务院印发《关于取消 13 项国务院部门行政许可事项的决定》，取消了中药材 GAP 认证。基于此，2016 年 3 月 18 日，为适应国家政府职能转变的改革、落实国务院要求，原国家食品药品监督管理总局发布了《关于取消中药材生产质量管理规范认证有关事宜的公告》（2016 年第 72 号），公告明确了 3 点："一、自公告发布之日起，国家食品药品监督管理总局不再开展中药材 GAP 认证工作，不再审理相关申请。二、国家食品药品监督管理总局将继续做好取消认证后中药材 GAP 的监督实施工作，对中药材 GAP 实施备案管理，具体办法另行制定。三、已经通过认证的中药材生产企业应继续按照中药材 GAP 规定，切实加强全过程质量管理，保证持续合规。食品药品监督管理部门要加强中药材 GAP 的监督检查，发现问题依法依规处理，保证中药材质量"。该公告明确的 3 点，一是正式取消了中药材 GAP 的认证工作；二是中药材 GAP 实施方式拟改为备案管理，但未出台相应的具体办法；三是并没有废止试行版中药材 GAP，原有认证的基地继续管理。该公告发布后，社会上很多人认为中药材 GAP 被取消了。实际上，这是一种误解，取消的是中药材 GAP 基地的认证工作，而不是中药材 GAP 本身。

在 2018 年，国家市场监督管理总局发布《中药材生产质量管理规范（修订草案征求意见稿）》，在其同时发布的"起草说明"中也提及修订的中药材 GAP 拟采用备案管理的方式。因此，在取消了中药材 GAP 认证工作后，国家药品监督管理部门研究过中药材 GAP 的实施方式拟采用备案管理方式，但当时正在修订的新版中药材 GAP 尚未定稿发布，因此实施方式也未确定。

3. 新版中药材 GAP 采用新的实施方式——"延伸检查"

此次在发布新版中药材 GAP 同时，国家药品监督管理局等通过公告方式同步明确了新版中药材 GAP 的实施方式为"延伸检查"。2022 中药材 GAP 公告中有 2 处提及"延伸检查"：一是"省级药品监督管理部门……必要时对相应的中药材生产企业开展延伸检查，重点检查是否符合本规范。发现不符合的，应当依法严厉查处，责令中药生产企业限期改正、取消标示等，并公开相应的中药材生产企业及其中药材品种，通报中药材产地人民政府"；二是"药品监督管理部门对相应的中药材生产企业开展延伸检查，做好药用要求、产地加工、质量检验等指导"。

2022 中药材 GAP 公告明确延伸检查由省级药品监督管理部门实施而不是直接由国家药品监督管理部门实施。"延伸检查"的对象是中药企业药品标示了"药材符合 GAP 要求"来源的中药材生产企业。延伸检查的主要目的是检查中药材生产企业及其基地的管理是否符合新版中药材 GAP 的要求。

目前，国家药品监督管理局等依据新版中药材 GAP 条款主要内容，尤其是禁止性条款和"应当"达到要求的条款，正研究具体的延伸检查管理办法。新版中药材 GAP 及延伸检查管理办法是中药材生产企业规范化生产的技术指导原则，是中药生产企业供应商质量审核的技术标准，也是药品监督管理部门中药材 GAP 延伸检查的技术依据。

二、各方职责与挑战

"延伸检查"是一种市场导向的监管方式，将有可能解决长期以来中药材生产质量监管的难题，也有可能克服之前"认证制"带来的一些被诟病的问题。"延伸检查"的中药材 GAP 实施新方式既为中药企业、中药材生产企业带来了良好发展机遇，也带来了新的挑战。

根据 2022 中药材 GAP 公告内容，总结了新版中药材 GAP 推进各方的职责（附图 1）。2022 中药材 GAP 公告较清晰地区分了国家相关部门与地方政府、地方各相关部门的责权，也明确了中药企业、中药材生产企业的职责与权益。

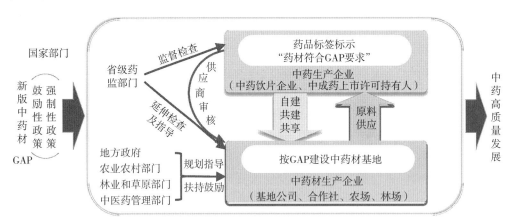

附图 1   基于"延伸检查"实施新版中药材 GAP 各方职责

1. 国家相关部门

国家相关部门是推动中药材 GAP 的主导力量。制定和修订《中药材生产质量管理规范》，制定推动规范实施的各项监管和鼓励性的政策措施，明确各方的职责。后续将制定延伸检查管理办法，指导制定新版中药材 GAP 实施技术指南。根据基地建设进展和 GAP 药材供应情况，研究制定鼓励性或强制性可促使中药生产企业使用 GAP 药材的相关措施。

2. 中药生产企业

中药生产企业是使用 GAP 药材的主体，也是带动中药材 GAP 基地建设的核心力量。只有中药生产企业大量需求和使用 GAP 药材，才能带动中药材 GAP 基地建设。为此，2022 中药材 GAP 公告明确如果原料药材来自中药材 GAP 基地，中药生产企业可以在相应饮片、配方颗粒的包装上标示"药材符合 GAP 要求"；如果中药复方制剂所有处方成分均来自中药材 GAP 基地，也可标示；如果只有部分处方成分来自中药材 GAP 基地，尚不能标示。中药生产企业需接受药品监督管理部门的监督检查，药品如标示了"药材符合 GAP 要求"，需要对相应的中药材生产企业进行"供应商审核"，保证符合要求，同时积极协助药品监督管理部门开展延伸检查。国家鼓励中药生产企业采取各种方式自建、共建、共享中药材 GAP 基地。

3. 中药材生产企业

中药材生产企业是实施新版中药材 GAP、建设中药材 GAP 基地的主体。中药材生产企业供应 GAP 药材时，需接受中药生产企业的"供应商审核"，也需要接受相应的省级药品监督管理部门的"延伸检查"。中药材生产企业采用的组织方式可以灵活多样，如公司＋基地、合作社、农场、林场方式。中药材生产企业按照新版中药材 GAP 的要求，建设规范化生产基地，生产出符合要求的 GAP 药材，供应给中药生产企业，既可只供应 1 家也可供应多家。

4. 省级药品监督管理部门

根据 2022 中药材 GAP 公告，省级药品监督管理部门是"延伸检查"的主体。省级药品监督管理部门对应当使用或标示了"药材符合 GAP 要求"的中药生产企业，要加强"监督检查"，必要时对相应的中药材生产企业开展"延伸检查"，重点检查是否符合新版中药材 GAP。发现不符合的，应当依法严厉查处，责令中药生产企业限期改正、取消标示等，并公开相应的中药材生产企业及其中药材品种，通报中药材产地人民政府。除了做好"监督检查"和"延伸检查"外，也要做好药用要求、产地加工、质量检验等指导。

5. 地方人民政府各相关管理部门

2022 中药材 GAP 公告明确，各省相关管理部门应当做好两件工作：一是在省委、省政府领导下，配合和协助中药材产地人民政府做好中药材规范化发展工作，如完善中药材产业高质量发展工作机制、制定中药材产业发展规划、细化推进中药材规范化发展的激励政策、建立中药材生产企业及其生产基地台账和信用档案、实施动态监管、建立中药材规范化生产追溯信息化平台等，鼓励中药材规范化、集约化生产基础较好的省份结合本辖区中药材发展实际，研究制定实施细则，积极探索推进。二是依职责对新版中药材 GAP 的实施和推进进行检查和技术指导。农业农村部门牵头做好中药材种子种苗及种源提供、田间管理、农药和肥料使用、病虫害防治等指导；林业和草原部门牵头做好中药材生态种植、野生抚育、仿野生栽培，以及属于濒危管理范畴的中药材种植、养殖等指导；中医药管理部门协同做好中药材种子种苗、规范种植、采收加工及生态种植等指导。2022 中药材 GAP 公告还提出，各部门要协作，形成合力，强化宣传培训，如发现有重大问题或重大政策建议，及时报国家相应部门。

三、各方的机遇

新版中药材 GAP 实施采用"延伸检查"方式，在带来各种挑战的同时，也带来管理调整和产业发展的新机遇（附图 2）。

附图 2 基于"延伸检查"实施新版中药材 GAP 各方机遇

1. 中药材生产企业发展壮大之路

建设中药材 GAP 基地将成为中药材生产企业优选之路。如果建成符合新版中药材 GAP 要求的规范化生产基地，且建有持续稳定的质量管理体系，保证基地药材价格和质量可控，则中药材生产企业基地的 GAP 药材将广受饮片企业、配方颗粒企业和中成药企业等欢迎。使用 GAP 药材作为原料，中药生产企业的药品标签可标示"药材符合 GAP 要求"，这是象征质量和品牌的"标签"。新的"延伸检查"＋"标示"方式，为"优质优先"提供了路径，也为将来的"优质优价"提供了可能。

2. 中药企业保证原料质量、生产优质药品的抓手

药品标签标示"药材符合 GAP 要求"，将助推一批中药生产企业和中药产品脱颖而出。中药企业通过自己或合作建设中药材 GAP 基地，或采购中药材 GAP 基地的药材，通过建立"供应商审核"机制，确保来自中药材 GAP 基地的药材生产与质量均符合新版中药材 GAP 的要求；药品标签可标示"药材符合 GAP 要求"，可将其产品与其他企业的同类产品区分，成为质量和品牌的象征。

3. 地方政府发展中药材产业的抓手

建成中药材 GAP 基地可成为地方发展中药材产业的可行之路。中药材 GAP 基地的药材将有中药企业优先采购，有中药生产企业指导生产和质量控制管理，还有国家的"延伸检查"督促基地质量建设管理，因此，地方政府按新版中药材 GAP 发展中药材生产可作为推动地方产业发展、乡村振兴战略的重要举措。

4. 中药行业管理部门发展中药材生产的抓手

基于"延伸检查"的实施方式，基地建设的质量管理体系将在中药材生产企业和中药企业之间形成良好的互动和制约模式。中药生产企业和中药材生产企业均有发展中药材规范化生产基地的内在驱动力，因此，国家和地方的管理部门发展中药材生产的成效会更加显著，也可超脱于基地发展本身，更多关注制定可以促使中药生产企业使用 GAP 药材的强制性或鼓励性措施，以及降低中药材生产企业生产成本的措施。

5. 药品监督管理部门间接管理药材生产的有效方式

药品监督管理部门一直面临药材生产质量监管的"两难"境地。一方面，中药材质量是影响中药饮片和中成药质量的关键因素之一，因此，药品质量监管必须关注中药材生产质量；另一方面，数百种常用中药材的生产主体较为分散，药品监督管理部门现有力量难以实现全面监管。试行版中药材 GAP 采用"认证"实施方式，认证后的中药材 GAP 基地相当于得到了国家监督管理部门的认可，监管力量必须保证基地生产符合中药材 GAP 要求，责任重大。

新版中药材 GAP 采用"延伸检查"的实施方式，为破解中药材生产质量监管难题提供了解决方案。药品监督管理部门重点工作可放在监管中药生产企业原料情况，通过对其监督检查，可督促中药生产企业审计药材供应商的原料质量、指导中药材生产企业的中药材 GAP 基地建设。而对中药材生产基地的监管，则可以根据中药生产企业原料质量监管情况，适当延伸检查中药材生产企业。中药材生产企业为了给中药企业持续供应符合中药材 GAP 要求的原料药材，会自觉按照新版中药材 GAP 管理生产基地；地方政府为了地方中药农业能有机地融入中药工业，也会强化措施促进中药材 GAP 基地的建设。通过"延伸检查"这一新的实施方式，可充分调动各方的"内生"动力，极大缓解监管压力。

第三节　新版中药材 GAP 的实施要点

一、质量管理体系建设要点

（一）质量管理的核心要求

我国中药材生产组织模式较多，但最小生产单元多为农户，质量管理和风险管控偏弱。新版中药材 GAP 第二章"质量管理"第五条提出"企业应当根据中药材生产特点，明确影响中药材质量的关键环节，开展质量风险评估，制定有效的生产管理与质量控制、预防措施。"中药材 GAP 基地建设的质量管理主要包括三方面要求，一是明确影响中药材质量关键环节，二是开展质量风险评估，三是制定有效的生产管理、质量控制和预防措施。为此，新版中药材 GAP 规定了 7 条具体的措施要求，其中第六条和第九条分别提出了要实施"六统一"和"可追溯"，这是管控关键环节理念的集中体现，也是实施风险管控的核心措施。这二点结合新版中药材 GAP 全文明确的系列禁止内容，构成了中药材 GAP 基地建设中质量管理的核心要求（附图 3）。

附图 3　中药材 GAP 基地建设质量管理核心要求

（二）关键环节的风险评估

中药材生产主要环节包括选址、种源、种植或养殖、采收、加工、包装与储运。对这些环节均应当开展风险评估,明确影响中药材质量关键环节和可能风险点。新版中药材 GAP 已列出各环节可能存在的主要风险,并多以"防"的表述形式进行阐述,以"应当"的表述明确了需制订的相应措施,如第七十二条提出了"强化安全管理措施,避免药用动物逃逸,防止其他禽畜的影响";第九十五条提出"清洗用水应当符合要求,及时、迅速完成中药材清洗,防止长时间浸泡"。关键环节风险防控要点如附图 4。

附图 4　中药材 GAP 基地建设关键环节风险防控要点

(三)风险管控的二项核心措施

1."六统一"

新版中药材 GAP 第二章第六条明确了"六统一"的内容:统一规划生产基地,统一供应种子种苗或其他繁殖材料,统一肥料、农药或者饲料、兽药等投入品管理措施,统一种植或者养殖技术规程,统一采收与产地加工技术规程,统一包装与贮存技术规程。"六统一"是质量风险管控的最重要措施之一,且要求程度不同。"统一供应种子种苗或其他繁殖材料"是其中最严格的要求,也是现阶段相对较高的要求,是为了确保所有最小生产单元(多为农户)使用的种源质量合格,防止不明种源影响基地产品药材质量。"统一肥料、农药或者饲料、兽药等投入品管理措施"允许农户自行采购投入品,但需要按企业统一要求采购和使用。"统一种植或者养殖技术规程,统一采收与产地加工技术规程,统一包装与贮存技术规程"是为确保不同的最小生产单元实施的生产措施和管理一致,企业实施的重点应当放在培训最小生产单元(如农户),以确保其掌握技术规程。

2. 追溯体系建设

新版中药材 GAP 有 5 条款提及"追溯",第八条规定企业应当明确中药材生产批次,保证每批中药材质量的一致性和可追溯。第九条提出明确的追溯要求:"企业应当建立中药材生产质量追溯体系,保证从生产地块、种子种苗或其他繁殖材料、种植养殖、采收和产地加工、包装、储运到发运全过程关键环节可追溯;鼓励企业运用现代信息技术建设追溯体系"。第一百零三条提及包装"鼓励使用绿色循环可追溯周转筐";第一百一十条明确"包装袋应当有……追溯标志、企业名称等信息",即按新版中药材 GAP 生产药材包装袋上要有追溯标志。第一百二十二条规定"按生产单元进行记录,覆盖生产过程的主要环节,附必要照片或者图像,保证可追溯"。

中药材生产企业建设中药材 GAP 基地必须建立质量追溯体系。至于如何建设,企业可根据企业情况和基地特点,自建或使用第三方的追溯系统。从行业看,中药材生产可追溯系统建设已有较好基础,但普遍存在过于复杂、实用性不足等问题。对中药材生产而言,追溯系统的建设是从无到有的飞跃,现阶段不宜将追溯系统需要采集的信息设置过于繁杂,应当以追溯关键生产环节的信息为主,系统应当操作方便、简单,以后可随中药材生产技术进步不断完善。特别要注意避免出现"形式"追溯,为追溯而追溯,须定位于良好防范风险。

建议主要追溯内容如下:(1)中药材批号;(2)企业情况(名称、生产负责人、质量负责人);(3)中药材生产技术规程和内控质量标准;(4)基地基本情况(位置、面积、环境检测报告、组织方式、典型图片);(5)种子种苗情况(种质鉴定报告、来源);(6)使用的主要投入品情况(主要肥料或饲料、平均用量、使用时间,主要农药或兽药名称及次数、量、时间,是否使用生长调节剂等);(7)种植、养殖过程情况(开始时间、主要措施、主要生长阶段典型图片);(8)采收情况(年限和季节、方法、完成的时间段、操作典型图片);(9)产地加工情况(净选方法、干燥方法、其他特殊方法、加工现场典型图片);(10)贮藏(入库时间、仓储方式、仓储条件、仓储时长、仓库内部和外部典型图片）；（11）中药材生产主要环节的记录；（12）中药材质量检测报告。

（四）禁止内容

新版中药材GAP第四条提出"企业应当坚持诚实守信，禁止任何虚假、欺骗行为"，后续条款针对生产主要环节也明确了一系列的具体禁止内容（附表1，附图5），这些禁止内容是企业建设质量管理体系时要高度留意的事项，也是风险评估的重要内容。

附表 1   中药材 GAP 基地建设应当明确的禁止内容

环节	禁止内容
种源	禁止使用运输、贮存后质量不合格的种子种苗或其他繁殖材料。
种植	禁止直接施用城市生活垃圾、工业垃圾、医院垃圾和人粪便。 禁止使用国务院农业农村行政主管部门禁止使用的剧毒、高毒、高残留农药，以及限制在中药材上使用的其他农药。 禁止使用壮根灵、膨大素等生长调节剂调节中药材收获器官生长。
养殖	禁止使用国务院农业农村行政主管部门公布禁用的物质以及对人体具有直接或潜在危害的其他物质。 禁止使用国务院畜牧兽医行政管理部门规定禁止使用的药品和其他化合物。 禁止在饲料和药用动物饮用水中添加激素类药品和国务院畜牧兽医行政管理部门规定的其他禁用药品。 禁止将原料药直接添加到饲料及药用动物饮用水中或者直接饲喂药用动物。 禁止将人用药品用于药用动物。 禁止滥用兽用抗菌药。
加工	禁止将中毒、感染疾病的药用动物加工成中药材；禁止使用有毒、有害物质用于防霉、防腐、防蛀；禁止染色增重、漂白、掺杂使假等。
包装	禁止采用肥料、农药等包装袋包装药材。
储运	禁止贮存过程使用硫黄熏蒸。

附图 5   中药材 GAP 基地建设应当明确的禁止内容

二、总体实施思路

（一）基本思路

基于质量风险管控的理念，按新版中药材GAP的要求，中药材GAP基地建设的基本思路可概括为"写我要做，做我所写，记我所做"（附图6）。首先，企业按照新版中药材GAP的要求，对需要建设的中药材GAP基地进行整体规划，明确基地建设的目标和措施，制定相应的制度、规程等，并以文件体系的形式明确和固定，即为"写我要做"。企业一定要基于基地建设的实际情况，实事求是确定目标和措施，不能低于新版中药材GAP的要求，也不要制定难以企及的目标，后续无法做到的措施，一旦"写"下了要做内容，后续就一定要实施。企业"写我要做"以后，就应当按所"写"内容，包括目标和措施等，开展基地建设和生产。忠实实施所"写"内容，即"做我所写"。为保证中药材生产、质量控制、质量保证等活动可追溯，企业需记录关键环节的操作和数据，即"写我所做"。概言之，计划过程就是"写我要做"，执行"写"下的内容就是"做我所写"，记录所做过程的关键数据就是"记我所做"，对整个过程进行检查，并持续加以改进就是内审过程。

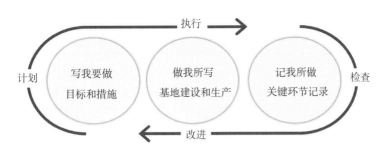

附图 6　中药材 GAP 基地建设基本思路

（二）基地建设流程与主要实施内容

"写我要做、做我所写、记我所做"均围绕基地建设的主要流程及涉及的主要工作内容展开。整个流程可分为规划、文件编写、选址与准备、生产管理与质量控制、内审与完善等 5 个阶段。每个阶段需要实施的主要工作内容可参见附图 7。从规划到内审应当进行全过程关键环节记录，保证可追溯；从选址与准备到内审完善，企业需进行关键环节现场指导、监督，保证主要实施内容得以贯彻。

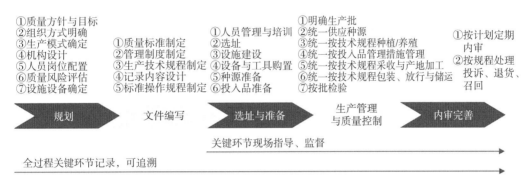

附图 7　中药材 GAP 基地建设流程与主要实施内容

三、"写我要做"的要点

（一）要"做"的内容及要求

按照新版中药材 GAP 的要求，中药材生产企业应当先对拟建设的中药材 GAP 基地进行规划，明确需要做的内容，制定相应的制度、规程等。不同药材、不同基地及不同企业要做的内容不同。

确定基地建设方式。中药材生产企业基地建设组织方式可灵活采取农场、林场、公司＋农户或者合作社等，不受限制，但应当明确在企业制度中。

确定药材生产模式。企业需确定药材种植或养殖的模式，如农田大规模化种植或养殖，抑或野生抚育或仿野生栽培。

设计组织机构。企业应当建立相应的生产和质量管理部门；生产管理负责人负责种子种苗或其他繁殖材料繁育、田间管理或者药用动物饲养、农业投入品使用、采收与加工、包装与贮存等生产活动；质量管理负责人负责质量标准与技术规程制定及监督执行、检验和产品放行。

配置人员和岗位。企业应当配备足够数量并具有和岗位职责相对应资质的生产和质量管理人员。

确定需要的设施设备。企业应当建设必要的设施，包括种植或者养殖设施、产地加工设施、中药材贮存仓库、包装设施等；选用与配置相应的生产设备、工具。

（二）"写"的内容

1. 基地建设文件类型及要求

企业应当建立文件管理系统，制定标准操作规程以规范文件的起草、修订、变更、审核、批准、替换或撤销、保存和存档、发放和使用。企业根据基地的实际情况确定需要编制的文件，新版中药材

GAP 要求的文件汇总见附表 2。

附表 2　中药材 GAP 基地建设文件类型与要求

文件类型	新版中药材 GAP 的要求
质量标准文件	企业应当制定中药材质量标准，标准不能低于现行法定标准。（一）根据生产实际情况确定质量控制指标，可包括：药材性状、检查项、理化鉴别、浸出物、指纹或者特征图谱、指标或者有效成分的含量；药材农药残留或者兽药残留、重金属及有害元素、真菌毒素等有毒有害物质的控制标准等；（二）必要时可制定采收、加工、收购等中间环节中药材的质量标准。 企业应当制定中药材种子种苗或其他繁殖材料的标准。
生产技术规程文件	详见附表 3
制度文件	大型生产设备应当有明显的状态标识，应当建立维护保养制度。 应当执行中药材放行制度，对每批药材进行质量评价，审核生产、检验等相关记录；由质量管理负责人签名批准放行，确保每批中药材生产、检验符合标准和技术规程要求；不合格药材应当单独处理，并有记录。 应当建立中药材贮存定期检查制度，防止虫蛀、霉变、腐烂、泛油等的发生。 企业应当建立投诉处理、退货处理和召回制度。
标准操作规程文件	企业应当根据实际情况，在技术规程基础上，制定标准操作规程用于指导具体生产操作活动，如批的确定、设备操作、维护与清洁、环境控制、贮存养护、取样和检验等。 企业应当制定质量检验规程，对自己繁育并在生产基地使用的种子种苗或其他繁殖材料、生产的中药材实行按批检验。 企业应当建立标准操作规程，规定投诉登记、评价、调查和处理的程序；规定因中药材缺陷发生投诉时所采取的措施，包括从市场召回中药材等。
其他文件	企业应当开展人员培训工作，制定培训计划、建立培训档案。 中药材生产基地一般应当选址于道地产区，在非道地产区选址，应当提供充分文献或者科学数据证明其适宜性。 如需使用非传统习惯使用的种间嫁接材料、诱变品种（包括物理、化学、太空诱变等）和其他生物技术选育品种等，企业应当提供充分的风险评估和实验数据证明新品种安全、有效和质量可控。 企业应当制定内审计划，对质量管理、机构与人员、设施设备与工具、生产基地、种子种苗或其他繁殖材料、种植与养殖、采收与产地加工、包装放行与储运、文件、质量检验等项目进行检查。

2. 中药材规范化生产技术规程制定的要求

新版中药材 GAP 在第十四章"附则"中指出技术规程"指为实现中药材生产顺利、有序开展，保证中药材质量，对中药材生产的基地选址，种子种苗或其他繁殖材料，种植、养殖，野生抚育或者仿野生栽培，采收与产地加工，包装、放行与储运等所做的技术规定和要求。"第二章对必须制定的技术规程和标准做了专门规定。从第五章至第九章，每章均提出了技术规程制定的要求［附表 3（1），附表 3（2），附表 3（3），附表 3（4），附表 3（5）］。一种药材可编制一个生产技术规程，也可按生产环节编制多个生产技术规程，但不宜拆分过细。

附表 3（1）　新版中药材 GAP 关于生产基地选址规程制定的要求

要求项目	要点
环境保护要求	符合国家和地方生态环境保护要求。
产地要求	一般应当选址于道地产区，在非道地产区选址，应当提供充分文献或者科学数据证明其适宜性。
地块要求	种植地块能满足药用植物对气候、土壤、光照、水分、前茬作物、轮作等的要求；养殖场所能满足药用动物对环境条件的各项要求。
环境要求	持续符合国家标准，根据基地周围污染源的情况，确定空气是否需要监测，水质是否需要定期检测。 国家标准包括：《环境空气质量标准》二类区，《土壤环境质量农用地污染风险管控标准（试行）》，《农田灌溉水质标准》和《生活饮用水卫生标准》。
种植历史要求	基地选址范围内，企业至少完成一个生产周期中药材种植或者养殖，并有两个收获期中药材质量检测数据且符合企业内控质量标准。

（续）

要求项目	要点
布局要求	生产基地应当规模化，种植地块或者养殖场所可成片集中或者相对分散，鼓励集约化生产。
定位要求	产地地址应当明确至乡级行政区划；每一个种植地块或者养殖场所应当有明确记载和边界定位。种植地块或者养殖场所可在生产基地选址范围内更换、扩大或者缩小规模。

附表 3（2）　新版中药材 GAP 关于种子种苗或其他繁殖材料的要求

要求项目	要点
基原及种质	应当明确，包括种、亚种、变种或者变型、农家品种或者选育品种；注意禁用或风险评估要求。 在一个中药材生产基地应当只使用一种经鉴定符合要求的物种，防止与其他种质混杂。
质量标准与检测方法	符合国家、行业或者地方标准；没有标准的，鼓励企业制定标准，明确生产基地使用种子种苗或其他繁殖材料的等级，并建立相应检测方法。
检疫	从县域之外调运种子种苗或其他繁殖材料，应当按国家要求实施检疫；用作繁殖材料的药用动物应当按国家要求实施检疫，引种后进行一定时间的隔离、观察。
运输与保存条件	确定适宜条件，保证质量可控。
良种繁育规程	应当建立，保证繁殖的种子种苗或其他繁殖材料符合质量标准。
其他要求	使用列入《国家重点保护野生植物名录》的药用野生植物资源的，应当符合相关法律法规规定。

附表 3（3）　新版中药材 GAP 关于种植与养殖技术规程制定的要求

类别	要求项目	要点
种植	种植制度要求	前茬、间套种、轮作等。
	设施建设与维护要求	维护结构、灌排水设施、遮阴设施等。
	土地整理要求	土地平整、耕地、做畦等。
	繁殖方法要求	繁殖方式、种子种苗处理、育苗定植等。
	田间管理要求	间苗、中耕除草、灌排水等。
	病虫草害等的防治要求	针对主要病虫草害等的种类、危害规律等采取的防治方法。
	肥料、农药使用要求	品种、用量、施肥时期和施用方法。
养殖	种群管理要求	种群结构、谱系、种源、周转等。
	养殖场地设施要求	养殖功能区划分，饲料、饮用水设施，防疫设施，其他安全防护设施等。
	繁育方法要求	选种、配种等。
	饲养管理要求	饲料、饲喂、饮水、安全和卫生管理等。
	疾病防控要求	主要疾病预防、诊断、治疗、药物使用要求等。
	其他要求	药用动物属于陆生野生动物管理范畴的，还应当遵守国家人工繁育陆生野生动物的相关标准和规范。
野生抚育和仿野生栽培	如年允采收量、种群补种和更新、田间管理、病虫草害等的管理措施。	

附表 3（4）　新版中药材 GAP 关于采收与产地加工技术规程制定的要求

要求项目	要点
采收期要求	采收年限、采收时间等。
采收方法要求	采收器具、具体采收方法等。
采收后要求	中药材临时保存方法。

（续）

要求项目	要点
产地加工要求	拣选、清洗、去除非药用部位、干燥或保鲜，以及其他特殊加工的流程和方法。涉及特殊加工要求的中药材，如切制、去皮、去心、发汗、蒸、煮等，应当根据传统加工方法，结合国家要求，制定相应的加工技术规程。
其他	毒性、易制毒、按麻醉药品管理中药材的采收和产地加工，应当符合国家有关规定。

附表 3（5）　新版中药材 GAP 关于包装、放行与储运制定技术规程的要求

要求项目	要点
包装材料及包装方法要求	包括采收、加工、贮存各阶段的包装材料要求及包装方法。
标签要求	标签的样式，标识的内容等。
放行制度	放行检查内容，放行程序，放行人等。
贮存场所要求	包括采收后临时存放、加工过程中存放、成品存放等对环境条件的要求。有特殊贮存要求的中药材贮存，应当符合国家相关规定。
运输及装卸要求	车辆、工具、覆盖等的要求及操作要求。
发运要求	由质量管理负责人签名批准放行，确保每批中药材生产、检验符合标准和技术规程要求；不合格药材应当单独处理，并有记录。

四、"做我所写"的要点

"做我所写"就是按照确定的目标及制定的文件规程措施建设中药材 GAP 基地。一些主要环节和相应要点如下。

明确生产批。企业应当明确中药材生产批次，保证每批中药材质量的一致性和可追溯。

管理与培训人员。企业按照新版中药材 GAP"六统一"的要求，对基本生产单元的一线生产操作人员强化培训，确保"六统一"得以良好实施。开展人员培训工作，制定培训计划、建立培训档案，对直接从事中药材生产活动的人员应当培训至基本掌握中药材的生长发育习性、对环境条件的要求，以及田间管理或者饲养管理、肥料和农药或者饲料和兽药使用、采收、产地加工、贮存养护等的基本要求。企业应当对管理和生产人员的健康进行管理，患有可能污染药材疾病的人员不得直接从事养殖、产地加工、包装等工作，无关人员不得进入中药材养殖控制区域，如确需进入，应当确认个人健康状况无污染风险。

准备、使用、管理设施、设备与工具。存放农药、肥料和种子种苗，兽药、饲料和饲料添加剂等的设施"能够保持存放物品质量稳定和安全"；分散或者集中加工的产地加工设施"均应当卫生、不污染中药材，达到质量控制的基本要求"；贮存中药材的仓库"应当符合贮存条件要求；根据需要建设控温、避光、通风、防潮和防虫、防鼠禽畜等设施"；质量检验室功能布局"应当满足中药材的检验条件要求，应当设置检验、仪器、标本、留样等工作室（柜）"；生产设备、工具的选用与配置"应当符合预定用途，便于操作、清洁、维护"，肥料、农药施用的设备、工具"使用前应仔细检查，使用后及时清洁"；采收和清洁、干燥及特殊加工等设备"不得对中药材质量产生不利影响"；大型生产设备"应当有明显的状态标识，应当建立维护保养制度"。

准备与规范使用种子种苗或其他繁殖材料。企业"在一个中药材生产基地应当只使用一种经鉴定符合要求的物种，防止与其他种质混杂。优先采用经国家有关部门鉴定，性状整齐、稳定、优良的选育新品种"；应当鉴定每批外购种子种苗或其他繁殖材料的基原和种质，确保与种子种苗或其他繁殖材料的要求相一致，自行留种的可免于鉴定；"应当使用产地明确、固定的种子种苗或其他繁殖材料；鼓励企业建设良种繁育基地，繁殖地块应有相应的隔离措施，防止自然杂交"；种子种苗或其他繁殖材料基地规模"应当与中药材生产基地规模相匹配；种子种苗或其他繁殖材料应当由供应商或者企业检测达到质量标准后，方可使用"；从县域之外调运种子种苗或其他繁殖材料"应当按国家要求实施检疫；用作繁殖材料的药用动物"应当按国家要求实施检疫，引种后进行一定时间的隔离、观察"；"应当采用适宜条件进行种子种苗或其他繁殖材料的运输、贮存；禁止使用运输、贮存后质量不合格的种子种苗或其他繁殖材料"；"应当按药用动物生长发育习性进行药用动物繁殖材料引进；捕捉和运输时应当遵循国家相关技术规定，减免药用动物机体损伤和应激反应"。

按生产技术规程种植或养殖。企业"应当按照制定的技术规程有序开展中药材种植，根据气候变化、药用植物生长、病虫草害等情况，及时采取措施"；"应当按照制定的技术规程，根据药用动物生长、疾病发生等情况，及时实施养殖措施"。新版中药材 GAP 还明确了一系列种植和养殖管理要求，在此不一一赘述。

定期内审。企业"应当定期组织对本规范实施情况的内审，对影响中药材质量的关键数据定期进行趋势分析和风险评估，确认是否符合本规范要求，采取必要改进措施"。

按制度和操作规程处理投诉、退货和召回。企业"应当指定专人负责组织协调召回工作，确保召回工作有效实施"；"因质量原因退货或者召回的中药材，应当清晰标识，由质量部门评估，记录处理结果；存在质量问题和安全隐患的，不得再作为中药材销售"。

五、"记我所做"的要点

记录是文件体系内容的一部分，也是实现可追溯的关键。记录可分为三类，第一类为人员管理记录，如人员培训、考勤记录等；第二类为生产管理记录，如农药施用记录、采收记录等；第三类为质量管理记录，如检验报告、内审报告等。

新版中药材 GAP 对记录有明确要求，主要要求记录的内容如下。

产地地址"应当明确至乡级行政区划；每一个种植地块或者养殖场所应当有明确记载和边界定位"。

企业应当根据影响中药材质量的关键环节，结合管理实际，"明确生产记录要求"；"按生产单元进行记录，覆盖生产过程的主要环节，附必要照片或者图像，保证可追溯"。

药用植物种植主要记录包括：种子种苗来源及鉴定，种子处理，播种或移栽、定植时间及面积；肥料种类、施用时间、施用量、施用方法；重大病虫草害等的发生时间、为害程度，施用农药名称、来源、施用量、施用时间、方法和施用人等；灌溉时间、方法及灌水量；重大气候灾害发生时间、危害情况；主要物候期。

药用动物养殖主要记录包括：繁殖材料及鉴定；饲养起始时间；疾病预防措施，疾病发生时间、程度及治疗方法；饲料种类及饲喂量。

采收加工主要记录包括：采收时间及方法；临时存放措施及时间；拣选及去除非药用部位方式；清洗时间；干燥方法和温度；特殊加工手段等关键因素。包装及储运记录包括包装时间；入库时间；库温度、湿度；除虫除霉时间及方法；出库时间及去向；运输条件等。

其他记录有"应当执行中药材放行制度，对每批药材进行质量评价，审核生产、检验等相关记录；由质量管理负责人签名批准放行，确保每批中药材生产、检验符合标准和技术规程要求；不合格药材应当单独处理，并有记录"；"应当有产品发运的记录，可追查每批产品销售情况；防止发运过程中的破损、混淆和差错等"；"内审应当有记录和内审报告；针对影响中药材质量的重大偏差，提出必要的纠正和预防措施"；"投诉调查和处理应当有记录，并注明所调查批次中药材的信息"；"应当有召回记录，并有最终报告；报告应对产品发运数量、已召回数量以及数量平衡情况予以说明"。

六、控制基地建设生产成本的措施

新版中药材 GAP 在保证中药材生产关键环节质量风险可控的前提下，为有效控制中药材生产成本，根据生产情况做了诸多实事求是的规定。

1. 不要求必须建设集中的产地加工设施，可分散加工，但加工技术规程要统一。

2. 不要求必须建设质量检测实验室，可第三方或集团公司检测。

3. 不禁止使用除草剂等农药，但需符合农药使用相关规定。

4. 不要求基地自己选育良种或繁殖种源，但需统一供应种源，且明确其产地，且相对固定。

5. 不要求企业必须流转土地建基地，组织方式可灵活多样。

6. 不要求企业必须在固定的地块或场地上进行多生产周期种植，但需要在选定的产地范围内种植或养殖。

7. 不要求企业必须采用集中性种植方式，也可采用野生抚育方式或仿野生栽培的方式。

8. 不要求中药生产企业必须自建基地，可采用自建、共建、共享方式建立中药材 GAP 基地。

9. 不要求企业建成复杂的可追溯系统，但必须有，且能对影响中药材质量的关键环节进行追溯。

10. 不要求企业必须有高于法定的药材质量标准，但要有明确的企业药材标准，要有种子种苗或其他繁殖材料的标准。

11. 不要求企业必须对人员定期健康体检，但要针对性防范可能污染药材的患病人员的相关行为。

第四节　修订情况及补充说明

一、修订背景

中药材是中医药发展的物质基础，是中药产业和大健康产业的主要原料，保证源头中药材的质量至关重要。2002 年，原国家药品监督管理局发布《中药材生产质量管理规范（试行）》（以下简称试行版中药材 GAP），研究确定采用认证管理；2003 年，发布认证管理办法和认证检查评定标准后启动认证；2016 年，取消 GAP 认证。此阶段先后共认证中药材 GAP205 家次，国家局公告 196 家次，中药材基地共 177 个，涉及全国 26 个省份 110 家企业 71 种中药材。

GAP 实施提高了行业对原料药材质量的重视程度，培养了人才队伍，对探索推进中药材规范化、规模化生产，提升中药材质量发挥了一定作用。特别是近年来，中药材生产和基地建设成果显著，提升了我国中药农业的现代化水平。但试行版中药材 GAP 实施 10 余年来也逐步显现出了一些不适应行业发展的问题，如其内容过于笼统，质量风险管控理念没有得到很好地贯彻，部分影响中药材质量的重要环节缺少明确要求；技术规程要求相对模糊，生产组织方式不确定，企业理解掌握、实施操作难度较大。

2016 年 3 月，按《国务院关于取消和调整一批行政审批项目等事项的决定》取消了中药材 GAP 认证。行业期盼能修订试行版中药材 GAP，探索新的实施方式，以更好地适应中药材快速发展的实际需要和新的监管方式。为此，2015 年 11 月，原国家食品药品监督管理局正式启动试行版中药材 GAP 修订工作并委托中国医学科学院药用植物研究所成立技术专家组。修改稿经不同层面专家、国务院相关部门、国家药品监督管理系统相关部门和下属单位研讨，分别于 2017 年 10 月和 2018 年 7 月向全社会征求意见后基本定稿。此后，重点对发布形式、发布部门、实施方式、配套政策等反复研究，并确定待试行版中药材 GAP 废止后发布新版中药材 GAP。经协商，最终明确由国家药品监督管理局、农业农村部、国家林业和草原局、国家中医药管理局联合发布，在发布的公告中也明确了新版中药材 GAP 的实施方式及各方职责。2022 年 3 月 17 日，新版中药材 GAP 及其公告正式发布。

二、主要修订内容

（一）章节变动

新版中药材 GAP 共 14 章 144 条，较试行版中药材 GAP 增加了 4 章 87 条，除增加的章节外，其他章节结构基本没有改变，但标题和内容作了较大修改（附表4）。新增了3章，分别为"第十一章质量检验""第十二章内审""第十三章投诉、退货与召回"，由试行版中药材GAP"人员和设备"拆分为2章，分别为"第三章机构与人员""第四章设施、设备与工具"。试行版中药材GAP只有"栽培与养殖管理"一章有分节，新版中药材GAP第六至九章均分节。

为突出质量管理，原有的"质量管理"1章增加为"质量管理""质量检验"和"内审"3章。为体现先制订技术规程（或要求）再实施管理的理念，在第2章就对必须制定的技术规程和标准做了专门规定。第五至九章，每章前面条款均是技术规程如何制定的要求，然后才是按技术规程实施管理的要求。该体例在第六至九章，直接体现为不同的"节"，如"第七章种植与养殖"的第一、三节分别为"种植技术规程""养殖技术规程"，第二、四节分别为"种植管理""养殖管理"。

附表4　新版中药材 GAP 与试行版中药材 GAP 主要章节及条款数对比

新版中药材 GAP		试行版中药材 GAP	
章节名称	条款数	章节名称	条款数
第一章　总则	4	第一章　总则	3
第二章　质量管理	8	第七章　质量管理	5
第三章　机构与人员	6	第八章　人员和设备	5
第四章　设施、设备与工具	6	第八章　人员和设备	2
第五章　基地选址	10	第二章　产地生态环境	3
第六章　种子种苗或其他繁殖材料	12	第三章　种质和繁殖材料	4
第一节　种子种苗或其他繁殖材料要求	5	未分节	
第二节　种子种苗或其他繁殖材料管理	7		
第七章　种植与养殖	31	第四章　栽培与养殖管理	15
第一节　种植技术规程	5		
第二节　种植管理	11	第一节　药用植物栽培管理	6
第三节　养殖技术规程	6		
第四节　养殖管理	9	第二节　药用动物养殖管理	9
第八章　采收与产地初加工	24	第五章　采收与初加工	8
第一节　技术规程	8	未分节	
第二节　采收管理	6		
第三节　产地加工管理	10		
第九章　包装、放行与储运	16	第六章　包装、运输与贮藏	6
第一节　技术规程	6	未分节	
第二节　包装管理	4		
第三节　放行与储运管理	6		
第十章　文件	8	第九章　文件管理	3
第十一章　质量检验	7	无	
第十二章　内审	4	无	
第十三章　投诉、退货与召回	6	无	
第十四章　附则	2	第十章　附则	3

（二）主要修订思路

1. 强调对中药材质量有重大影响的关键环节实施重点管理，同时重视全过程细化管理，树立风险管控理念

中药材生产环节较多、质量管理复杂，为实现规范化生产，必须抓关键环节，从而有效控制生产和管理成本。借鉴药品 GMP 思路和世界各国、世界卫生组织颁布的（GACP），新版中药材 GAP 从风险管控理念出发，提出企业应当"明确影响中药材质量的关键环节""实现关键环节的现场指导、监督和记录"。关注"关键环节"是新版中药材 GAP 贯穿始终的核心理念，也是指导规范修订、力争能更好指导生产的核心理念。为此，新版中药材 GAP 对影响中药材质量的关键环节尽可能地进行了细化和明确，突出关键环节的管、控、防、禁、建，并且首次引入统一规划生产基地，统一供应种子、种苗或其他繁殖材料，统一肥料、农药、饲料、兽药等投入品管理措施，统一种植或养殖技术规程，统一采收与产地加工技术规程，统一包装与贮存技术规程（以下简称"六统一"）概念，要求中药材生产全过程关键环节可追溯，"六统一"＋"可追溯"成为新版中药材 GAP 管控关键环节理念的集中体现。

试行版中药材 GAP 中，质量管理只有 1 章 5 条款，过于笼统，难以很好地规范企业质量管理行为，企业对照实施也有较大难度。新版中药材 GAP 中质量管理调整为 3 章，"质量管理"一章提出要从整体上树立全过程关键环节质量管理理念，同时强化风险管控；新设"质量检验"一章明确了检验资质和留样等要求，突出检验的规范性和可操作性；新设"内审"一章，提出企业要定期开展规范实施情况的内审，是借鉴药品 GMP 首次引入中药材 GAP 的管理概念，健全了中药材生产质量管理体系。

2. 强调高标准、严要求，兼顾中药材生产现实情况及当前技术水平，力争避免"失之于严"或"失之于宽"

试行版中药材 GAP 整体要求偏低，但认证标准中部分要求不合理，如药材加工需集中、必须自建检测实验室、必须开展良种选育等。新版中药材 GAP 的高标准、严要求主要体现在影响质量的重大关键环节，如产地一般应当选择道地产区，不允许使用可能影响中药材质量而数据不明确的种质（如转基因品种、多倍体品种等），禁止使用壮根灵、膨大素等生长调节剂调节中药材收获器官生长，在产地加工和贮存环节禁止硫熏，不得使用国家禁用的高毒性熏蒸剂等。

对试行版中药材 GAP 中规定的、但受技术或经济条件限制实际难以实现的环节，进行了实事求是的调整。例如，未禁用除草剂，但要求尽量减少或避免使用；可采用农场、林场、公司＋农户或合作社等组织方式；肥料规定以有机肥为主，化学肥料有限度使用；产地加工不需要集中，但技术规程需要统一；质量可自检也可第三方检测；鼓励但不是必须开展新品种选育，要求种源来源明确、供应统一等。

3. 贯彻"写我要做、做我所写、记我所做"，将技术规程和质量标准制定前置，作为实施基地建设和管理的前提和依据

试行版中药材 GAP 没有明确企业应当先制定技术规程和标准，对技术规程和标准制定的相关要求较少，没有明确企业建设基地是按技术规程及相关制度实施管理，即没有贯彻"写我要做、做我所写、记我所做"理念。因此，出现中药材 GAP 认证与企业基地实际管理"两张皮"。新版中药材 GAP 不仅提出了企业应当先制定中药材生产的技术规程（要求）和中药材企业内控质量标准，而且详细界定了需要制定哪些技术规程、哪些标准，如何制定这些技术规程，技术规程和标准应当包含哪些内容。

新版中药材 GAP 通篇体现"写我要做、做我所写、记我所做"，落实技术规程就是管理的指南、管理就是规程的实施、记录就是管理的关键数据指导思想，力争使新版中药材 GAP 成为企业指导生产的可行规范，力争中药材 GAP 工作能够与中药材基地建设、生产管理真正有机结合，争取杜绝走形式、做样子。技术规程由企业根据新版中药材 GAP 要求自行制定，底线是不违背新版中药材 GAP 中的禁止性条款，明确预防性、鼓励性条款。但是，技术规程一旦制定，企业就需遵照实施，关键的管理过程数据就需要如实记录，保证全过程可追溯。

4. 立足中医药特色和传承，鼓励采用适用的新技术、新方法

新版中药材 GAP 充分体现了传承和创新的中医药发展路径，如传承体现在产地首选道地产区、种间嫁接材料如是传统习惯则允许使用、采收期和采收方法的确定要参考传统采收经验、产地加工方法的确定要借鉴优良的传统方法。另一方面，鼓励使用新技术、新设备提高中药材生产的现代化水平，如明确鼓励企业运用现代信息技术建设追溯体系，鼓励采用高效机械化采收技术，现代贮存保管新技术、新设备，高效干燥技术、集约化干燥技术，现代包装方法和器具等。

5. 强调中药材规范生产与生态环境保护统一

GAP 制定的根本目的是指导生产优质药材。为此，新版中药材 GAP 一方面强调要考虑环境条件对中药材生产和质量的影响，合理有效干预和调控；另一方面，为了贯彻国家生态文明建设和生态环境保护战略，也多处明确要避免种植、养殖对生态环境造成不良影响，如生产基地选址和建设、农药使用、肥料使用、药材采收、药材初加工等，以实现中药材生产可持续发展。

6. 强化药材流向管理，补充了放行、投诉、退货与召回等管理内容

试行版中药材 GAP 没有放行、投诉、退货与召回等管理内容。考虑到药材从基地生产到最终流向市场的环节中，还有一系列影响中药企业所用药材质量的环节，所以新版中药材 GAP 借鉴药品 GMP，首次引入了放行、投诉、退货与召回等环节的管理，单独成章、成节。这些管理内容均是流程性的风险管控，且均是药材生产加工包装后的管理环节，对中药材企业和基地而言可能比较陌生。但这些管理基本不涉及生产基地和农户，企业容易建立起相应的管理制度和流程，相对容易实施。

（三）受关注重点问题的处理

1. 关于适用范围

新版中药材 GAP 适用于中药材的种植和养殖，也适用于野生抚育和仿野生栽培。这主要是由于近年来后 2 种生产方式越来越多。这几种方式按中药材 GAP 生产统称为规范化生产。临床中使用的中药材种类约 70% 来源于野生资源，野生中药材不涉及种植、养殖过程，但从采收加工起各环节也需要规范，以保证质量。为此，新版中药材 GAP 指出，野生中药材的采收加工可参考本规范，但未作强制性要求。因矿物药种类少且来源于非生物，其自然属性、生产过程与生物类药差异大，未纳入新版中药材 GAP 适用范围。

2. 关于"六统一"

为落实风险管控理念，重点关注影响质量关键环节，新版中药材 GAP 首次提出了"六统一"概念。这是新版中药材 GAP 的重要亮点，也是按新版中药材 GAP 建设规范化生产基地的核心要点。为使"六统一"更好落地，考虑到当前中药材生产实际情况和技术水平，新版中药材 GAP 依据对中药材质量影响程度，对"六统一"的要求程度是分层次的，具体表现为：（1）对生产基地的规划，如产地选择、基地布局等需要进行统一的规划。（2）对基地使用的种子、种苗或其他繁殖材料需统一供应。这是新版中药材 GAP 中最严格的规定之一，因为种质是药材质量的根基。基地建设组织方式可以是公司＋农户等，但基地所用的种子、种苗或其他繁殖材料必须由企业统一供应。（3）对肥料、农药、饲料、兽药等投入品不要求统一供应，但要求统一管理措施；对种植或养殖、采收与产地加工、包装与贮存也没有要求统一由企业实施，但要求指导实施的技术规程必须是统一的。因此，企业必须统一制定针对这些环节的管理措施、技术规程，并且通过培训等方式，将统一的措施和规程贯彻到生产和基地建设中。

3. 关于质量标准

对于中药材质量，中药材 GAP 的核心目标是保证基地生产药材质量的稳定、符合制定的质量标准。按新版中药材 GAP 要求，企业必须先制定出自己的药材质量标准，作为基地建设的导向目标，需要同时明确使用的种子、种苗或其他繁殖材料的标准。为此，新版中药材 GAP 提出，企业应当制定中药材质量标准，标准不能低于现行法定标准，应当制定中药材种子、种苗或其他繁殖材料的标准，必要时可制定采收、加工、收购等中间环节中药材的质量标准。其中，制定中药材种子、种苗或其他繁殖材料的标准是新版中药材 GAP 新增的强制性要求，体现对种子、种苗是药材质量源头的重视。

对于药材标准，企业可采用《中华人民共和国药典》（以下简称《中国药典》）标准，也可制定更能体现企业基地管理和生产水平的更高标准，包括中间环节，如采收、加工、收购环节的药材质量标准。为便于企业实施，新版中药材 GAP 给出了参考的质量标准指标，如药材性状、检查项、理化鉴别、浸出物、指纹或特征图谱、指标或有效成分的含量，药材农药残留或兽药残留、重金属及有害元素、真菌毒素等有毒、有害物质的控制标准等。

4. 关于生产组织方式

中药材的生产组织方式一定程度上决定了企业能否按照中药材 GAP 要求实施规范化生产。生产组织方式不同，生产管理、质量控制和预防措施会有很大不同。试行版中药材 GAP 对此没有进行界定，企业实施时常"闪烁其词"，也有所谓的"挂牌"基地。近 20 年来，我国中药材集约化生产有了长足进步，中药企业采用自建、共建、共享的方式建设了大量基地，探索了很多基地建设组织方式，其中以公司＋农户方式居多，而农场式集约化基地较少。因此，新版中药材 GAP 提出，可采用农场、林场、公司＋农户或合作社等组织方式建设中药材生产基地。其包含 3 层意思，一是企业必须明确基地建设的组织方式，二是不强求农场、林场式基地，三是列出了 4 种代表性组织方式作为示例，企业也可采取其他方式，但必须明确。

5. 关于产地

产地选择是影响中药材质量的关键环节之一，选择道地产区是保证中药材质量的有效措施。为此，新版中药材 GAP 提出，中药材生产基地一般应当选址于道地产区。考虑到有些药材的道地产区有争议，如历史上某些药材的道地产区不断变迁、某些药材当前的主产区非历史道地产区及部分药材道地性不明显等情况，新版中药材 GAP 兼顾生产实际，提出可在非道地产区选址，但应当提供充分文献或科学数据证明其适宜性。

6. 关于种质

种质问题的规定争议较大。中药材是饮片、配方颗粒、中成药等的原料，种质是中药材安全、有效和质量可控的物质基础。经多次讨论，专家形成的共识是——中药材的种质使用必须严格限定。为保证中药材种质纯正性，降低不确定种质带来的风险，又鼓励选育优良新品种，促进中药材生产，新版中药材 GAP 鼓励企业开展中药材优良品种选育。针对种质特性可能有重大改变、质量风险性高的选育方式，新版中药材 GAP 采用了相对保守的态度，规定禁用人工选育的多倍体或者单倍体品种、种间杂交品种和转基因品种。对质量风险相对低的选育方式，则持相对开放的态度，规定如需使用非传统习惯使用的种间嫁接材料、人工诱变品种（包括物理、化学、太空诱变等）和其他生物技术选育品种等，企业应当提供充分的风险评估和实验数据证明新品种安全、有效和质量可控。

7. 关于农药使用

农药使用是修订中面临的一个"两难"问题。试行版中药材 GAP 规定，如必须施用农药时，应当按照《中华人民共和国农药管理条例》的规定，采用最小有效剂量并选用高效、低毒、低残留农药，以降低农药残留和重金属污染，保护生态环境。按照修订前和 2017 年修订后的《中华人民共和国农药管理条例》，农药均须经过国家农药管理部门登记才能使用。但截至 2017 年 7 月，全国只有人参、三七、枸杞、杭白菊、白术、延胡索、铁皮石斛 7 种中药材登记了 39 种农药，这意味着绝大部分中药材没有农药可用。近年来，农业农村部门加快了小作物用农药登记工作，中药材药效试验群组化、紧急用药申请备案等已列为重点工作之一，但截至 2022 年 2 月，也只有 21 种中药材登记农药 490 种。

对病虫害发生严重的中药材，很难有完全替代农药的、更有效、更经济的控制方法，特别是近年来农村劳动力资源匮乏，用工成本大幅增加，很多集约化种植基地不得不使用除草剂。为此，新版中药材 GAP 提出农药使用应当符合有关规定的原则性要求，禁止使用国务院农业农村行政主管部门禁止使用的剧毒、高毒、高残留农药，以及限制在中药材上使用的其他农药，提出优先选用高效、低毒生物农药，应当尽量减少或避免使用除草剂、杀虫剂和杀菌剂等化学农药。

8. 关于壮根灵、膨大素等生长调节剂的使用

生长调节剂的使用也是一个存在争议的问题。经多次研讨，专家意见趋于一致，即保证中药材质量是中药材规范化生产的第一出发点。壮根灵、膨大素等生产调节剂使用的主要目标是增加产量，已有研究数据表明，其使用对中药材质量有明显不利影响，且在中药材和土壤中残留，应当予以禁用。基于此，为了保证种子、种苗处理等环节仍能使用生长调节剂，经综合考虑，新版中药材 GAP 规定禁止使用壮根灵、膨大素等生长调节剂调节中药材收获器官生长。

9. 关于兽药、消毒剂的使用

疾病防治是养殖过程中不可缺少的环节，药用动物疾病防治原则为预防为主，治疗为辅，根据养殖药用动物的生物学特性、易感疾病的种类、发生季节及流行规律制定相应的防治方法，定期接种疫苗。养殖动物一旦患病，应及时隔离进行诊断和治疗。合理使用兽药、消毒剂，确保动物药品安全。兽药、消毒剂的使用应符合以下文件规定，《兽药管理条例》《中华人民共和国动物防疫法》《重大动物疫情应急条例》《兽用处方药和非处方药管理办法》《兽用处方药品种目录》（第一批）、《兽用处方药品种目录》（第二批）、《中华人民共和国农业行业标准 绿色食品 畜禽肉制品 NY/T 843—2015》《禁止在饲料和动物饮用水中使用的药物品种目录 农业部公告 176 号》《禁止在饲料和动物饮用水中使用的物质》（农业部公告 1519 号）、《食品动物中禁止使用的药品及其他化合物清单》（农业农村部公告第 250 号）、《绿色食品 饲料及饲料添加剂使用准则 中华人民共和国农业行业标准 NY/T 471—2018》《农业部关于决定禁止在食品动物中使用洛美沙星等 4 种原料药的各种盐、脂及其制剂的公告》（征求意见稿）、《绿色食品 畜禽卫生防疫准则 中华人民共和国农业行业标准 NY/T 473—2016》。

10. 关于硫熏与磷化铝熏蒸

《中国药典》2020 年版规定了中药材二氧化硫残留限量标准，其中，10 种中药材（山药、牛膝、粉葛、天冬、天麻、天花粉、白及、白芍、白术、党参）为 400mg·kg^{-1}，其他为 150mg·kg^{-1}。据生产反馈，如果采用硫黄熏蒸，一般均会超过 150mg·kg^{-1} 的限量标准。因此，绝大部分中药材无法硫熏。近年来，中药材现代干燥技术已开始推广应用，国家药品监督管理局已同意在甘肃、安徽开展中药材产地趁鲜切制试点工作。中药材 GAP 是中药材规范化生产的标杆，为此，新版中药材 GAP 明确在产地加工环节禁止使用有毒、有害物质用于防霉、防腐、防蛀，贮存环节禁止贮存过程使用硫黄熏蒸。

中药材贮存中存在使用高毒性熏蒸剂（如磷化铝）的现象。《商务部办公厅关于加快推进中药材现代物流体系建设指导意见的通知》（商办秩函〔2014〕809 号）明确提出，消除磷化铝熏蒸现象。针对粮食仓储中使用磷化铝熏蒸等问题，2017 年，原农业部第 2567 公告将磷化铝列为限制使用的 25 种农药之一；早在 2011 年，5 部门联合发布的原农业部公告 1586 号停止了含磷化铝农药产品的登记受理工作，现有的 31 个允许生产有登记号的磷化铝农药生产有效期最晚至 2022 年 4 月，之后不准再生产。为此，新版中药材 GAP 规定在贮存环节不得使用国家禁用的高毒性熏蒸剂。

11. 关于技术规程与标准操作规程

试行版中药材 GAP 实施过程中，部分企业将技术规程与标准操作规程混淆，将标准操作规程作为技术规程，有的企业在接受认证检查时，甚至展示出几百项的"技术规程"，实际上是企业的标准操作规程，不是技术规程。新版中药材 GAP 在第十四章"附则"中对 2 个术语的含义进行了阐述。技术规程指为实现中药材生产顺利、有序开展，保证中药材质量，对中药材生产的基地选址、种子种苗或其他繁殖材料，种植、养殖，野生抚育或者仿野生栽培，采收与产地加工，包装、放行与储运等所做的技术规定和要求。标准操作规程也称标准操作程序，是依据技术规程将某一操作的步骤和标准，以统一的格式描述出来，用以指导日常的生产工作。因此，技术规程是标准操作规程制定的依据，标准操作规程是为达成技术规程的要求需要完成的一系列动作步骤和要求。

新版中药材 GAP 中有近 1/3 的内容是告知企业如何制定技术规程。对同一种药材而言，即使是不同的企业、不同的基地，技术规程大体是相似的。但标准操作规程是企业按照技术规程实施个性化管理的措施，因企业、基地的管理模式可能会有很大不同。为了更好地指导企业制定技术规程，笔者组织全国力量，基于新版中药材 GAP，已编制发布了中华中医药学会团体标准《中药材规范化生产技术规程　植物药材》通则，以及 164 种中药材的规范化生产技术规程，可供企业参考使用。

12. 关于中药材生产质量追溯体系

近年来，国家高度重视药品追溯体系建设，《中华人民共和国中医药法》《国家药监局关于药品信息化追溯体系建设的指导意见》等均倡导建立追溯体系。试行版中药材 GAP 没有生产质量追溯体系的相关内容。新版中药材 GAP 明确提出，企业应当建立中药材生产质量追溯体系，保证从生产地块、种子、种苗或其他繁殖材料、种植养殖、采收和产地加工、包装、储运到发运全过程关键环节可追溯，鼓励企业运用现代信息技术建设追溯体系。

"建立追溯体系"是继"六统一"之外，新版中药材 GAP 另一个重要亮点和精髓，也是按新版中药材 GAP 建设规范化生产基地的另一核心要点，是一条将中药材生产全过程贯穿起来的主线。关于可追溯，行业已具备较好基础，很多中药材生产基地、中药材企业已建立全过程可追溯系统，国家发展和改革委员会和国家中医药管理局在实施国家中药标准化项目时，也要求企业建立中药材生产的可追溯系统。

13. 关于批

试行版中药材 GAP 虽然有关于批包装记录、批号等的规定，但按批管理的理念和相应措施偏弱。新版中药材 GAP 着重强化了"批"的概念，在"质量管理"一章非常明确地提出企业应当明确中药材生产批次，保证每批中药材质量的一致性和可追溯，并在第十四章对"批"定义为同一产地且种植地、养殖地、野生抚育或者仿野生栽培地生态环境条件基本一致，种子、种苗或其他繁殖材料来源相同，生产周期相同，生产管理措施基本一致，采收期和产地加工方法基本一致，质量基本均一的中药材。"批"是产品管理的最小单位，按批次管理是生产型企业发展到科学管理阶段，在生产和质量管理以及追溯管理中常用的方法，"批"也是质量检验、退货与召回等必须明确的产品管理单位。

中药材 GAP 检查指南

第一节　检查标准

对于检查结果的判定请参照国家药品监督管理局发布的《药品生产现场检查风险评定指导原则》执行，缺陷分为"严重缺陷""主要缺陷"和"一般缺陷"，其风险等级依次降低。

一、严重缺陷

严重缺陷是指与中药材 GAP 要求有严重偏离，可能对使用者造成危害的缺陷。属于下列情形之一的为严重缺陷。

1. 违反了本规范禁止的条目，给中药材质量带来严重风险。

如违反了以下内容：禁止使用有毒、有害物质用于防霉、防腐、防蛀；禁止染色增重、漂白、掺杂使假等。不得使用国家禁用的高毒性熏蒸剂；禁止贮存过程使用硫黄熏蒸。禁止使用运输、贮存后质量不合格的种子种苗或其他繁殖材料。禁止直接施用城市生活垃圾、工业垃圾、医院垃圾和人粪便。禁止使用：国务院农业农村行政主管部门禁止使用的剧毒、高毒、高残留农药，以及限制在中药材上使用的其他农药；禁止使用壮根灵、膨大素等生长调节剂调节中药材收获器官生长。禁止使用国务院农业农村行政主管部门公布禁用的物质以及对人体具有直接或潜在危害的其他物质；不得使用未经登记的进口饲料和饲料添加剂。禁止使用国务院畜牧兽医行政管理部门规定禁止使用的药品和其他化合物；禁止在饲料和药用动物饮用水中添加激素类药品和国务院畜牧兽医行政管理部门规定的其他禁用药品；禁止将原料药直接添加到饲料及药用动物饮用水中或者直接饲喂药用动物；禁止将人用药品用于药用动物；禁止滥用兽用抗菌药；禁止将中毒、感染疾病的药用动物加工成中药材；禁止采用肥料、农药等包装袋包装药材等。

2. 种植的药用植物或养殖的药用动物种源不清，来源混乱或为人工干预产生的多倍体、单倍体、种间杂交、转基因品种。

3. 有文件、数据、记录等不真实的欺骗行为。

4. 存在多项关联主要缺陷，经综合分析表明质量管理体系中某一系统不能有效运行。

二、主要缺陷

主要缺陷是指与中药材 GAP 要求有较大偏离的缺陷。属于下列情形之一的为主要缺陷。

1. 与中药材 GAP 要求有较大偏离，给中药材质量带来较大风险。

2. 存在多项关联一般缺陷，经综合分析表明质量管理体系中某一系统不完善。

三、一般缺陷

一般缺陷是指偏离中药材 GAP 要求，但尚未达到严重缺陷和主要缺陷程度的缺陷。对现场检查所发现的缺陷，应根据其缺陷严重程度，综合判定其风险高低。

中药材生产企业可根据检查要点进行自查，也可委托第三方机构或外聘专家进行评估；中药饮片生产企业及中药生产企业可根据检查要点进行供应商审计；药品生产监管机构可依据以下检查要点进行延伸检查。

第二节　检查要点

中药材 GAP 第一章　总则

0101 中药材生产企业（简称企业）是否有营业执照，国家有特殊管理要求的中药材生产、经营是否符合要求。

0102 中药材生产基地是否未破坏资源与环境。企业是否有可持续发展评估报告，包括对环境的双向保护、不破坏环境措施，可持续发展规划等。

0103 企业是否存在虚假、欺骗行为。

中药材 GAP 第二章　质量管理

0201 企业是否已开展质量风险评估。种植（养殖）之前应做评估，包括影响中药材原植物（动物）的关键因素及解决方案，包括但不限于：

种源鉴定结果；

文献资料，如道地性——资料（如县志）是否有记载、已发表的研究文献、适宜生长条件等；

是否有成熟的种植（养殖）技术；

是否有种植史；

轮种方案、长期发展规划、大气评估、土壤、水质分析、适宜性分析（光照、海拔、经纬度、温度、成熟的种植技术）等；

繁殖方式、包装方式、运输方式等；

基地模式；

制定突发性病虫害等的防治预案。

0202 企业是否制定了有效的生产管理与质量控制、预防措施。

0203 企业是否对基地生产单元主体建立了有效的监督管理机制。

0204 企业是否对基地生产单元主体实现了关键环节现场指导、监督和记录。

0205 企业是否做到了"六统一"。

0206 人员、设施、设备等配备是否与生产基地规模相适应。

0207 是否按批管理。

0208 是否建立了中药材生产质量追溯体系，并规定追溯方式。

0209 企业是否建立了包括生产基地选址、种子种苗或其他繁殖材料要求、种植或养殖、采收与产地加工、包装、放行与储运等关键环节的生产技术规程。

0210 企业是否制定了中药材质量标准，并且标准不低于现行法定标准。

0211 企业是否制定了中药材种子种苗或其他繁殖材料的标准，包括但不限于发芽率和发芽势。

0212 企业是否制定了种子种苗鉴定制度。

0213 企业是否制定了种子种苗筛选制度。

中药材 GAP 第三章　机构与人员

0301 企业是否明确了基地的生产组织模式。

0302 企业是否建立了中药材生产和质量管理机构，并明确各级机构和人员职责。

0303 企业是否配备了能够行使质量保证和控制职能的条件。

0304 企业是否配备了足够数量并具有和岗位职责相对应资质的生产和质量管理人员。

0305 生产、质量的管理负责人是否有中药学、药学或者农学等相关专业大专及以上学历并有中药材生产、质量管理三年以上实践经验，或者有中药材生产、质量管理五年以上的实践经验，且须经过本规范的培训。

0306 生产管理负责人职责是否包括但不仅限于：种子种苗或其他繁殖材料繁育、田间管理或者药用动物饲养、农业投入品使用、采收与加工、包装与贮存等生产活动。

0307 质量管理负责人职责是否包括但不仅限于：质量标准与技术规程制定及监督执行、检验和产品放行。

0308 企业是否制定了培训总计划，制定培训方式、考核标准等，并建立培训档案。

0309 企业是否对直接从事中药材生产活动的人员进行了培训，包括但不仅限于：中药材的生长发育习性，对环境条件的要求，以及田间管理或者饲养管理、肥料和农药或者饲料和兽药使用、采收、产地加工、贮存养护等的基本要求。

0310 企业对培训是否进行了考核并记录考核结果，考核结果是否归档管理。

0311 企业是否建立了健康管理制度。

中药材 GAP 第四章 设施、设备与工具

0401 企业是否建设了必要的设施，包括但不限于种植或者养殖设施、产地加工设施、中药材贮存仓库、包装设施等。

0402 存放农药、肥料和种子种苗，兽药、饲料和饲料添加剂等的设施是否能够保持存放物品质量稳定和安全。并不得污染中药材及种植种苗等繁殖材料。

0403 是否制定产地加工设施的卫生标准，以达到不污染中药材的目的。

0404 贮存中药材的仓库是否符合贮存条件要求，是否根据需要建设控温、避光、通风、防潮和防虫、防鼠禽畜等设施。

0405 如自建了质量检验室，其功能布局是否满足中药材的检验条件要求，是否设置了检验、仪器、标本、留样等工作室（柜）。如委托检验，是否对被委托单位进行评估，并给出评估结果。

0406 生产设备、工具的选用与配置是否符合预定用途，便于操作、清洁、维护。

0407 肥料、农药施用的设备、工具使用前是否仔细检查，并且使用后及时清洁。

0408 采收和清洁、干燥及特殊加工等设备不得污染中药材。

0409 大型生产设备是否有明显的状态标识，并建立维护保养制度。

中药材 GAP 第五章 基地选址

0501 生产基地选址和建设是否符合国家和地方生态环境保护要求。

0502 企业是否根据种植或养殖中药材的生长发育习性和对环境条件的要求，制定了产地和种植地块或者养殖场所的选址标准。

0503 中药材生产基地是否选址于道地产区，如在非道地产区选址，是否提供了充分文献或者科学数据证明其适宜性。

0504 种植地块是否能满足药用植物对气候、土壤、光照、水分、前茬作物、轮作等要求；养殖场所是否能满足药用动物对环境条件的各项要求。

0505 生产基地周围是否无污染源。

0506 生产基地所在地空气是否符合国家《环境空气质量标准》二类区要求。

0507 生产基地选址范围内土壤是否符合国家《土壤环境质量农用地污染风险管控标准（试行）》的要求。是否对土地施用过禁用农药等进行过调查。

0508 灌溉水是否符合国家《农田灌溉水质标准》，产地加工用水和药用动物饮用水是否符合国家《生活饮用水卫生标准》，水生药用动物养殖水质是否符合农业部有关水产养殖有关规定（《绿色食品 产地环境质量 中华人民共和国农业行业标准 NY/T 391—2021》）。

0509 基地选址范围内，企业是否至少完成一个生产周期中药材种植或者养殖，并有两个收获期中药材质量检测数据且符合企业内控质量标准。

0510 企业是否按照生产基地选址标准进行环境评估，确定产地，明确生产基地规模、种植地块或者养殖场所布局。

0511 生产基地是否规模化。

0512 产地地址是否明确至乡级行政区划。

0513 每一个种植地块或者养殖场所是否有明确记载和边界定位。应有明确的基地分布图。

中药材 GAP 第六章　种子种苗或其他繁殖材料

0601 企业是否明确使用种子种苗或其他繁殖材料的基原及种质，包括种、亚种、变种或者变型、农家品种或者选育品种。

0602 企业是否在一个中药材生产基地一种药材只使用了一种经鉴定符合要求的物种，使用的种植或者养殖物种的基原是否符合相关标准、法规。

0603 企业是否鉴定了每批种子种苗或其他繁殖材料的基原和种质。

0604 使用列入《国家重点保护野生植物名录》的药用野生植物资源的，是否符合国家相关法律法规规定。

0605 企业是否杜绝了使用人工干预产生的多倍体或者单倍体品种、种间杂交品种和转基因品种。如使用非传统习惯使用的种间嫁接材料、诱变品种（包括物理、化学、太空诱变等）和其他生物技术选育品种等，企业是否提供了充分的风险评估和实验数据证明新品种安全、有效和质量可控。

0606 中药材种子种苗或其他繁殖材料是否符合国家、行业或者地方标准；没有标准的，企业是否制定标准，是否划分生产基地使用种子种苗或其他繁殖材料的等级，并建立相应检测方法。

0607 企业是否建立了中药材种子种苗或其他繁殖材料的良种繁育规程，并保证繁殖的种子种苗或其他繁殖材料符合质量标准。

0608 企业是否确定了种子种苗或其他繁殖材料运输、长期或者短期保存的适宜条件，保证种子种苗或其他繁殖材料的质量可控。

0609 企业使用的种子种苗或其他繁殖材料是否产地明确、固定。

0610 种子种苗或其他繁殖材料是否检测达到质量标准后才进行使用。

0611 从县域之外调运种子种苗或其他繁殖材料的，是否按国家要求实施了检疫；用作繁殖材料的药用动物是否按国家要求实施了检疫，引种后是否进行了一定时间的隔离、观察。

0612 企业是否杜绝使用运输、贮存后质量不合格的种子种苗或其他繁殖材料。

0613 企业是否按药用动物生长发育习性进行药用动物繁殖材料引进；捕捉和运输时是否遵循国家相关技术规定，减免药用动物机体损伤和应激反应、并尽量减少精神损伤。

中药材 GAP 第七章　种植与养殖

0701 企业是否制定了种植或养殖技术规程。

0702 企业是否制定了肥料使用技术规程，所使用的化肥品种是否适当；如使用绿肥、厩肥等有机肥，是否制定了有机肥制作及使用技术规程，包括投入品配比、发酵时间、堆积方式、腐熟判断以及无害化卫生标准等。

0703 企业是否杜绝直接施用城市生活垃圾、工业垃圾、医院垃圾和人粪便。

0704 是否制定了突发性病虫害等的防治预案。

0705 是否有明确的农药使用要求。

0706 所使用的农药品种是否适当，且符合国家有关规定。

0707 是否杜绝国务院农业农村行政主管部门禁止使用的剧毒、高毒、高残留农药，以及限制在中药材上使用的其他农药。

0708 是否杜绝使用壮根灵、膨大素等生长调节剂调节中药材收获器官生长。

0709 采用野生抚育和仿野生栽培方式生产中药材的，是否制定了野生抚育和仿野生栽培技术规程。

0710 企业是否按照制定的技术规程有序开展中药材种植，根据气候变化、药用植物生长、病虫草害等情况，及时采取措施。

0711 企业是否及时整地、播种、移栽定植；及时做好了多年生药材冬季越冬田地清理。

0712 采购农药、肥料等农业投入品是否核验了供应商资质和产品质量，接收、贮存、发放、运输应当保证其质量稳定和安全。

0713 农药、肥料等农业投入品的使用是否符合技术规程要求。

0714 企业是否配套完善必要的灌溉、排水、遮阴等田间基础设施，且及时维护更新。

0715 是否避免灌溉水受工业废水、粪便、化学农药或其他有害物质污染。

0716 是否及时灌溉和排涝，减轻不利天气影响。

0717 是否依技术规程及时防治田间病虫草害等。

0718 企业是否按照技术规程使用农药，开展了培训、指导和巡检。

0719 企业是否采取措施防范并避免邻近地块使用农药对种植中药材的不良影响。

0720 是否根据预案及时采取措施应对突发病虫草害等或者异常气象灾害。

0721 是否对生长或者质量受严重影响地块进行了标记，单独管理。

0722 企业是否按技术规程管理野生抚育和仿野生栽培中药材，坚持"保护优先、遵循自然"原则，有计划地做好投入品管控、过程管控和产地环境管控，避免对周边野生植物造成不利影响。

0723 药用动物属于野生动物管理范畴的，应当遵守《人工繁育国家重点保护陆生野生动物名录》和《人工繁育国家重点保护水生野生动物名录》，非国家重点保护野生动物，允许人工繁育，由县级以上主管部门监督管理。均应依法检疫。

0724 药用动物养殖是否按国务院农业农村行政主管部门有关规定使用饲料和饲料添加剂。

0725 药用动物养殖是否杜绝使用国务院农业农村行政主管部门公布禁用的物质以及对人体具有直接或潜在危害的其他物质，以及未经登记的进口饲料和饲料添加剂。

0726 药用动物养殖是否按国家相关标准选择养殖场所使用的消毒剂。

0727 药用动物养殖是否制定了各种突发性疫病发生的防治预案。

0728 药用动物养殖是否按国家相关规定、标准和规范制定预防和治疗药物的使用技术规程。

0729 药用动物养殖是否遵守国务院畜牧兽医行政管理部门制定的兽药安全使用规定。

0730 药用动物养殖是否杜绝使用国务院畜牧兽医行政管理部门规定禁止使用的药品和其他化合物。

0731 药用动物养殖是否杜绝在饲料和药用动物饮用水中添加激素类药品和国务院畜牧兽医行政管理部门规定的其他禁用药品。

0732 经批准可以在饲料中添加的兽药，是否严格按照兽药使用规定及法定兽药质量标准、标签和说明书使用。

0733 兽用处方药是否凭执业兽医处方购买使用。

0734 药用动物养殖是否杜绝将原料药直接添加到饲料及药用动物饮用水中或者直接饲喂药用动物。

0735 药用动物养殖是否杜绝将人用药品用于药用动物。如必须使用人用药品时，应有充分的理由及科学的剂量、应用原则和方法等。

0736 药用动物养殖是否杜绝滥用兽用抗菌药。如必须使用兽用抗菌药时，应有充分的理由及科学的应用原则和方法。

0737 药用动物养殖是否制定了患病药用动物处理技术规程。

0738 药用动物养殖是否杜绝禁止将中毒、感染疾病的药用动物加工成中药材。

0739 药用动物养殖是否按照制定的技术规程实施养殖措施。

0740 药用动物是否按分区饲养的原则，划分繁殖区、育成区、生产区、隔离区等，因地制宜建设，并合理布局。药用动物是否能够及时建设、更新和维护药用动物生长、繁殖的养殖场所，及时调整养殖分区，并确保符合生物安全要求。

0741 药用动物养殖是否保持养殖场所及设施清洁卫生，定期清理和消毒，防止外来污染。

0742 药用动物养殖是否强化安全管理措施，避免药用动物逃逸，防止其他动物的影响。对于危险药用动物（如美洲大蠊、黑熊等）应制定相应的安全预案。

0743 药用动物养殖是否定时定点定量饲喂药用动物，未食用的饲料应当及时清理。

0744 药用动物养殖是否按要求接种疫苗；根据药用动物疾病发生情况，依规程及时确定具体防治方案。

0745 药用动物养殖突发疫病时，是否根据预案及时、迅速采取措施并做好记录。

0746 药用动物养殖发现患病药用动物是否及时隔离。

0747 是否及时处理患传染病药用动物。

0748 是否按相关要求对患病药用动物尸体进行无害化处理。

0749 药用动物养殖是否根据养殖计划和育种周期进行种群繁育，及时调整养殖种群的结构和数量，适时周转。

0750 药用动物养殖是否按照国家相关规定处理养殖及加工过程中的废弃物。

0751 药用动物养殖、患病药用动物处理是否关注动物福利。

中药材 GAP 第八章　采收与产地加工

0801 企业是否制定了种植、养殖、野生抚育或仿野生栽培中药材的采收与产地加工技术规程，明确采收的部位、采收过程中需除去的部分、采收规格等质量要求。

0802 企业是否参照传统采收经验、依据现代研究数据，明确采收年限范围，确定基于物候期的适宜采收时间。并明确规定采收期。

0803 采收流程和方法是否科学合理。

0804 采收流程和方法是否避免采收对生态环境造成不良影响。

0805 是否制定了采收后中药材临时保存方法要求。

0806 如需产地加工，是否制定了产地加工标准及要求：如拣选、清洗、去除非药用部位、干燥或保鲜，以及其他特殊加工的流程和方法。

0807 企业在保证中药材质量前提下，借鉴优良的传统方法，确定适宜的中药材干燥方法。尽量采用有科学依据的高效干燥技术以及集约化干燥技术。

0808 晾晒干燥是否有专门的场所或场地，避免污染或混淆的风险。场地是否能够防止虫鼠牲畜等进入、是否能够在大风、下雨等影响干燥质量的天气变化时采取防护的相应措施。

0809 是否采用适宜方法保存鲜用药材，明确了保存条件和保存时限。

0810 鲜用药材加工方法是否做到原则上不使用保鲜剂和防腐剂，如必须使用是否符合国家相关规定。

0811 涉及特殊加工要求的中药材，如切制、去皮、去心、发汗、蒸、煮等，是否根据传统加工方法，结合国家要求，制定相应的加工技术规程。

0812 加工是否杜绝使用有毒、有害物质用于防霉、防腐、防蛀。

0813 加工是否杜绝染色增重、漂白、掺杂使假等。

0814 如为毒性、易制毒、按麻醉药品管理中药材的采收和产地加工，是否符合国家有关规定。

0815 是否按照技术规程要求，在规定期限内，适时、及时完成采收。

0816 是否选择合适的天气采收，避免恶劣天气对中药材质量的影响。

0817 是否对受病虫草害等或者气象灾害等影响严重、生长发育不正常的中药材单独采收、处置。

0818 采收过程是否除去非药用部位和异物，及时剔除破损、腐烂变质部分。

0819 不清洗直接干燥使用的中药材，采收过程中是否保证清洁，不受外源物质的污染或者破坏。

0820 中药材采收后是否及时运输到加工场地，及时清洁装载容器和运输工具。

0821 运输和临时存放措施是否避免导致中药材品质下降，不产生新污染及杂物混入，严防淋雨、泡水等。

0822 是否按照统一的产地加工技术规程开展产地加工管理，保证加工过程方法的一致性，避免品质下降或者外源污染。

0823 产地加工是否避免造成生态环境污染。

0824 是否在规定时间内加工完毕。

0825 加工过程中的临时存放是否不会影响中药材品质。

0826 是否在拣选时采取措施，保证合格品和不合格品及异物有效区分。

0827 加工用水是否符合要求。

0828 是否做到及时、迅速完成中药材清洗，防止长时间浸泡。

0829 是否及时进行中药材晾晒，防止晾晒过程雨水、动物等对中药材的污染，控制环境尘土等污染。

0830 应当阴干药材是否杜绝暴晒。

0831 采用设施、设备干燥中药材，是否控制好干燥温度、湿度和干燥时间。

0832 是否及时清洁加工场地、容器、设备，保证清洗、晾晒和干燥环境、场地、设施和工具不对药材产生污染。

0833 产地加工是否注意了防冻、防雨、防潮、防鼠、防虫及防畜禽。

0834 是否按照制定的方法保存鲜用药材，防止生霉变质。

0835 有特殊加工要求的中药材，是否严格按照制定的技术规程进行加工，如及时去皮、去心，控制好蒸、煮时间等。

0836 产地加工过程中品质受到严重影响的，是否做到不作为中药材销售。

0837 动物类药材的采收加工

动物药采收时如为活体，需要进行产地加工的，是否能及时采收加工。是否根据不同药用部位、不同类别的药材指定适宜的产地加工方式，如：

1. 以干燥全体入药的药材一般采用适宜方式将其杀死再干燥，方式多样，传统多采用闷死或烫死后晒干。

2. 以除去内脏的动物体入药的药材在杀死动物体后及时去除内脏，清洁后及时干燥，避免残留杂质，防止腐烂变质。

3. 以特定部分入药的药材，角类、骨类药材传统干燥方式多为适当处理后干燥或直接干燥；鳞甲类、贝壳类药材的加工多为及时除去肉，洗净、晒干或风干。

4. 以生理产物入药的药材多需要选择低温处理，避免高温。

5. 以病理产物入药的药材的加工需在适宜的时间及时干燥处理避免霉变。加工过程中需防止病理产物与部分附加病原扩散。

6. 加工废弃物、非药用部位须及时处理，避免误用或污染环境。

7. 加工有毒或者有危险的动物药时，注意防护，穿戴工作服、口罩、手套和防护眼镜，避免中毒或受伤。

中药材 GAP 第九章　包装、放行与储运

0901 企业是否制定包装、放行和储运技术规程。包括但不限于：

包装材料及包装方法要求：包括采收、加工、贮存各阶段的包装材料要求及包装方法；

标签要求：标签的样式，标识的内容等；

放行制度：放行检查内容，放行程序，放行人等；

贮存场所及要求：包括采收后临时存放、加工过程中存放、成品存放等对环境条件的要求；

运输及装卸要求：车辆、工具、覆盖等的要求及操作要求；

发运要求。

0902 包装材料是否符合国家相关标准和药材特点，能够保持中药材质量。

0903 是否杜绝采用肥料、农药等包装袋包装药材。

0904 毒性、易制毒、按麻醉药品管理中药材是否使用有专门标记的特殊包装。

0905 包装方法是否可较好保持中药材质量稳定。

0906 是否根据中药材对贮存温度、湿度、光照、通风等条件的要求，确定仓储设施条件。

0907 是否明确贮存的避光、遮光、通风、防潮、防虫、防鼠等养护管理措施。

0908 使用的熏蒸剂是否避免带来质量和安全风险，是否杜绝使用国家禁用的高毒性熏蒸剂。

0909 是否杜绝贮存过程使用硫黄熏蒸。

0910 有特殊贮存要求的中药材贮存是否符合国家相关规定。

0911 企业是否按照制定的包装技术规程，选用包装材料，进行规范包装。

0912 包装前是否确保工作场所和包装材料已处于清洁或者待用状态，无其他异物。

0913 包装袋是否有清晰标签，且标签不易脱落或者损坏。

0914 标签标示内容是否包括品名、基原、批号、规格、产地、数量或重量、采收日期、包装日期、保质期、追溯标志、企业名称等信息。

0915 是否确保包装操作不影响中药材质量，防止混淆和差错。

0916 是否执行中药材放行制度，对每批药材进行质量评价，审核生产、检验等相关记录。

0917 是否由质量管理负责人签名批准放行。

0918 不合格药材是否单独处理，并有记录。

0919 是否分区存放中药材，不同品种、不同批中药材不得混乱交叉存放。

0920 是否保证贮存所需要的条件，如洁净度、温度、湿度、光照和通风等。

0921 是否建立中药材贮存定期检查制度，防止虫蛀、霉变、腐烂、泛油等的发生。

0922 是否按技术规程要求开展养护工作，并由专业人员实施。

0923 是否按照技术规程装卸、运输，防止发生混淆、污染、异物混入、包装破损、雨雪淋湿等。

0924 是否有产品发运的记录，可追查每批产品销售情况；防止发运过程中的破损、混淆和差错等。

中药材 GAP 第十章　文件

1001 企业是否建立文件管理系统，以保证全过程关键环节记录完整。

1002 是否制定规程，规范文件的起草、修订、变更、审核、批准、替换或撤销、保存和存档、发放和使用。

1003 记录是否杜绝撕毁和任意涂改。空白记录发放是否受控。

1004 记录更改是否签注姓名和日期，并保证原信息清晰可辨。

1005 记录重新誊写，原记录是否杜绝销毁，作为重新誊写记录的附件保存。

1006 电子记录是否符合相关规定。

1007 记录保存是否至该批中药材销售后至少三年。

1008 企业是否根据影响中药材质量的关键环节，结合管理实际，明确生产记录要求。

1009 是否按生产单元进行记录，覆盖生产过程的主要环节，附必要照片或者图像，保证可追溯。

1010 药用植物种植主要记录是否包括种子种苗来源及鉴定，种子处理，播种或移栽、定植时间及面积；肥料种类、施用时间、施用量、施用方法；重大病虫草害等的发生时间、危害程度，施用农药名称、来源、施用量、施用时间、方法和施用人等；灌溉时间、方法及灌水量；重大气候灾害发生时间、危害情况；主要物候期。

1011 药用动物养殖主要记录是否包括繁殖材料及鉴定；饲养起始时间；疾病预防措施，疾病发生时间、程度及治疗方法；饲料种类及饲喂量。

1012 采收加工主要记录是否包括采收时间及方法；临时存放措施及时间；拣选及去除非药用部位方式；清洗时间；干燥方法和温度；特殊加工手段等关键因素。

1013 包装及储运记录是否包括包装时间、入库时间、仓库温度、湿度、除虫除霉时间及方法；出库时间及去向；运输条件等。

1014 培训记录是否包括培训时间、对象、规模、主要培训内容、培训效果评价等。

1015 检验记录是否包括检品信息、检验人、复核人、主要检验仪器、检验时间、检验方法和检验结果等。

1016 企业是否根据实际情况，在技术规程基础上，制定标准操作规程用于指导具体生产操作活动，如批的确定、设备操作、维护与清洁、环境控制、贮存养护、取样和检验等。

中药材 GAP 第十一章 质量检验

1101 企业是否建立质量控制系统，包括相应的组织机构、文件系统以及取样、检验等，确保中药材质量符合要求。

1102 企业是否制定质量检验规程，对自己繁育并在生产基地使用的种子种苗或其他繁殖材料、生产的中药材实行按批检验。

1103 购买的种子种苗、农药、商品肥料、兽药或生物制品、饲料和饲料添加剂等，是否向供应商索取合格证或质量检验报告，或企业自行检测。

1104 如企业委托检验，是否有委托检验合同及检验标准。

1105 如企业自行检验，质量检测实验室人员、设施、设备是否与产品性质和生产规模相适应。

1106 用于质量检验的主要设备、仪器，是否按规定要求进行性能确认和校验。

1107 取样与留样是否具有代表性，是否规定了取样方法、所用器具、取样量、分样的方法、存放样品容器的类型和状态、样品容器的标识、取样注意事项、样品贮存条件、取样器具的清洁方法和贮存要求、剩余中药材、种子种苗或其他繁殖材料的再包装方式等。

1108 用于检验用的中药材、种子种苗或其他繁殖材料，是否按批取样和留样。

1109 中药材留样包装和存放环境是否与中药材贮存条件一致，并保存至该批中药材保质期届满后三年。

1110 中药材种子留样环境是否能够保持其活力，保存至生产基地中药材收获后三年。种苗或药用动物繁殖材料依实际情况确定留样时间。

1111 检验记录是否保留至该批中药材保质期届满后三年。

1112 委托检验时，委托方是否对受托方进行检查或现场质量审计，调阅或者检查记录和样品。

中药材 GAP 第十二章 内审

1201 企业是否定期组织对本规范实施情况的内审，对影响中药材质量的关键数据定期进行趋势分析和风险评估，确认是否符合本规范要求，采取必要改进措施。

1202 企业是否制定内审计划，对质量管理、机构与人员、设施设备与工具、生产基地、种子种苗或其他繁殖材料、种植与养殖、采收与产地加工、包装放行与储运、文件、质量检验等项目进行检查。

1203 企业是否指定人员定期进行独立、系统、全面的内审，或者由第三方依据本规范进行独立审核。

1204 内审是否有记录和内审报告；针对影响中药材质量的重大偏差，提出必要的纠正和预防措施。

中药材 GAP 第十三章 投诉、退货与召回

1301 企业是否建立投诉处理、退货处理和召回制度。

1302 企业是否建立标准操作规程，规定投诉登记、评价、调查和处理的程序。

1303 是否规定因中药材缺陷发生投诉时所采取的措施，包括从市场召回中药材等。

1304 投诉调查和处理是否有记录，并注明所调查批次中药材的信息。

1305 企业是否指定专人负责组织协调召回工作，确保召回工作有效实施。

1306 是否有召回记录，并有最终报告，且报告应对产品发运数量、已召回数量以及数量平衡情况予以说明。

1307 因质量原因退货或者召回的中药材，是否清晰标识，由质量部门评估，记录处理结果；存在质量问题和安全隐患的，不得再作为中药材销售。

注：编号前 2 位代表第几章，如 0101 代表第 1 章第一个要点。

附录二 连翘全产业链相关标准汇总

ICS 11.120.99
CCS B 38

DB13

河 北 省 地 方 标 准

DB 13/T 5461—2021

连翘种子种苗质量标准

2021-12-13 发布

2022-01-13 实施

河北省市场监督管理局 发布

前　　言

本文件按照 GB/T 1.1—2020《标准化工作导则　第 1 部分：标准化文件的结构和起草规则》的规定起草。

本文件由河北省中药材标准化技术委员会提出并归口。

本文件起草单位：河北省农林科学院经济作物研究所、陕西中医药大学、承德医学院、涉县农业技术推广中心、涉县以岭燕赵中药材有限公司、河北省中医药科学院。

本文件主要起草人：刘灵娣、谢晓亮、温春秀、白吉庆、卢瑞克、田伟、贾东升、姜涛、赵春颖、贺献林、裴林、贾和田、何培、李鑫。

本文件为首次发布。

连翘种子种苗质量标准

1　范围

本文件规定了连翘种子种苗的术语和定义、质量要求、检验方法、检验规则、包装、运输与贮存。

本文件适用于连翘种子种苗的生产和销售。

2　规范性引用文件

下列文件中的内容通过文中的规范性引用而构成本文件必不可少的条款。其中，注日期的引用文件，仅该日期对应的版本适用于本文件；不注日期的引用文件，其最新版本（包括所有的修改单）适用于本文件。

GB/T 3543.1　农作物种子检验规程　总则

GB/T 3543.2　农作物种子检验规程　扦样

GB/T 3543.3　农作物种子检验规程　净度分析

GB/T 3543.4　农作物种子检验规程　发芽试验

GB/T 3543.5　农作物种子检验规程　真实性和品种纯度鉴定

GB/T 3543.6　农作物种子检验规程　水分测定

GB/T 3543.7　农作物种子检验规程　其他项目检验

DB34/T 142　农作物种子标签

3　术语和定义

下列术语和定义适用于本文件。

3.1

连翘种子

木樨科植物连翘 *Forsythia suspensa*（Thunb.）Vahl 的干燥成熟种子。

3.2

连翘实生苗

木樨科植物连翘 *Forsythia suspensa*（Thunb.）Vahl 种子播种培育而成的种苗。

3.3

连翘扦插苗

将连翘的枝条进行扦插培育而成的种苗。

3.4

地径

苗干基部土痕处的直径。

4　质量要求

4.1　以种子发芽率、净度、含水量、纯度等为质量分级指标将连翘种子质量分为Ⅰ级、Ⅱ级。质量分级见表1。

表1　连翘种子质量

项目	Ⅰ级指标	Ⅱ级指标
发芽率/%≥	90	80
净度/%≥	95	95
含水量/%≤	8	8
纯度/%≥	95	95

4.2　以种苗苗高、地径、侧根数为质量分级指标，将连翘一年生种苗质量分为Ⅰ级、Ⅱ级。质量分级见表2。

表2　一年生连翘实生苗质量

项目	Ⅰ级指标	Ⅱ级指标
苗高/cm≥	55	40
地径/mm≥	5.5	4.0
侧根数/条≥	9	6
病虫害状况	无有害生物寄生、无病虫害症状	

4.3　以种苗苗高、地径、侧根数为质量分级指标，将连翘两年生种苗质量分为Ⅰ级、Ⅱ级。质量分级见表3。

表3　两年生连翘实生苗质量

项目	Ⅰ级指标	Ⅱ级指标
苗高/cm≥	150	90
地径/mm≥	20.0	8.0
侧根数/条≥	11	6
病虫害状况	无有害生物寄生、无病虫害症状	

4.4　以种苗地径、根长、不定根数为质量分级指标，将连翘扦插苗质量分为Ⅰ级、Ⅱ级。质量分级见表4。

表4　连翘扦插苗质量

项目	Ⅰ级指标	Ⅱ级指标
地径/mm≥	11.0	7.0
根长/cm≥	15.0	11.0
不定根数≥	33	21
病虫害状况	无有害生物寄生、无病虫害症状	

5　检验方法

5.1　检疫

按照 SN/T 4329 的规定执行。

5.2　测量

5.2.1　测量苗高、根长时用钢卷尺、皮尺或直尺，读数精确到1.0厘米。

5.2.2　测量地径时用游标卡尺，读数精确到0.1厘米。

5.3　净度分析

按 GB/T 3543.3 执行。

5.4　发芽试验

发芽床采用纸间（BP），置床培养温度 25℃，发芽开始后，每天记录正常发芽的种子数至第 15d 为止，其余部分按 GB/T 3543.4 执行。

5.5　真实性和品种纯度鉴定

按 GB/T 3543.5 执行。

5.6　水分测定

按 GB/T 3543.6 执行。

6　检验规则

6.1　抽样

6.1.1　组批

种子批的最大重量为 100kg；同一批苗木作为一个检测批次。

6.1.2　抽样量

种子样品的最小重量为 300g；起苗后连翘苗质量检测要在一个苗批内进行，采取随机抽样的方法，按表 5 规则抽样。

表 5　连翘苗检测抽样数量

连翘苗数	检测株数
≤500	30
501～1 000	50
1 001 以上	按 1% 抽检

6.2　检验误差

同一批苗木的质量检验的允许误差范围为 2%；成批出圃苗木数量检验的允许误差为 0.5%。详见表 6 和表 7。

表 6　质量检验允许不合格值测定表

同批量数（株）	允许值（株）
1 000	20
500	10
100	2
50	1
25	0

表 7　数量检验允许误差值测定表

同批量数（株）	允许值（株）
5 000	±25
1 000	±5
400	±2
200	±1
100	0

6.3　判定规则

以本文件中表 1（连翘种子质量）、表 2（一年生连翘实生苗质量）、表 3（两年生连翘实生苗质量）、表 4（连翘扦插苗质量）规定的指标作为检验依据，将二级种子以下定为不合格种子，将二级种苗以下定为不合格种苗。当检验工作有误或其他方面不符合有关标准规定必须进行复检时，以复检结果为准。

7　包装、运输、贮存

7.1　包装

用透气的编织袋、布袋、麻袋等符合卫生要求的材料包装，包装外附有种子标签以便识别。销售的袋装种子应当附有标签。每批种子应挂有标签，标明种子的产地、重量、净度、发芽率、含水量、纯度、质量等级、生产日期、生产者或经营者名称、地址等。

用有孔的木箱或纸箱进行种苗包装，每个包装箱外贴标签，标明产地、级别、数量、出圃日期、生产单位和合格证号等。

7.2　运输

种子运输应防雨、防冻、防干、防火等；苗木必须及时运输，途运途中，需对苗木采取保湿、降温、防风、防日晒等措施。

7.3　贮存

种子应在干燥、通风或低温条件下保存。种苗避免长时间露天放置，不能及时移栽时，应及时假植。

ICS 65.020
CCS S 72

DB14

山 西 省 地 方 标 准

DB 14/T 2108—2020

连翘播种育苗技术规程

2020-08-17 发布
2020-11-17 实施

山西省市场监督管理局　发布

前　言

本标准按照 GB/T1.1－2009 给出的规则起草。

本标准由山西省林业和草原局提出并监督实施。

本标准由山西省林业标准化技术委员会提出并归口。

本标准起草单位：山西省林业科学研究院。

本标准主要起草人：史敏华、刘劲、刘鑫、梁燕、赵彦伍等。

连翘播种育苗技术规程

1 范围

本标准规定了连翘（*Forsythiasuspensa*（Thunb.）Vahl）播种育苗的种子准备与处理、圃地选择、整地和施肥、播种、苗期管理、病虫害防治、苗木出圃和档案管理等要求。

本标准适用于连翘播种育苗生产经营和管理。

2 规范性引用文件

下列文件对于本文件的应用是必不可少的。凡是注日期的引用文件，仅注日期的版本适用于本文件。凡是不注日期的引用文件，其最新版本（包括所有的修改单）适用于本文件。

GB 6000 主要造林树种苗木质量分级

LY/T 2289 林木种苗生产经营档案

LY/T 2290 林木种苗标签

DB14/T 137 林木种子质量分级

3 圃地选择

选择地势平坦，背风向阳，具备灌溉条件，排水良好，土层深厚的砂壤土或中壤土地。

4 圃地准备

4.1 施肥

整地前施足底肥，每 hm² 施有机肥 22 500～30 000kg。

4.2 整地与消毒

前一年秋季或早春整地，深翻 25～30cm，播前耙细整平。土壤消毒参照 GB 6001 的规定执行。

4.3 作床

作平床，宽 1.2～1.3m，长度视地形而定，埂高 10～15cm。

5 种子准备与处理

5.1 种子准备

5.1.1 采种

选择生长健壮、果实密集、无病虫害的采种母树，于 9 月下旬—10 月采集发育成熟、籽粒饱满的果实，风干，取种晾晒，除去瘪粒和杂质，贮藏阴凉干燥处。

5.1.2 购种

从具有种子生产经营许可资质的单位购入，质量达到 DB14/T 137 规定的 Ⅱ 级及以上。

5.2 种子处理

春播前 10d 左右，冷水浸泡种子 24h，其间换水 1 次。捞出用 0.5% 的高锰酸钾水溶液浸种 3h，冲洗后摊于平地，厚度 8～10cm，覆盖草帘或塑料薄膜，勤翻动。催芽第 5～6d 用二甲基氨基苯重氮磺酸钠 95% 可溶性粉剂 500 倍稀释液 150～200g 拌种，约 30% 的种子裂嘴露白时，即可播种。秋播种子无需处理。

6 播种

6.1 播种时间

春播在 4 月中旬至 5 月上旬；秋播在 10 月下旬至土壤封冻前进行。

6.2 播种量

每 hm² 播种量 45～75kg。

6.3 播种方法

宽幅条播，幅宽 10～15cm，深 2～3cm，行距 30～40cm。底墒不足时，播种前在开沟内浇足底水，将种子均匀撒入，覆土 1～1.5cm，轻镇压。

6.4 覆盖

播后顺垄搭建小拱棚用黑色地膜覆盖。

7 苗期管理

7.1 通风

出苗达 80％时，在拱棚上方打孔透气，打孔面积占总面积 20％～30％，随苗木生长逐渐扩大，至雨季全部撤除。

7.2 猝倒病防治

出苗 80％左右时，用 30％恶霉灵 500 倍液喷淋苗床，浸透苗根，间隔 7～10d 再喷施一次。

7.3 间苗

苗高 5～6cm，间除细、弱、过密苗，保留株距 5～8cm。

7.4 松土除草

苗高 10cm 左右，浅耕除草，后期视土壤墒情和杂草情况，及时中耕除草。

7.5 灌溉和排水

根据土壤墒情适时浇水，雨季注意排水。

8 主要病虫害防治

主要病虫害防治方法见附录 A。

9 苗木出圃

9.1 起苗

春季萌动前或秋季落叶后。起苗前 5～7d 灌足底水。

9.2 检验分级

检测方法按照 GB 6000 的规定执行。苗木质量等级见附录 B。

9.3 苗木检疫

出圃苗木应进行苗木检疫，出具检疫证书。

9.4 苗木标签

每批次苗木应在包装内外悬挂苗木标签。标签格式和内容按照 LY/T 2290 的规定执行。

9.5 包装

苗木根系蘸泥浆，每 50 株或 100 株一捆，装入包装袋。

9.6 运输

苗木包装后，及时运输，途中保持根部湿润，注意通风。

10 档案管理

按照 LY/T 2289 中的规定执行。

附　录　A
（规范性附录）主要病虫害防治方法

主要病虫害防治方法见表 A.1。

表 A.1　主要病虫害防治方法

名称	症状	防治方法
菟丝子	受害时，枝条被寄生物缠绕而生缢痕，生育不良，树势衰落，严重时嫩梢和全株枯死。	1. 种子先于连翘种子发芽，应先对其进行摘除。 2. 加强栽培管理。结合苗圃管理，于菟丝子种子未萌发前进行中耕深埋，使之不能发芽出土，（一般埋于 3cm 以下便难以出土）； 3. 人工铲除。春末夏初检查苗圃，一经发现立即铲除，或连同寄生受害部分彻底清除。 4. 喷药防治。在菟丝子发生时，用菟丝净选择无风的晴天每 20g 兑水 25kg，即每 10g 兑一壶水稀释后均匀喷雾进行防治。
叶斑病	受害严重时，使植株的叶片枯萎，造成植株死亡。	1. 通风透光，控制高温。高温季节及时浇水降温； 2. 植株休眠期，及时清除杂物及病害枝条，集中烧毁； 3. 加强水肥管理，营养平衡； 4. 及时喷施 70%百菌清 1 300 倍液，或 55%多菌灵 750 倍液，进行防治，严重时，连续喷施 3 次，每次间隔 7d，可有效控制病情；
桑白盾蚧	受害严重的植株，蛤壳密集重叠，像覆盖了一层棉絮，受害植株枝叶开始萎蔫，严重时导致全株死亡。	1. 加强苗木检疫，严禁带虫种苗； 2. 在植株休眠期，及时清除具有虫害的枝条，集中烧毁； 3. 春季植株萌发前，去掉枝干上越冬的成虫； 4. 种植密度合理，通风透光，合理施肥； 5. 一旦虫害发生，及时喷施 9 000 蛤螨灵乳油 200 倍液，或 50%灭蛤可溶性粉剂 150 倍液，或 30%扑虱灵可湿性粉剂 900 倍液，进行防治； 6. 保护利用天敌，如蚜小蜂、草岭等。充分发挥天敌控制虫害。

ICS 65.020.20
CCS B 05

DB1405

晋 城 市 地 方 标 准

DB 1405/T 056—2023

连翘仿野生栽培技术规程

2023-12-20 发布
2024-03-20 实施

晋城市市场监督管理局　发布

前　　言

本文件按照 GB/T 1.1—2020《标准化工作导则　第 1 部分：标准化文件的结构和起草规则》的规定起草。

本文件由晋城市农业农村局提出、组织实施和监督检查。

本文件由晋城市市场监督管理局对标准的组织实施情况进行监督检查。

本文件由晋城市农业标准化技术委员会归口。

本文件起草单位：晋城市现代农业发展中心、山西农业大学经济作物研究所、陵川县乡土人家农业综合开发有限公司。

本文件主要起草人：柳建丽、许雪梅、裴帅帅、宋枫春、李杰、赵雅燕、段梦莎、张梦影、王创云、何真、芦艳珍、常忠庆、刘云峰。

连翘仿野生栽培技术规程

1 范围

文件规定了晋城市连翘仿野生栽培的产地环境、种子选择、种子处理、选地与整地、田间管理、病虫害防治、收获。

本文件适用于晋城市范围内连翘仿野生栽培和生产。

2 规范性引用文件

下列文件中的内容通过文中的规范性引用而构成本文件必不可少的条款。其中，注日期的引用文件，仅该日期对应的版本适用于本文件；不注日期的引用文件，其最新版本（包括所有的修改单）适用于本文件。

GB 3095 环境空气质量标准

GB 5084 农田灌溉水质标准

GB/T 8321 农药合理使用准则

GB 15618 土壤环境质量 农用地土壤污染风险管控标准（试行）

NY/T 393 绿色食品 农药使用准则

NY/T 394 绿色食品 肥料使用准则

3 术语和定义

下列术语和定义适用于本文件。

3.1

连翘

木樨科植物连翘（*Forsythia suspensa*（Thunb.）Vahl）。

3.2

连翘仿野生栽培

在生态条件下相对稳定的自然环境中，根据连翘生长发育习性和对环境条件的要求，遵循自然法则和生物规律，模仿连翘野生环境和自然生长状态，再现连翘与外界环境的良好生态关系，实现品质优良的连翘生态培育模式。

4 产地环境

4.1 空气质量

空气质量符合 GB 3095 中的二级标准。

4.2 水质量

当地水质量符合 GB 5084 中的二级标准。

4.3 土壤质量

土壤质量应符合 GB 15618 二级及以上的规定。

4.4 环境要求

海拔 800m 以上，年均温度 8℃以上，年均降水量在 600mm 以上地区。光照充足、排水良好、土层深厚肥沃。

5　种苗标准

一年至两年生苗，地上部分 10cm 处直径达到 0.8cm 以上。

6　选地与整地

6.1　选地

选择土层厚度≥20cm，排水良好的壤土或砂壤土。山地选半阴坡或有植被遮阴的阳坡。丘陵、山地坡度≤25°。交通便利且具有良好灌溉条件。

6.2　整地

——按产地环境要求选择种植地块，土壤肥沃地块行株距为 3m×2m，中等地力地块行株距为 2.5m×2m，脊薄地块行株距为 2m×1.5m。铺 1m² 除草布或黑膜。

——按等高线整成水平梯田地块，挖 40cm 直径的圆形定植穴或 40cm×40cm×40cm 的定植坑。

——山坡地整成 50cm 直径半圆形的鱼鳞坑。

7　移栽定植

7.1　移栽时间

土壤上冻前，10 月 25 日以后至土壤上冻前移栽定植，或早春土壤解冻后至萌芽前。

7.2　定植方式

混交定植，长花柱植株和短花柱植株比例为 3∶1。

8　田间管理

8.1　除草

防止草荒。

8.2　查苗补苗

根据成活情况及时查苗补苗。

8.3　灌溉与排水

干旱要及时灌水，注意排水。

8.4　整形修剪

8.4.1　整形

定植第一年，离地 70～80cm 定干，在不同的方向选择 3～4 个粗壮侧枝培育成主枝，以后在主枝上再留选 2～3 个壮枝培育成副主枝，把副主枝上放出的侧枝培育成结果短枝。

8.4.2　修剪

冬季修剪于落叶后至翌年萌芽前进行，主要修剪主、侧枝，剪去病虫枝、枯枝、纤弱枝等，并进行老枝回缩复壮。夏季修剪于 5—8 月进行，主要是摘梢、抹芽、摘心。

9　病虫害防治

9.1　防治原则

遵循"预防为主，综合防治"的方针，以农业和物理防治为基础，生物防治为核心，科学使用化学防治技术，有效控制病虫害。农药选择使用应符合 GB/T 8321 规定的要求。

9.2　主要病虫害种类

9.2.1　主要病害种类

叶斑病等。

9.2.2 主要虫害种类

蛴螬、钻心虫、蜗牛等。

9.2.3 主要寄生植物

菟丝子。

9.3 防治方法

9.3.1 农业防治

选择适宜产地环境，选用优质种苗，加强田间管理，提高植株抗性。

9.3.2 物理防治

采用杀虫灯、人工清除等物理措施防治虫害、寄生植物。

9.3.3 生物防治

利用细菌杀虫剂防治蛴螬等地下害虫。

9.3.4 化学防治

药剂的选择与使用应符合 GB/T 8321。连翘主要病虫害及推荐化学药剂防治参见附录 A。

10 采收

8 月初开始采收。将其摊开存放于清洁、干燥、通风、无异味的阴凉库，拣净杂质，待加工。

11 生产档案记录

连翘野生抚育基地要建立生产档案管理制度，符合中药材质量信息全程可追溯，并保存 3 年以上，生产档案记录表见附录 B。

附　录　A

（资料性）

连翘主要病虫害及推荐化学药剂防治

连翘主要病虫害及推荐化学药剂防治见表 A.1。

表 A.1　连翘主要病虫害及推荐化学药剂防治

防治对象	推荐化学药剂
叶斑病	发病初期，选用多菌灵或百菌清进行防治。
地下害虫（蛴螬等）	可用辛硫磷进行防治。

附 录 B

（资料性）

中药材生产记录

中药材生产记录见表 B.1。

表 B.1 中药材生产记录

作物类型		面积		种植时间			地块位置		
日期	天气情况	温度	湿度	主要操作内容	投入品使用情况				记录人
					农药种类	用量	肥料种类	用量	

ICS 65.020
CCS B 38

DB14

山 西 省 地 方 标 准

DB 14/T 1492—2017

连翘产地加工技术规程

2017-12-10 发布   2018-02-10 实施

山西省质量技术监督局 发布

前　言

本标准按照 GB/T 1.1—2009 给出的规则起草。

本标准由山西省农业厅提出并归口。

本标准起草单位：山西省医药与生命科学研究院。

本标准主要起草人：李香串、董晓丽、吕鼎豪、李晓霞、乔丽芳、杨晓民、叶松华、王紫艳。

连翘产地加工技术规程

1　范围

本标准规定了连翘青翘、老翘的采收、加工、质量、包装、贮存、运输和生产记录。本标准适应于连翘的采收及加工。

2　规范性引用文件

下列文件对于本文件的应用是必不可少的。凡是注日期的引用文件，仅注日期的版本适用于本文件。凡是不注日期的引用文件，其最新版本（包括所有的修改单）适用于本文件。

GB 5749　生活饮用水卫生标准

SB/T 11182　中药材包装技术规范

WM/T 2　药用植物及制剂外经贸绿色行业标准

《中华人民共和国药典》2015 年版一部

3　术语和定义

下列术语和定义适用本文件。

3.1

连翘

木樨科植物连翘[*Forsythia suspensa*（Thunb.）Vahl]的干燥果实。

3.2

青翘

木樨科植物连翘[*Forsythia suspensa*（Thunb.）Vahl]的秋季果实初熟尚带绿色时采收，除去杂质，蒸熟，晒干，习称"青翘"。

3.3

老翘

木樨科植物连翘[*Forsythia suspensa*（Thunb.）Vahl]的果实熟透时采收，除去杂质，晒干，习称"老翘"。

3.4

产地加工

在产地对药材进行的初步处理与干燥，称初加工。

3.5

青翘一体化加工方法

利用一体化加工机械设备，连续完成净选、杀青、干燥过程的一种加工青翘的方法。

4　青翘

4.1　青翘性状

本品呈长卵形至卵形，稍扁，长 1.5～2.5cm，直径 0.5～1.3cm。表面有不规则的纵皱纹和多数突起的小斑点，两面各有一条明显的纵沟。顶端锐尖，基部有小果梗或已脱落。多不开裂，表面绿褐色，突起的灰白色小斑点较少；质硬；种子多数，黄绿色，细长，一侧有翅。气微香，味苦。

4.2 采收

4.2.1 采收期

7月25日—8月25日，果实初熟尚带绿色时采收。

4.2.2 采收方法

人工摘取连翘果实。

4.3 鲜果贮运

采用无公害，透气材料进行包装，贮运保持通风、防止挤压，采收当天及时加工或冷库保鲜。

4.4 一体化加工工艺

连翘→净选→杀青→干燥→检验→包装→入库。

4.5 一体化加工方法

4.5.1 净选

拣除枝、叶等杂质，杂质不得过3％。

4.5.2 杀青

4.5.2.1 加工用水

应符合GB 5749的要求。

4.5.2.2 杀青机

箱体内部材质应为304不锈钢。

4.5.2.3 蒸法

蒸汽温度为105℃，蒸汽压力0.08MPa，蒸制15min。

4.5.2.4 煮法

料水温度90～100℃，煮制8～10min。

4.5.3 干燥

4.5.3.1 干燥机

干燥设备部分，采用多层网带式烘干，网带要求304不锈钢，其余部分为304不锈钢、彩钢或碳钢。

4.5.3.2 烘干

第一次烘干：温度90～100℃，时间2.5h；第二次烘干：温度65～75℃，时间3.5h；晾凉：将经过第二次烘干的连翘果实及时摊开晾晒，每日翻动1～2次，并注意检查，如有霉烂，及时剔除。干燥青翘水分不得过10％。

5 老翘

5.1 老翘性状

本品呈长卵形至卵形，稍扁，长1.5～2.5cm，直径0.5～1.3cm。表面有不规则的纵皱纹和多数突起的小斑点，两面各有一条明显的纵沟。顶端锐尖，基部有小果梗或已脱落。自顶端开裂或裂成两瓣，表面黄棕色或红棕色，内表面多为浅黄棕色，平滑，具一纵隔；质脆；种子棕色，多已脱落。气微香，味苦。

5.2 采收期

10—11月，果皮变黄褐色，果实裂开时采收。

5.3 加工工艺

连翘→净选→干燥→检验→包装→入库。

5.4　加工方法

5.4.1　净选

连翘采回后应去净枝叶，除去种子，杂质不得过 9%。

5.4.2　干燥

5.4.2.1　晾晒法

将采收后的连翘及时摊开晾晒，每日翻动 1～2 次，并注意检查，如有霉烂，及时剔除。干燥老翘水分不得超过 10%。

5.4.2.2　烘干法

不高于 60℃的温度烘干，晾凉，干燥老翘水分不得超过 10%。

6　质量

连翘质量按照《中华人民共和国药典》2015 版一部连翘项下检验。农药残留量、重金属含量执行 WM/T2 的规定。

7　包装

包装执行 SB/T 10279 中的规定。

8　贮存

包装好的连翘药材贮存在清洁卫生、阴凉干燥、通风、防潮、防虫蛀、防鼠、防鸟、无异味的库房中，保证仓库温度在 30℃以下，药材的码放需离开墙壁和地面 40cm 以上，防止药材吸潮而变质。堆放层数以 10 层之内为宜。定期检查与养护，如发现虫蛀、霉变、鼠害等，应及时采取措施。

9　运输

连翘药材调运，不能与有毒害、易污染物品的车辆混装同运，运输车辆要清洁卫生并具有防雨、防潮和无异味、无污染的设备，以免药材受到污染影响其质量。

10　生产记录

应对青翘、老翘加工批次进行详细记录，具体参见附录。原始记录应保留 3 年以上，以供追溯。

附　录　A

（资料性附录）

连翘（青翘、老翘）采收加工批次记录表

表 A.1 给出了连翘（青翘、老翘）的采收、加工记录要求。

表 A.1　连翘（青翘、老翘）采收加工批次记录表

时间：				编号：		
药材名称						
地址				样品编号		
栽种时间				采收时间		
天气状况						
采收前质量检验			成熟形态：			
加工			设备	时间	加工量	作业
	清洗		Q1	__时__分—__时__分	__ kg	
			Q2	__时__分—__时__分	__ kg	
	杀青		S1	__时__分—__时__分	__ kg	
			S2	__时__分—__时__分	__ kg	
			S3	__时__分—__时__分	__ kg	
	干燥		操作	时间		
			进烘	__时__分—__时__分		
			干燥	__时__分　温度__		
			干燥	__时__分　温度__		
			干燥	__时__分　温度__		
			干燥	__时__分　温度__		
			晾干	方式__　__时__分　温度__		
收材			__ kg		件数	
生产部审核				质量部审核		

ICS 65.020.20
CCS B 38

DB41

河 南 省 地 方 标 准

DB 41/T 455—2023
代替 DB 41/T 455—2006

连翘生产技术规程

2023-06-06 发布 2023-09-05 实施

河南省市场监督管理局 发布

前　　言

本文件按照 GB/T 1.1—2020《标准化工作导则　第 1 部分：标准化文件的结构和起草规则》的规定起草。

本文件代替 DB41/T 455—2006《连翘质量技术规范》，与 DB41/T 455—2006 相比，除结构调整和编辑性改动外，主要技术变化如下：

a) 删除了质量要求（见 2006 年版的第 3 章）；

b) 增加了产地环境要求（见第 4 章）；

c) 更改了栽培与采收加工的内容（见第 6 章、第 7 章、第 8 章，2006 年版的第 4 章）；

d) 删除了种子育苗、连翘苗的嫁接、留种的内容（见 2006 年版的 4.2.1、4.2.3 和 4.6.3）；

e) 增加了预防倒春寒的内容（见 7.4）；

f) 删除了试验方法、检验规则、标识、包装、贮运的内容（见 2006 年版第 5 章、第 6 章和第 7 章）；

g) 增加了生产档案与追溯的内容（见第 9 章）。

请注意本文件的某些内容可能涉及专利，本文件的发布机构不承担识别专利的责任。

本文件由河南省农业农村厅提出并归口。

本文件起草单位：河南福森药业有限公司、三门峡市农业科学研究院、三门峡市农业农村局、三门峡市扶贫开发信息中心、陕州区西张村镇政府农业服务中心、渑池县自然资源局、渑池县农业农村局、卢氏县疾控中心。

本文件主要起草人：索世虎、吴楠、尚惠香、周亚男、闫峰、赵双锁、赵政强、武永辉、王石磊、王行飞、王远、王蕾、张紫娟、王丽娜、武文浩、刘振西、史丽兰、贺丽丽、周书平。

本文件于 2006 年首次发布，本次为第一次修订。

连翘生产技术规程

1　范围

本文件规定了连翘生产的产地环境、扦插育苗、大田移栽、田间管理、采收加工、生产档案与追溯。本文件适用于连翘的生产。

2　规范性引用文件

下列文件中的内容通过文中的规范性引用而构成本文件必不可少的条款。其中，注日期的引用文件，仅该日期对应的版本适用于本文件；不注日期的引用文件，其最新版本（包括所有的修改单）适用于本文件。

GB 3095　环境空气质量标准

GB 5084　农田灌溉水质标准

GB 5749　生活饮用水卫生标准

GB/T 8321　（所有部分）农药合理使用准则

GB/T 15063　复合肥料

GB 15618　土壤环境质量　农用地土壤污染风险管控标准（试行）

NY/T 496　肥料合理使用准则　通则

NY/T 525　有机肥料

NY/T 1276　农药安全使用规范　总则

中华人民共和国药典．一部．2020

中华人民共和国药典．四部．2020

3　术语和定义

下列术语和定义适用于本文件。

3.1

连翘

木樨科植物连翘（*Forsythia suspense*（Thunb.）Vahl），其干燥果实入药。

3.2

青翘

秋季果实初熟尚带绿色时采收，除去杂质，蒸熟，晒干或烘干为青翘。

3.3

老翘

果实熟透时采收，除去杂质，晒干或烘干为老翘。

4　产地环境

环境空气质量应符合 GB 3095 的规定，土壤环境质量应符合 GB 15618 的规定，农田灌溉水质应符合 GB 5084 的规定。

5 扦插育苗

5.1 苗圃地选择

选择交通便利、背风向阳、土层深厚、土质疏松、有机质含量丰富、排灌良好的壤土或沙壤土地块。

5.2 整地作床

整地前，每 $667m^2$ 施入商品有机肥 $100\sim150kg$、复合肥料（$N：P_2O_5：K_2O＝15：15：15$）$50kg$，耕深 $25cm$ 以上，整平作床，床宽 $100cm$ 左右，高 $25cm$ 以上，苗床间预留 $50cm$ 人工操作走道。有机肥料应符合 NY/T 525 的规定，复合肥料应符合 GB/T 15063 的规定，肥料使用应符合 NY/T 496的规定。

5.3 硬枝扦插

5.3.1 插穗采集与处理

按植株长柱花和短柱花花型，分类选择生长健壮、枝条节间短粗、结实率高、抗逆性强、综合性状好的植株作为母树，在其上选择 1 年生直径 $0.5\sim0.8cm$、健壮、无病虫害、无损伤、木质化程度较高的枝条，以基部萌生的营养枝为宜。

在土壤解冻后、花芽萌动前，将选好的枝条剪成长度为 $12\sim20cm$、3 个节以上的插穗。剪穗时，上端靠近芽节上部平剪，下端近芽节处斜剪，生根剂和杀菌剂处理后晾干备用。

5.3.2 扦插方法

苗床上覆盖黑色地膜，按行距 $15\sim20cm$、株距 $5cm$ 在地膜上打孔扦插，深度为插穗的 $2/3$，用土压实插穗四周，扦插后立即浇透水。

5.3.3 插后管理

生根发芽后适时揭去地膜，保持湿润，及时除草。苗高 $20cm$ 左右时，每 $7\sim10d$ 叶面喷施 0.2% 磷酸二氢钾和 0.1% 尿素溶液进行追肥。

5.4 嫩枝扦插

5.4.1 插穗采集与处理

"三伏"期间，按植株长柱花和短柱花花型，分类在母树上选择健壮、无病虫害、无损伤的半木质化枝条，将其剪成长度为 $6\sim8cm$ 的插穗，插穗上部留 $1\sim2$ 片叶，生根剂和杀菌剂处理后晾干备用。

5.4.2 扦插方法

按株行距 $3cm$ 打孔，扦插深度为叶腋处紧贴地面，扦插后立即浇透水。

5.4.3 插后管理

扦插后应遮阴和雾化喷灌，每天喷雾 $7\sim9$ 次，每次 $30s$，生根发芽前环境空气湿度控制在 $85\%\sim95\%$。幼根形成后，减少喷雾次数，环境空气湿度控制在 $65\%\sim75\%$。生根发芽后撤去遮阳网，及时除草。每 $7\sim10d$ 叶面喷施 0.2% 磷酸二氢钾和 0.1% 尿素溶液进行追肥。

6 大田移栽

6.1 选地

选择海拔 $400\sim800m$、光照充足、排水良好、土壤疏松的地块。

6.2 整地

立地条件好的地块，整地前，每 $667m^2$ 施入商品有机肥 $100\sim150kg$，复合肥料（$N：P_2O_5：K_2O＝15：15：15$）$50kg$ 作底肥，深耕 $40cm$，整平耙细。立地条件差的地块宜采用鱼鳞坑整地方式，按照株距 $1.5\sim2m$，行距 $2\sim3m$，穴直径 $60cm$，穴深 $30cm$ 挖穴。每穴施入商品有机肥 $0.9kg$ 左右，复合肥料（$N：P_2O_5：K_2O＝15：15：15$）$0.34kg$ 左右。有机肥料应符合 NY/T 525 的规定，复合肥料应符合 GB/T 15063 的规定，肥料使用应符合 NY/T 496 的规定。

6.3　移栽时期

落叶后至土壤封冻前或土壤解冻后到萌芽前。

6.4　种苗要求

根系发育良好，地茎 0.5cm 以上。

6.5　栽植

根据立地条件，合理调整株行距，株距为 1.5～2m，行距为 2～3m。移栽时，应合理搭配长、短花柱类型种苗比例，以长花柱型为主栽品种，适当搭配短花柱型植株为授粉树，两者比例以 3∶1 为宜。采取穴栽方式，栽后浇透水。

7　田间管理

7.1　中耕除草

及时中耕除草，宜结合追肥进行。

7.2　施肥

根据生长情况，每年春季土壤解冻后适时追施复合肥料（N∶P_2O_5∶K_2O＝15∶15∶15）每株 100g，环形沟施。复合肥料应符合 GB/T 15063 的规定，肥料使用应符合 NY/T 496 的规定。

7.3　整形修剪

7.3.1　整形

定植第一年 11 月至翌年 2 月份，离地 70～80cm 定干，在不同的方向选择 3～4 个粗壮侧枝培育成主枝，以后在主枝上再留选 2～3 个壮枝培育成为副主枝，把副主枝上放出的侧枝培育成结果短枝。

7.3.2　修剪

冬季修剪于落叶后至翌年萌芽前进行，主要修剪主、侧枝，剪去病虫枝、枯枝、纤弱枝等，并进行老枝回缩复壮。夏季修剪于 5—8 月进行，主要是摘梢、抹芽和摘心。

7.4　预防倒春寒

每年花期，在倒春寒来临前 2～3d，树体喷施"0.5％红糖＋0.2％尿素"的糖氮液。

7.5　病虫害防治

坚持"预防为主、综合防治"的原则，优先采用农业防治、物理防治和生物防治等措施，配合使用化学防治措施。连翘主要病虫害及防治方法见附录 A。农药使用应符合 GB/T 8321（所有部分）和 NY/T 1276 的要求。

8　采收加工

8.1　采收

青翘于秋季果实初熟尚带绿色时采收；老翘于果实熟透时采收。

8.2　加工

青翘采回后除去杂质，蒸熟，晒干或烘干。老翘采回后去净枝叶，除去种子，晒干或烘干。用水应符合 GB 5749 的规定，连翘质量应符合《中华人民共和国药典》2020 年版一部和四部的规定。

9　生产档案与追溯

建立全程生产记录档案，覆盖生产过程的主要环节，附必要照片或者图像，保证从种苗来源、环境选择、农资物料使用、栽种、田间管理、采收、加工、包装、储运到发运全过程关键环节可追溯。档案保存 3 年以上，以备查阅。

附　录　A
（资料性）
连翘主要病虫害及防治方法

连翘主要病虫害及防治方法见表 A.1。

表 A.1　连翘主要病虫害及防治方法

病虫害名称	危害症状	防治措施
叶斑病	危害叶片。5 月中下旬开始发病，7—8 月进入发病高峰期，高温高湿，通风不良时发病严重	1）合理修剪，疏除冗杂枝和过密枝，使植株保持通风透光； 2）加强肥水管理，注意营养平衡，不可偏施氮肥； 3）发病初期，选用高效低毒的允许使用的杀菌剂，按规定配成药液后作叶面喷施
钻心虫	蛀食枝干木质部，侵害枝干髓心，造成树势衰弱，严重时导致连翘不能开花结果	4 月份用频振式杀虫灯诱杀成虫；6 月上旬人工抹去虫卵；7 月上旬如发现茎秆上有虫孔排出粪便，可用棉球浸蘸高效低毒的允许使用的杀虫剂少许堵塞蛀孔毒杀，亦可将受害枝剪除

附录三　连翘产业技术攻关小组相关文章汇总

野生连翘资源调查与分析

王进明，王瑞娜，范圣此*

（山西振东道地药材开发有限公司，山西长治　047100）

摘要　在对文献资料查阅研究的基础上，选择了具有代表性的连翘野生资源分布地区，对连翘野生资源进行实地调查。结果发现，连翘在采收、炮制加工和采收期等方面存在许多问题，对野生连翘资源的破坏性很大。因此，需要进一步加强野生连翘资源的保护意识及加大人工的抚育力度，以实现野生连翘资源的可持续利用。

关键词　连翘资源；生长环境；花期；采收期；炮制加工

中图分类号： S567　**文献标识码：** A　**文章编号：** 0517-6611（2012）15-08483-02

Resources Survey and Analysis of Wild *Forsythia suspensa*（Thunb.）Vahl

WANG Jin-ming et al

（Shanxi Zhendong Daodi Drugs Development Co.，Ltd.，Changzhi，Shanxi 047100）

Abstract　Based on relevant literatures，representative geographical distribution areas of wild（*Forsythia suspensa*（Thunb.）Vahl）were selected；filed investigation on wild（*Forsythia suspensa*（Thunb.）Vahl）was conducted. Results showed that there were many problems in the collection and processing，which greatly destroyed the wild（*Forsythia suspensa*（Thunb.）Vahl）resources. Therefore，protection and artificial cultivation of wild（*Forsythia suspensa*（Thunb.）Vahl）resources should be further strengthened，so as to realize the sustainable utilization of wild（*Forsythia suspensa*（Thunb.）Vahl）resources.

Key words　（*Forsythia suspensa*（Thunb.）Vahl）；Growth environment；Flowering stage；Collection stage；Processing

连翘为木樨科（Oleaceae）植物连翘（*Forsythia suspensa* (Thunb.) Vahl）的干燥果实，是我国常用的大宗药材。秋季果实初熟尚带绿色时采收，除去杂质后，蒸熟，晒干，习称"青翘"；果实熟透时采收，晒干，除去杂质，习称"老翘"。连翘具有清热解毒、消肿散结和疏散风热之功效[1-5]，能预防和治疗非典、禽流感、甲型H1N1流感等流行性疾病。

连翘除其果实有药用价值以外，近些年也有研究报道连翘叶提取物有抑菌等药理作用，可作茶饮。连翘于每年的3—4月开花，花期长，花量大，花色鲜黄且长久不褪，不仅是一种重要的观赏植物，还是一种资源丰富的黄色食用色素资源。连翘籽可以提炼油脂，营养丰富。连翘根系发达、萌发力强、发丛快，可有效防止水土流失、维持地力，用于小流域治理和荒山绿化效果好，是一种较理想的水土保持灌木。

据统计，连翘的年需求量在6 000t以上，但都以野生采集为主，其中60%以上的连翘资源靠山西供给。为确保连翘资源可持续利用，笔者就连翘资源的主要分布区的炮制方法、采收期等情况进行了调查，旨在为连翘资源保护和可持续利用提供参考意见。

1 调查地区、调查地点的选定

根据连翘野生资源的分布情况和生长特性，确定了连翘野生资源调查工作的重点集中在山西、陕西、河南、湖北和河北5省，海拔高度在800～2 000m，地理位置在E110°～113°，N32°～36°的17个市县地区。

2 连翘植物学特征、野生资源分布状况及生长环境

2.1 植物学特征 连翘属落叶灌木，株高2～3m，茎丛生，枝条细长开展或下垂，小枝浅棕色，梢四棱，节间中空无髓；单叶对生，偶有三出小叶，叶片宽卵形至长卵形，长6～10cm，宽1.5～2.5cm，先端尖或钝，基部宽楔形或圆形，边缘有不整齐的锯齿；花先叶开放，1至数朵簇生于叶腋；花萼四深裂，花冠黄色，裂片4，花冠管内有橘红色条纹；雄蕊2，柱头2裂；蒴果本质，表面散生瘤点，成熟时2裂似鸟嘴；种子多数，有翅。

表1 连翘野生资源调查地点分布

编号	省份	调查地点
1	山西	泽州、陵川、绛县、屯留、安泽、平顺
2	河南	灵宝、嵩县、栾川、卢氏
3	陕西	丹凤、洛南、潼关
4	湖北	郧阳、郧西
5	河北	涉县、井陉

2.2 野生资源分布状况及生长环境 连翘适应性较强，对土壤和气候的要求不严格，在腐殖土及砂砾土中均可生长，喜温暖湿润气候。从野生分布情况来看，连翘多生于海拔250～2 200m半阴半阳的山坡，或向阳山坡的疏灌木丛、林、草丛、山谷或山沟疏林中，在阳光不足处，茎叶生长旺盛，但结果少。

连翘在我国广泛分布于山西、河北、陕西、河南、湖北和四川等省区，其中山西、陕西和河南分布最为集中。在山西，连翘广泛分布于太原市以南的低中山区，其中以中条山、太岳山和吕梁山南段、太行山南段分布最为集中[6-9]；河南连翘广泛分布于伏牛山区、秦岭入河南段（灵宝南部）、崤山、熊耳山和太行山南段；陕西连翘广泛分布于秦岭沿线和蟒岭沿线的中山地带。

3　野生连翘资源的生长状况

不同的海拔高度和坡向，连翘的单株产量和丛高是不同的。阳坡和半阳坡海拔 1 201~1 500m 范围内的连翘的单株结果量都是较高的，以海拔 1 301~1 400m 处的最高；而海拔高于 1 500m 的连翘单株结果量明显降低。阴坡以海拔 1 201~1 300m 的单株结果量最高，随着海拔的增高，产量逐渐降低。植株的丛高在阳坡、半阳坡随海拔的增高而有所增高，阴坡以海拔 1 401~1 500m 处的最高。阳坡和半阳坡的单株结实量高于阴坡，而阴坡的丛高高于阳坡。

土层厚度是影响生长和结果的重要因子。生长在深厚土壤上的连翘种群结果量和丛高都比较高。坡位、坡度也可通过水土等因子的变化对生长结果产生影响。一般阳坡、半阳坡上部的连翘表现较好，但坡位、坡度的影响程度没有海拔、坡向和土层厚度大[10]。

4　连翘的花期调查

由表 2 可知，连翘在 3 月份开始开花，花期持续时间为 40d 左右。从花开始开放到盛花期时间为 5d；盛花期持续 15d；4 月上中旬进入谢花期，4 月 10 日左右花期基本结束。这与罗晓铮等的研究结果基本一致[11]。

表 2　连翘开花时间调查结果

调查地点		开花时间
山西	泽州	3 月中旬—4 月下旬
	陵川	3 月中旬—4 月下旬
	绛县	3 月上中旬—4 月中下旬
	屯留	3 月中旬—4 月下旬
	安泽	3 月中旬—4 月下旬
	平顺	3 月中下旬—5 月上旬
河南	灵宝	3 月上中旬—4 月下旬
	嵩县	3 月上旬—4 月中旬
	栾川	3 月上旬—4 月中旬
	卢氏	3 月上旬—4 月中旬
陕西	丹凤	3 月上旬—4 月中旬
	洛南	3 月上中旬—4 月中旬
	潼关	3 月上旬—4 月中旬
湖北	郧阳	3 月上旬—4 月中旬
	郧西	3 月上旬—4 月中旬
河北	涉县	3 月中下旬—4 月下旬
	井陉	3 月中下旬—4 月下旬

5　连翘的采收期调查

由表 3 可知，百姓在经济利益的影响下基本在 6 月底就已经开始对青翘进行"抢青"，这种现象严重影响了青翘的品质和产量，导致市场上青翘炮制后的产品质量参差不齐，这对青翘的提取物和厂商用量等都产生了不同程度的影响。研究结果表明，连翘酯苷和醇溶性浸出物在6月中旬有1个明显的高峰期，连翘苷含量在7月初有1个明显的高峰期，但连翘百果干重还处在明显的快速增长期，这时采摘青翘，药材的产量较低。进入9月上旬，连翘酯苷、连翘苷和醇溶性浸出物的动态积累出现第2个高峰期，虽然含量没有第1个高峰期高，但这时药材青翘的产量是最大的[12]，因此应当制止青翘采收时间的"抢青"现象，鼓励在8月中下旬—9月上旬进行青翘的采收。

表3　连翘采收时间调查结果

调查地点		采收时间
山西	泽州	青翘：6月下旬、7月初—8月中下旬；老翘：10月以后
	陵川	青翘：7月初—8月中下旬；老翘：10月中下旬后
	绛县	青翘：6月下旬—8月中下旬；老翘：10月以后
	屯留	青翘：7月初—9月初；老翘：10月中下旬
	安泽	青翘：7月底—9月；老翘：10月中下旬~来年连翘花开之前
	平顺	青翘：7月初—8月底；老翘：10月秋收以后~来年春天
河南	灵宝	青翘：6月底—9月中旬；老翘：10月后
	嵩县	青翘：7月初—9月底；老翘：10月以后
	栾川	青翘：8月—9月；老翘：很少有人上山采摘
	卢氏	青翘：7月初—9月底；老翘：10月~来年春天
陕西	丹凤	青翘：7月初—8月底；老翘：10月下旬后
	洛南	青翘：7月初—9月初；老翘：10月中下旬后
	潼关	青翘：7月初—9月中旬；老翘：10月中旬
湖北	郧阳	青翘：7月初—9月中旬；老翘：10月下
	郧西	青翘：7月初—9月底；老翘：10月
河北	涉县	青翘：7月初—9月；老翘：10月上旬
	井陉	青翘：8月初—9月上中旬；老翘：10月

6　青翘的炮制方法比较

由表4可知，目前青翘的主要炮制方法为生晒、烘烤、水煮晒干和气蒸后晒干4种。在连翘中存在分解连翘酯苷的植物酶，青翘的炮制很有必要，生品中由于植物酶的存在，导致生品中连翘酯苷的含量在受热48h后明显降低、稳定性差；而青翘经蒸制后，酶活性被破坏，因而连翘酯苷的稳定性提高[13]；青翘煮法炮制要略优于蒸法，且简单可行，参数可控，重复性良好[14]；由于烘烤法多数用煤炭作为燃料，可能导致炮制后的青翘含硫量超标，将青翘炮制品污染，因此建议在对青翘的加工炮制方法上采用水煮法和气蒸法，使青翘在加工炮制后，外观较油润、有光泽，指标性成分均一、稳定。

表4　青翘的炮制调查结果

调查地点		炮制方法
山西	泽州	卖湿青翘、生晒
	陵川	烘烤、生晒
	绛县	烘烤、水煮后晒干
	屯留	烘烤、生晒、气蒸后晒干、水煮后晒干
	安泽	烘烤、生晒、水煮
	平顺	生晒、烘烤

（续）

调查地点		炮制方法
河南	灵宝	卖湿青翘、生晒
	嵩县	卖湿青翘、生晒
	栾川	卖湿青翘、生晒
	卢氏	生晒、水煮
陕西	丹凤	生晒、烘干
	洛南	生晒、水煮后烘干
	潼关	烘干、水煮后烘干
湖北	郧阳	烘干、生晒
	郧西	生晒、烘干
河北	涉县	生晒、水煮
	井陉	生晒、烘干

7　小结

连翘是我国传统常用大宗中药材，也是现代中成药和植物药的重要原料，中国药材公司 1998 年公布连翘的年需求量为 4 000t。随着连翘新产品的开发，年需求量已增至 6 000t 左右，且主要靠采集野生资源供应市场，由于露地种植占地时间长，因此人工种植连翘资源甚少。目前，野生连翘面临分布面积萎缩、产量逐年减少和产品质量下降等问题，其野生资源安全和用药安全也受到威胁，因此笔者建议：①加强野生资源的管理和保护。发挥政府职能，加大野生连翘资源的保护力度，采取有力措施杜绝滥采滥摘和"抢青"采收，大力保护现有野生资源。②增强农民的资源保护意识。对当地农民进行教育，对采摘方法及保护措施进行全面的培训，提高农民素质，培养自觉保护野生连翘资源的意识。③建立连翘野生资源抚育基地。人工抚育是保护野生资源，解决资源紧缺的根本性措施。相关部门要积极组织农民，因地制宜地采取封山育林、轮采、疏伐、补植、修剪等技术措施，建立野生连翘资源抚育和 GAP 示范基地。采取控制连翘采收期和集中统一加工等措施，提高连翘产品质量，确保用药安全、有效、可控。

—————————————————　参　考　文　献　—————————————————

［1］国家药典委员会．《中华人民共和国药典》1 部［S］．北京：中国医药科技出版社，2010：159.

［2］李晓燕．中药连翘抗菌活性的考察［J］．山东医药工业，1997，16（2）：46.

［3］匡海学．青连翘抗菌活性成分的研究［J］．中药通报，1988，13（7）：32.

［4］张鸿祺．金银花、桂枝、香薷、连翘、芦根、麦冬解热作用的实验报告［J］．山东医刊，1960（10）：22.

［5］山西医学院肝病研究组．甘草、柴胡、连翘对实验性肝损伤的作用［J］．新医药杂志，1973（9）：21.

［6］渠晓霞，毕润成．连翘种群生物学特征与种质资源研究［J］．山西师范大学学报：自然科学版，2004，18（3）：76-80.

［7］茹文明，渠晓霞，侯继琴．太岳林区连翘灌丛群落特征的研究［J］．西北植物学报，2004，24（8）：1462-1467.

［8］山西森林编委会．山西森林［M］．北京：中国林业出版社，1984：27.

［9］中条山树木志编委会．中条山树木志［M］．北京：中国林业出版社，1994：53.

［10］赵雨明，刘学勤．石灰岩山地连翘灌丛的生长结果习性及立地条件对产量的影响［C］//北方植物研究（第一集）．天津：南开大学出版社，1994：186-189.

［11］罗晓铮，董诚明，纪宝玉．连翘开花结实习性与物候期的观测［J］．河南农业科学，2009（5）：105-106.

[12] 陈随清，王三性，董诚明，等 . 连翘果实化学成分积累动态的研究 [J]. 中国中药杂志，2007，32（11）：1096-1097.

[13] 薛智民，张立伟 . 炮制方法对连翘主要化学成分连翘酯苷的影响 [J]. 化学研究与应用，2011，23（5）：606-609.

[14] 赵超，郑伶俐，胡亚刚，等 . 陕西道地药材连翘鲜品蒸煮工艺研究 [J]. 时珍国医国药，2011，22（2）：438-440.

替代对照品法测定连翘中连翘酯苷 A 和连翘苷的含量[*]

许佳¹，姜涛¹，陈廷贵¹，范圣此²，张立伟^{1**}

（1. 山西大学分子科学研究所，太原　030006；

2. 山西振东道地药材开发公司，长治　047199）

摘要　目的：建立 HPLC 替代对照品法同时测量连翘中连翘酯苷 A 和连翘苷的含量。方法：选取连翘苷作为连翘含量测定对照品连翘酯苷 A 的替代对照品，在不同条件下测定替代对照品相对对照品的校正因子，利用校正因子和替代对照品连翘苷进行连翘中连翘酯苷 A 的含量测定。色谱条件：采用 Agilent ZORBAX SB-C$_{18(2)}$（5μm，4.6mm×250mm）色谱柱，以乙腈（A）-0.3％的醋酸水溶液（B）为流动相，梯度洗脱 [0～5min，A-B（15∶85）→A-B（17∶83）；5～10min，A-B（17∶83）→A-B（20∶80）；10～15min，A-B（20∶80）→A-B（23∶77）；15～20min，A-B（23∶77）→A-B（25∶75）]，流速 0.8mL·min^{-1}，柱温 25℃，检测波长 230nm。结果：连翘酯苷 A 和连翘苷进样浓度分别在 0.08～0.62mg·mL^{-1}（r=0.999 5）和 0.012～0.08mg·mL^{-1}（r=0.999 5）内与峰面积呈良好的线性关系，测得校正因子 f=0.476 1，用替代对照测定方法测得回收率（n=6）为 99.20％。结论：本法使用替代对照品法测定了连翘中连翘酯苷 A 的含量，结果证明了替代对照品法用于连翘药材质量控制可行、实用。

关键词　连翘；连翘酯苷 A；连翘苷；替代对照品法；相对校正因子；高效液相色谱法

中图分类号：R917　　　**文献标识码：**A　　　**文章编号：**0254-1793（2013）10-1792-04

Determination of forsythoside A and forsythin in Forsythiae Fructus by substitute reference substance[*]

XU Jia¹，JIANG Tao¹，CHEN Ting-gui¹，FAN Sheng-ci²，ZHANG Li-wei^{1**}

（1. The Institute of Molecular Science，Shanxi University，Taiyuan 030006，China；

2. Shanxi Zhendong Geoherbs Company，Changzhi 047199，China）

Abstract Objective：To establish an HPLC method for determination of forsythoside A and forsythin in Forsythiae Fructus by substitute reference substance. Methods：Forsythin was selected as the substitute reference substance for the reference substance forsythoside A for determination of Forsythiae Fructus. The correction factor was measured of forsythoside A and forsythin under different conditions. The content of forsythoside A in Forsythiae Fructus was determined by the substitute reference substance and the correct factor. Chromatographic conditions：Agilent ZORBAX SB-C$_{18(2)}$ （5μm，4.6mm×250mm） column was adopted，the mobile phase consisted of acetonitrile (A) -0.3% acetic acid solution (B) with gradient elution ［0-5min，A-B （15：85） →A-B （17：83）；5-10min，A-B （17：83） →A-B （20：80）；10-15min，A-B （20：80） →A-B （23：77）；15-20min，A-B （23：77） →A-B （25：75） ］ was at the flow rate of 0.8mL·min^{-1}，the column temperature was 25℃，and the detection wavelength was 230nm. Results：The linear response ranges of forsythoside A and forsythin were 0.08-0.62mg·mL^{-1} （$r=0.9995$） and 0.012-0.08mg·mL^{-1} （$r=0.9995$），respectively. The correction factor （f） was 0.4761. The average recovery （$n=6$） was 99.20%. Conclusion：The substitute reference substance is adopted in HPLC determination of Forsythiae Fructus. The assay demonstrates that the method is feasible and useful for quality control of Forsythiae Fructus.

Key words：Forsythiae Fructus；forsythoside A；forsythin；substitute reference substance；related correction factor；HPLC

连翘为木樨科植物连翘 *Forsythia suspense* （Thunb.） Vahl 的干燥果实，是一味常用中药。秋季果实初熟尚带绿色时采收，除去杂质，蒸熟，晒干，习称"青翘"；果实熟透时采收，晒干，除去杂质，习称"老翘"[1]。一直以来，包括2005年版中国药典在内，都是以连翘苷作为连翘药材的质量控制指标，2010年版中国药典已将抗菌、抗病毒活性成分连翘酯苷A纳入质量控制指标，但标准中的连翘酯苷A和连翘苷的含量测定为分别测定，此外，由于连翘酯苷A对照品极不稳定，且价格昂贵不易得到，因此，使用2010年版中国药典测定方法给连翘的质量控制带来很大的不便[2]。

替代对照品法或称"一测多评"法[3-7]，是解决中药多指标含量测定面临的对照品缺乏和对照品费用压力的思路之一[8]。目前孔晶晶[2]等人提出了用"一测多评"的方法测定连翘中多种不同类型成分的含量，进而控制连翘的质量，但是梯度洗脱时间较长，不能实现快速检测。因此，本文建立以连翘苷作为内参物，采用"一测多评"方法同步测定连翘中苯乙醇苷类成分连翘酯苷A和木脂素类成分连翘苷2个有效化学成分含量，该方法能有效控制药材质量，大幅度降低检测成本和检测时间，提高方法的实用性。

1 仪器和试药

Agilent 1200 高效液相色谱仪，Chem Station 工作站，Sarturius-BS110S 分析天平（北京赛多利斯天平有限公司），SK22OOH 超声波提取器（上海科导超声仪器有限公司）。

对照品连翘苷（批号 110821-201112）、连翘酯苷A（批号 111810-201102）均购于中国食品药品检定研究院。乙腈、冰醋酸均为色谱纯，天津市科密化学试剂开发中心；其他试剂均为分析纯，所用水为娃哈哈纯净水。连翘药材，2011年8月采购于山西安泽、沁水、陵川、平顺等地，经山西大学秦雪梅教授鉴定为木樨科植物连翘 *Forsythia suspense* （Thunb.） Vahl 的干燥果实。

2 方法和结果

2.1 色谱条件 色谱柱：Agilent ZORBAX SB-C$_{18}$ （2）（5μm，4.6mm×250mm）；流动相：乙腈（A）-

0.3%的醋酸水溶液（B），梯度洗脱［0～5min，A-B（15∶85）→A-B（17∶83）；5～10min，A-B（17∶83）→A-B（20∶80）；10～15min，A-B（20∶80）→A-B（23∶77）；15～20min，A-B（23∶77）→A-B（25∶75）］；流速：0.8mL·min^{-1}；柱温：25℃；检测波长：230nm；进样量：10μL。在该色谱条件下，连翘药材中各组分分离度良好，色谱图见图1。

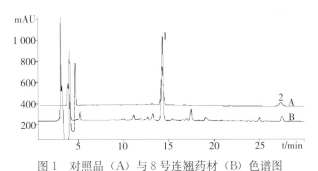

图1 对照品（A）与8号连翘药材（B）色谱图

Fig 1 HPLC of reference substances（A）and sample No. 8（B）

1. 连翘酯苷 A（forsythoside A） 2. 连翘苷（forsythin）

2.2 对照品溶液的制备 精密称取对照品连翘酯苷 A 4.00mg、连翘苷 10.30mg，分别置于 5mL 量瓶中，用甲醇溶解并定容至刻度，得到浓度为 2.06mg·mL^{-1} 的连翘酯苷 A 母液（临用时配制）和浓度为 0.80mg·mL^{-1} 的连翘苷母液。

2.3 供试品溶液的制备 取连翘药材于 60℃干燥 40min，粉碎，过 3 号筛，取本品粉末约 0.5g，精密称定，置具塞锥形瓶中，精密加入 70%甲醇 15mL，称定重量，超声处理（功率 250W，频率 40kHz）30min，放冷，再称定重量，用 70%甲醇补足减失的重量，摇匀，滤过，取续滤液 0.8mL，置于 5mL 量瓶中，用 70%的甲醇定容至刻度，即得。

2.4 线性和范围 按表 1 取连翘酯苷 A 母液（临用时配制）和连翘苷母液，置于 5mL 量瓶中，用甲醇补足，配制成不同浓度的混合对照品溶液（临用时配制，并于 4℃冰箱中保存）。精密吸取混合对照品溶液 10μL，注入液相色谱仪，平行进样 2 次，以进样浓度对峰面积积分值进行回归，连翘酯苷 A 和连翘苷的回归方程分别为：

$$Y = 1.549 \times 10^4 X + 230.0 \quad r = 0.999\,5$$
$$Y = 3.742 \times 10^4 X - 90.16 \quad r = 0.999\,5$$

线性范围分别为 0.08～0.62、0.012～0.08mg·mL^{-1}。

2.5 校正因子计算 以连翘苷为内参物，计算连翘酯苷 A 对连翘苷的相对较正因子，得出相对校正因子为 0.476 1（RSD=2.6%，n=10）。

2.6 精密度试验 精密吸取同一供试品溶液 10μL 于同 1d 内连续进样 5 次，记录连翘酯苷 A 和连翘苷的峰面积，计算 RSD，得出日内精密度分别为 1.6%和 1.5%；精密吸取同一供试品溶液 10μL 连续进样 3d，每天 3 次，记录峰面积，计算 RSD，连翘酯苷 A 和连翘苷日间精密度分别为 2.8%和 1.9%。表明仪器较为稳定。

表 1 混合溶液配制方法

Tab 1 The constituents of mixed solution

序号 （No.）	连翘酯苷 A 母液体积 （the volume of forsythoside A）/mL	连翘苷母液体积 （the volume of forsythin）/mL	混合液浓度（the concentration of mixed solution）/mg·mL^{-1}	
			连翘酯苷 A （forsythoside A）	连翘苷 （forsythin）
1	0.2	0.1	0.08	0.02
2	0.4	0.2	0.16	0.03

（续）

序号 (No.)	连翘酯苷 A 母液体积 (the volume of forsythoside A) /mL	连翘苷母液体积 (the volume of forsythin) /mL	混合液浓度（the concentration of mixed solution）/mg·mL^{-1}	
			连翘酯苷 A (forsythoside A)	连翘苷 (forsythin)
3	0.6	0.3	0.25	0.05
4	0.8	0.4	0.33	0.06
5	1.0	0.5	0.41	0.08
6	1.5	0.6	0.62	0.10

2.7 稳定性试验 精密吸取同一供试品溶液 10μL，分别于 0、1、2、4、8、12、24h 后进行 HPLC 分析，记录峰面积。连翘酯苷 A 和连翘苷稳定性的 RSD 分别为 1.9% 和 0.5%，说明供试品溶液在 24h 内基本稳定。

2.8 重复性试验 按"2.3"项下方法平行制备供试品溶液 6 份，按"2.1"项下色谱条件分析，得出连翘酯苷 A 和连翘苷平均含量为 7.69% 和 0.21%，RSD 分别为 2.3% 和 4.8%。

2.9 回收率试验 取 2 号样品粉末 0.25g 共 6 份，精密称定，置具塞锥形瓶中，精密加入 70% 甲醇 15mL，再分别精密加入 6.64mg·mL^{-1} 连翘酯苷 A 对照品溶液 2.5mL，0.65mg·mL^{-1} 连翘苷对照品溶液 1mL，按"2.3"项下方法制备供试溶液，进行测定并计算连翘酯苷 A、连翘苷平均回收率 ($n=6$) 分别为 99.2% 和 98.3%，RSD 分别为 1.3% 和 1.8%。

2.10 校正因子重现性考察

2.10.1 色谱柱及高效液相色谱仪考察 实验考察了戴安高效液相色谱系统、Agilent 1100 高效液相色谱系统、Waters 高效液相色谱系统和岛津高效液相色谱系统，每种型号的仪器各 2 台，分别试用了 Shim-pack VP-ODS (5μm，4.6mm×250nm) 色谱柱、Agela Technologles Venusil XBP C$_{18}$ (2) (5μm，4.6mm×250nm) 色谱柱以及 Agilent ZORBAX SB-C$_{18}$ (2) (5μm，4.6mm×250nm) 色谱柱 3 种色谱柱。其中，不同仪器所得相对校正因子在 0.473 0~0.538 4，RSD 为 7.4%。

2.10.2 待测组分色谱峰的定位 通过标定连翘苷的保留时间，利用连翘酯苷 A 对于连翘苷的相对保留时间，即可对连翘酯苷 A 的色谱峰进行定位，考察此参数在不同品牌仪器和不同规格色谱柱中的重现性，连翘酯苷 A 对连翘苷的相对保留时间在 0.498 9~0.515 1，RSD 为 1.6%。

2.11 替代对照品法与标准曲线法结果比较 分别精密吸取不同批次药材供试品溶液各 10μL 注入高效液相色谱仪，平行测定 2 次。采用标准曲线和替代对照品法计算连翘药材中连翘酯苷 A 和连翘苷的含量，结果见表 2。比较 2 种方法所得到的连翘酯苷 A 的含量值，其相对误差在 1.3%~4.9%，表明 2 种含量测定方法得到的含量值无显著性差异，替代对照品法应用于连翘中不同成分的含量测定可行。

表 2 标准曲线法和替代对照品法测定连翘中连翘酯苷 A 的含量（%）

Tab 2 Contents of forsythoside A in forsythia suspense by
calibration curve method and chemical reference substance method

批次 (Lot No.)	产地 (production area)	标准曲线法 (the method of standard curve)	替代对照品法 (the method of chemical reference substance)	RAD
1	山西安泽县（Anze，Shanxi）	2.42	2.63	4.2
2	山西安泽县府城镇（Fucheng town of Anze，Shanxi）	6.12	6.65	4.1
3	山西安泽县唐城镇（Tangcheng town of Anzen，Shanxi）	8.00	7.79	1.3
4	山西安泽县良马乡（Liangma countryside of Anzen，Shanxi）	4.54	4.99	4.7

（续）

批次 (Lot No.)	产地 (production area)	标准曲线法 (the method of standard curve)	替代对照品法 (the method of chemical reference substance)	RAD
5	山西省平顺县岩城（Yancheng town of Pingshun，Shanxi）	5.89	6.39	4.1
6	山西省平顺县虹梯头（Hongtitou town of Pingshun，Shanxi）	4.65	5.13	4.9
7	山西省平顺县羊老岩（Yanglaoyan town of Pingshun，Shanxi）	5.38	5.74	3.2
8	山西省陵川县六泉乡东双脑村 （Dongshuangnao village，Liuquan countryside of Lingchuan，Shanxi）	7.69	8.13	2.8
9	山西省陵川县六泉乡沙场村 （Shachang village，Liuquan countryside of Lingchuan，Shanxi）	7.64	8.21	3.6
10	山西沁水县（Qinshui，Shanxi）	3.04	3.30	4.1

3 讨论

3.1 由于连翘酯苷 A 对光、热稳定性较差，实验选择超声提取方法制备连翘药材供试品溶液。在查阅文献、借鉴前人研究基础上[9-11]，本实验选用 100％甲醇、70％甲醇、50％甲醇、100％水作为提取溶剂进行提取，提取方法考察了 80℃回流提取 1h 和超声 0.5h，结果以体积分数 70％甲醇作为溶剂，超声提取 0.5h，目标成分的提取率较高，分离度较好，干扰的杂质峰较少，而且方法简单，成本较低，故本实验选用体积分数 70％甲醇超声 0.5h 的方法制备供试品溶液。

3.2 本实验考察了甲醇-水、甲醇-0.3％醋酸水溶液、乙腈-水（用醋酸调节 pH 至 3.8）、乙腈-水、乙腈-0.3％醋酸水溶液等不同的流动相系统，最终选择了乙腈-0.3％醋酸水溶液作为流动相；然后对该流动相的梯度洗脱时间进行考察，最终确定了本实验的流动相系统目标峰分离度较好，且重复性好。流动相中加入冰醋酸，可以改善分离效果，防止拖尾，使峰形尖锐、对称。

3.3 连翘酯苷 A 在吸收波长 219、245、290 和 329nm 处有 4 个吸收峰，连翘苷在 229 和 277nm 有 2 个吸收峰，并且连翘酯苷 A 和连翘苷在吸收波长为 230nm 时吸收强度均较大，因此初步确定检测波长为 230nm，通过液相色谱分析考察，发现以检测波长为 230nm 时，连翘酯苷 A 和连翘苷与其他峰分离度好，基线平稳，因此，将检测波长定为 230nm。

3.3 本实验以连翘苷为参照物，根据连翘酯苷 A 与内参物连翘苷峰之间的相对保留时间，结合各峰的紫外吸收特征、峰形等信息，即能够正确判断出连翘酯苷 A 的准确位置，由此表明，利用上述方法进行峰的定位是可行的。

3.4 建立连翘中不同类成分的相对校正因子评价过程中，考察了不同色谱柱、不同液相色谱仪器影响，结果表明相对校正因子会随着色谱柱和色谱仪器不同而有较小的变化，该变化可能与不同型号的设备的紫外检测器检测波长精度有相关性[12]。

3.5 本实验建立了连翘的替代对照品法，同时检测连翘酯苷 A、连翘苷。连翘酯苷 A、连翘苷为连翘中的特征性成分，考虑到连翘酯苷 A 稳定性差且不易得到，因此选择连翘苷为内参物，体现了替代对照品方法的简便、易操作、低成本。通过实验结果可以看出，替代对照品法与标准曲线法测定的连翘酯苷 A 的含量相差不大，因此在缺少连翘酯苷 A 对照品的情况下，可以通过一测多评的方法来评价连翘药材的质量，该方法简便、易操作且成本较低。

参 考 文 献

[1] ChP（中国药典）[S]. 2010. Vol I（一部）：285.

［2］ KONG Jing-jing（孔晶晶），ZHU Jing-jing（朱晶晶），WANG Zhi-min（王智民），et al. Quantitative analysis of polytype components in *Forsythia suspense* by QAMS method（一测多评法测定连翘中多种不同类型成分的含量）［J］. Chin Pharm J（中国药学杂志），2010，45（7）：1301.

［3］ XIE Yuan-chao（谢元超），JIN Shao-hong（金少鸿）. Determination of Radix Salviae Miltiorrhizae and compound Danshen tablets by substitute reference substance（替代对照品法用于丹参和复方丹参片含量测定的研究）［J］. Chin J Pharm Anal（药物分析杂志），2007，27（4）：497.

［4］ HE Huan（何欢），MA Shuang-cheng（马双成），ZHANG Qi-ming（张启明）. Simultaneous determination by HPLC of 6 compoments in zedoary turmeric oil and its related injections with replacement method of chemical reference substance（HPLC 替代对照品法同时测定莪术油及其注射液中 6 种成分的含量）［J］. Chin J Pharm Anal（药物分析杂志），2009，29（11）：1892.

［5］ WEI Feng（魏锋），LI Qi-yan（李启艳），MA Ling-yun（马羚云）. Simultaneous determination of 6 iosflavones in traditional Chinese medicine and functional foods with replacement method of chemical reference substance（对照品替代法同时测定中药和保健食品中 6 种大豆异黄酮类成分的含量）［J］. Chin J Pharm Anal（药物分析杂志），2009，29（5）：725.

［6］ WANG Zhi-min（王智民），QIAN Zhong-zhi（钱忠直），ZHANGQi-wei（张启伟），et al. The technical guidelines to the establishment of the method of QAMS（一测多评法建立的技术指南）［J］. China J Chin Mater Med（中国中药杂志），2011，36（6）：657.

［7］ WANG Zhi-min（王智民），GAO Hui-min（高慧敏），FU Xue-tao（付雪涛）. Multi-components quantitation by one marker new method for quality evaluation of Chinese herbal medicine（"一测多评"法中药质量评价模式方法学研究）［J］. China J Chin Mater Med（中国中药杂志），2006，31（23）：1925.

［8］ XU Jia（许佳），JIN Hong-yu（金红宇），SUN Lei（孙磊）. Determination of loureirin A and loureirin B in *Dracaena cochinchinensis* by substitute reference substance（替代对照品法测定龙血竭原料中龙血素 A 和 B 的含量）［J］. Chin J Pharm Anal（药物分析杂志），2011，31（11）：2085.

［9］ FANG Cui-fen（方翠芬），JING Hui（靖会），LI Jiao-she（李教社）. Determination of forsythoside A in merchant *Forsythia suspensa* by HPLC（HPLC 法测定市售连翘中连翘酯苷的含量）［J］. *Chin Pharm Aff*（中国药事），2003，17（12）：760.

［10］ PEI Xiang-ping（裴香萍），ZHANG Shu-rong（张淑蓉），YAN Yan（闫艳）. Determination of phillyrin, forsythiaside and rutin in Fructus Forsythiae gathered in different periods（不同采收期青翘中连翘苷、连翘酯苷和芦丁的含量测定）［J］. Chin Pharm Aff（中国药事），2011，25（5）：438.

［11］ XIA Bo-hou（夏伯侯），ZHU Jing-jing（朱晶晶），WANG Zhi-min（王 智 民）. Quantitative determination of forsythiaside in *Forsythia suspensa*（连翘药材新增定量标准研究）［J］. China J Chin Mater Med（中国中药杂志），2010，35（16）：2110.

［12］ LI Cong（李聪）. The calculation and application of correction factors of UV detector（紫外检测器定量校正因子的性质与实用性探讨）［J］. Chin J Chromatogr（色谱），1990，8（4）：254.

连翘药材化学成分指纹图谱研究

麻秀芳，李香串，王进东，王喜明

（山西省医药与生命科学研究院，山西　太原　030012）

摘要　以山西省绛县种植的连翘为研究对象，研究其高效液相色谱指纹图谱。结果表明：1）供试的 8 种样品共有 18 个共有峰，且指纹图谱相似度均在 0.90 以上，说明各来源地样品虽然存在差异，但同时也具有较好的相关性。2）样品 2，样品 3，样品 4 中各活性成分含量相对较高；样品 6，样品 7，样品 8 中各活性成分含量相对较低，提示连翘药材在种植时应选择在阳坡或河槽边。

关键词　连翘药材；化学成分；指纹图谱；液相色谱

中图分类号：S685.24　　　**文献标识码：**A　　　**文章编号：**1007-726X（2011）01-0001-04

Study on the Fingerprints of Chemical Constituents in Fructus forsythiae

Ma Xiufang Li Xiangchuan Wang Jindong Wang Ximing

(Institute of Medicine and Life Sciences of Shanxi Province　030012 Taiyuan，China)

Abstract：With Fructus forsy thiae of Jiang County in Shanxi province as the research object Its HPLC fingerprint spectrum was studied. The results showed that：1）There were 18 of peaks in 8 samples and their similarity was over 0.90，indicating that samples from different origin places have good corre lation each other. 2）In sample2，3and4，the contents of active constituents were high，whereas sample 6，7 and 8low，suggesting that Fructus forsy thiae should be planted on sunny slope or beside river.

Key words：Fructus fo rsythiae；chemical constituent；fingerprint spectrum；HPLC

　　色谱指纹图谱技术是国际公认的能有效控制天然产物内在质量的技术，我国将扩大指纹图谱技术在中药质量控制中的应用作为落实标准化建设的重要内容之一。目前，连翘药材及其制剂的液相色谱质量控制方法多以 1 个或者几个有效成分的含量测定为主。而用高效液相色谱（HPLC）指纹图谱可从整体上控制连翘的质量，以鉴别真伪和评定药材优劣。本研究以山西省绛县 GAP（good agriculture practice）示范基地种植的连翘为研究对象，进行 HPLC 图谱研究，为连翘药材的 GAP 生产及相关产品的质量控制提供理论支持。

1 材料与方法

1.1 试验仪器与药品

试验所用仪器为美国 Agilent1200 高效液相色谱仪 AgilentG1314B 检测器及 AgilentChemstation 色谱工作站。试验所用色谱级乙腈购自天津科密欧化学试剂有限公司，水为高纯水，其他试剂为分析纯。芦丁、连翘苷、连翘酯苷对照品均购于中国药品生物制品检定所。

1.2 试验材料

从绛县 GAP 示范基地选取 8 块生境不同的样地采集 8 种样品，见表 1。

表 1 8 种连翘药材的来源地

编号	海拔/m	生境
1	1 200～1 300	阴坡
2	1 200～1 300	阳坡
3	1 300～1 400	二阳坡
4	1 100～1 200	河槽边
5	1 300～1 400	七沟沟东叉
6	1 300～1 400	七沟阴坡
7	1 400～1 500	柴沟东后叉
8	1 300	苍子沟

1.3 色谱条件

色谱柱：Thermo Hypersil GOLD C_{18}（250mm×4.6mm，$5\mu m$）。

流动相：A 为高纯水（含 1% 醋酸），B 为乙腈（含 1% 醋酸）。

梯度洗脱条件：线性梯度 0min～3min，0% B；3min～9min，0%～5% B；9min～22min，5%～10%B；22min～30min，10.0%～12.5% B；30min～45min，12.5%～15.0% B；45min～60min，15%～20% B；60min～70min，20%～25% B；70min～80min，25%～30% B；80min～90min，30%～35% B。

流速：1.0mL/min。

检测波长为 265nm，柱温 30℃，进样量 $20\mu L$。

1.4 参照物溶液的制备

分别称取连翘酯苷 15mg；连翘苷 2mg；芦丁 9mg 于 3 个 10mL 的容量瓶中，用甲醇溶解并定容，摇匀备用。

1.5 供试品溶液的制备

分别取连翘药材于 60℃ 干燥 40min，研碎后各称取 10g，加水 200mL，回流提取 2h。过滤后向残渣中加水 120mL 继续回流 1.5h。合并两次滤液，减压浓缩至 80mL，加乙醇使其含醇量为 80%（V/V），于 6℃ 中冷藏 24h，再次过滤，回收乙醇至无醇味，得到样品液。样品液用高纯水定容至 100mL 摇匀，作为供试品溶液。

1.6 测定方法

分别精密吸取参照物溶液和供试品溶液各 $20\mu L$，注入液相色谱仪，按色谱条件进行试验，记录 90min 的色谱图。供试品色谱图中，以连翘苷色谱峰（S 峰）的保留时间和峰面积为 1，计算各峰的相对保留时间和相对峰面积。

2　结果与分析

2.1　方法学考察

为考察分析方法的可靠性，以一批药材为供试品，对仪器精密度、方法的重复性和稳定性进行考察。

2.1.1　精密度试验

取连翘药材，按供试品溶液制备方法制成供试品溶液，连续进样 5 次，记录色谱图。分别对共有峰的相对保留时间和相对峰面积进行考察。结果表明，各共有峰的相对保留时间 RSD 小于 0.08%，相对峰面积 RSD 小于 3%，符合指纹图谱分析要求。

2.1.2　重复性试验

取同一种连翘药材 5 份，分别按供试品溶液制备方法制得供试品溶液，进行色谱分析，记录色谱图。对共有峰的相对保留时间和相对峰面积进行考察。结果表明，各共有峰的相对保留时间 RSD 小于 0.2%，相对峰面积 RSD 小于 3%，符合指纹图谱分析要求。

2.1.3　稳定性试验

取重复性试验下供试样品溶液，分别在 0h、2h、4h、6h、24h 检测，记录色谱图。对共有峰的相对保留时间和相对峰面积进行考察。结果表明，各共有峰的相对保留时间 RSD 小于 0.2%，相对峰面积 RSD 小于 3%，表明供试品溶液在 24h 内基本稳定。

2.2　连翘药材 HPLC 指纹图谱相似性评价

2.2.1　共有峰的标定

按试验设定的色谱条件分别对 8 种连翘样品的供试品进行试验，记录色谱图（图 1）。

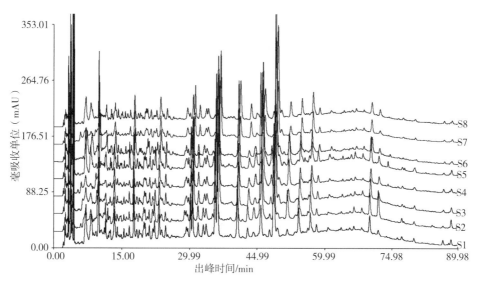

图 1　8 种连翘样品的 HPLC 指纹图谱

由图 1 可知，8 种连翘样品有共有峰 18 个，其中 S 峰为参照物连翘苷的峰，其他峰分别编号为 1～17 结果见表 2。

表 2　连翘 HPLC 图谱的 18 个峰值结果统计

编号	相对保留时间	相对峰值面积
1	0.130 5	0.008～0.035
2	0.169 2	0.116～0.234

（续）

编号	相对保留时间	相对峰值面积
3	0.185 7	0.146～0.264
4	0.283 6	0.017～0.136
5	0.326 2	0.012～0.029
6	0.345 8	0.512～0.746
7	0.400 4	0.142～0.217
8	0.455 3	0.113～0.229
9	0.503 2	0.024～0.049
10	0.532 0	0.034～0.058
S	1.000 0	1.000
11	0.670 8	0.016～0.037
12	0.704 2	0.035～0.043
13	0.801 5	0.018～0.145
14	0.883 5	0.024～0.049
15	0.919 1	0.032～0.117
16	1.210 0	0.016～0.035
17	1.230 4	0.024～0.053

由于相对保留时间的波动范围非常小，所以只标定峰面积比值的范围。

2.2.2 不同来源地连翘药材指纹图谱相似性评价

利用"中药指纹图谱计算机辅助相似度软件"，经过数据导入，峰点校正和数据匹配，以中位数法建立对照指纹图谱。根据峰匹配结果，以峰面积为参数，计算出待测指纹图谱与对照图谱的整体相似度，结果越接近 1 表明相似度越高。考虑各种因素对连翘药材质量的影响，规定连翘药材与对照指纹图谱相似度应不低于 0.90. 结果表明，8 种样品的相似度均在 0.90 以上。具体计算结果如下：1 号：0.921；2 号：0.929；3 号：0.962；4 号：0.955；5 号：0.968；6 号：0.960；7 号：0.904；8 号：0.923。

2.3 不同来源地连翘药材主要活性成分含量

对 8 种样品中主要活性成分含量进行分析对比，选择了连翘酯苷、连翘苷和芦丁作为对比指标。将以上 3 种对照品溶液分别进行 HPLC 分析（图 2，图 3，图 4）并将保留时间与样品各指纹峰进行对比，确认了 3 个峰的归属。样品的峰面积见表 3。

由于 8 种样品在制备供试品溶液时方法一样，取样量也一样，因此，从对应的峰面积大小就可判断出相应活性成分含量的高低。由表 3 可知，连翘酯苷含量由大到小依次为样品 3＞样品 1＞样品 2＞样品 5＞样品 4＞样品 8＞样品 6＞样品 7；连翘苷含量由大到小依次为样品 5＞样品 3＞样品 2＞样品 4＞样品 6＞样品 1＞样品 8＞样品 7；芦丁含量由大到小依次为样品 2＞样品 5＞样品 4＞样品 3＞样品 6＞样品 1＞样品 8＞样品 7. 综合 3 种成分的含量，认为样品 2，样品 3，样品 4 中各活性成分含量相对较高，样品 6，样品 7，样品 8 中各活性成

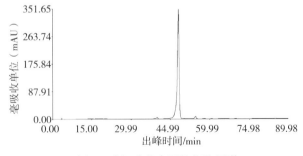

图 2　连翘酯苷参照物指纹图谱

分含量相对较低。

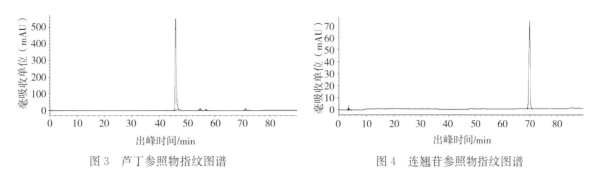

图3 芦丁参照物指纹图谱　　　　　　　　　图4 连翘苷参照物指纹图谱

表3　8种样品主要活性成分的峰面积

	连翘酯苷峰面积	连翘苷峰面积	芦丁峰面积
连翘酯苷对照品	16 960.7	—	—
芦丁对照品	—	—	15 221.9
连翘苷对照品	—	2 338.9	—
样品1	4 440.6	1 977.1	2 632.9
样品2	4 417.2	2 299.8	8 556.5
样品3	4 573.2	2 565.5	3 977.9
样品4	1 553.4	2 256.2	6 501.1
样品5	2 079.3	2 712.6	6 639.2
样品6	824.4	1 992.8	3 737.7
样品7	506.7	1 273.4	409.8
样品8	1 156.8	1 954.4	623.8

3　结论

利用梯度洗脱的方法使连翘药材得到了较好的分离。通过对8种连翘样品的指纹图谱分析，发现其峰面积差异较大，但整体特征相似，由此标定了18个共有峰，非共有峰面积占总峰的10％以下。同时计算出这些药材的指纹图谱相似度均在0.90以上，说明各来源地虽然存在差异，但同时也具有较好的相关性。对8种连翘样品中主要活性成分含量进行了分析对比，结果表明，样品2，样品3，样品4中各活性成分含量相对较高，样品6，样品7，样品8中各活性成分含量相对较低，提示连翘药材在种植时应选择在阳坡或河槽边。

参 考 文 献

［1］王丽峰．高效液相色谱在中草药质量控制中的应用［D］．成都：西南大学，2009.
［2］崔洋，王巧，张兰桐，等．河北道地药材连翘的高效液相色谱指纹图谱研究［J］．中草药，2010（2）：297-301.
［3］于永军，李俊松，蔡皓，等．川乌炮制前后高效液相色谱指纹图谱比较研究［J］．中华中医药学刊，2009（11）：2456-2458.

连翘挥发油化学成分、药理作用及其开发利用研究进展△

强亭燕[1]，李香串[2]，房信胜[3]，温春秀[4]，范圣此[1*]

1. 河北大学　中医学院，河北　保定 071000；
2. 山西省医药与生命科学研究院　药用植物栽培育种研究室，山西　太原 030006；
3. 作物生物学国家重点实验室/山东农业大学　农学院，山东　泰安 271018；
4. 河北省农林科学院　经济作物研究所，河北　石家庄 050051

摘要　连翘作为我国常用大宗中药材，具有清热解毒、消肿散结、疏散风热的功效。现代药理学研究表明，挥发油是连翘发挥药理作用的主要物质基础之一。连翘挥发油包含众多不同类型的化学成分，如萜类、烷烃类、烯烃类、醇类、醛类、酮类等，具有解热镇痛、抗炎、抗菌、抗病毒、抗氧化、抗肿瘤等广泛的药理活性。因此，连翘挥发油开发利用前景广阔，在医药、仓储防护、食品保鲜、化工及化妆品行业中均展现出较高的开发利用价值。基于对连翘挥发油研究进展的总结，对其化学成分、药理作用及开发利用现状等方面进行综述，并对其发展前景进行展望，以期为连翘质量控制及连翘挥发油的深入研究、开发和利用提供参考。

关键词　连翘；挥发油；化学成分；药理作用；开发利用

中图分类号： R282.71　**文献标识码：** A　**文章编号：** 1673-4890（2024）03-0566-12
doi：10.13313/j.issn.1673-4890.20230912003

Research Progress on Chemical Compositions, Pharmacological Effects, Development and Utilization of Volatile Oil from *Forsythia suspensa* (Thunb.) Vahl

QIANG Ting-yan[1], LI Xiang-chuan[2], FANG Xin-sheng[3],
WEN Chun-xiu[4], FAN Sheng-ci[1*]

1. College of Traditional Chinese Medicine, Hebei University, Baoding 071000, China;
2. Shanxi Institute of Medicine and Life Science, Taiyuan 030006, China;
3. State Key Laboratory of Crop Biology/College of Agronomy, Shandong Agricultural University, Taian 271018, China;

4. Institute of Cash Crops，Hebei Academy of Agriculture and Forestry Sciences，Shijiazhuang 050051，China

Abstract：As a commonly used bulk traditional Chinese medicinal material in China，Forsythiae Fructus possesses a variety of effects，such as clearing heat and detoxifying，reducing swelling and removing stasis，and dispersing wind-heat. Modern pharmacological studies have shown that volatile oil is one of the main substances for the pharmacological effects of Forsythiae Fructus. The volatile oil from *Forsythia suspensa* （Thunb. ） Vahl contains many different types of chemical compositions，such as terpenoids，alkanes，olefins，alcohols，aldehydes，and ketones，which exhibit a wide range of pharmacological effects，including antipyretic，analgesic，anti-inflammatory，antibacterial，antiviral，antioxidant，and antitumor properties. Therefore，the development and utilization prospects of volatile oil from *F. suspensa* are promising，with good development and utilization values in the pharmaceutical，storage protection，food preservation，chemical industry，and cosmetics. Based on the summary of research progress on the volatile oil of *F. suspensa*，this paper comprehensively reviews its chemical compositions，pharmacological effects，current development and utilization status，and development prospects. Our work may provide a reference for the quality control of Forsythiae Fructus and for the in-depth research，development，and utilization of *F. suspensa* volatile oil.

Keywords：*Forsythia suspensa* （Thunb. ） Vahl；volatile oil；chemical compositions；pharmacological effects；development and utilization

连翘为木犀科植物连翘 *Forsythia suspensa*（Thunb.） Vahl 的干燥果实，味苦，性微寒，归肺、心、小肠经，具有清热解毒、消肿散结、疏散风热的功效[1]。连翘始载于《神农本草经》[2]，被视为"疮家圣药"，广泛应用于双黄连注射液[3]、银翘解毒片[4]、连花清瘟胶囊[5]等中成药制剂。连翘主产于河北、山西、陕西、河南等省，在秋季果实初熟尚带绿色时采收，除去杂质，蒸熟，晒干，习称青翘；等到果实熟透时采收，晒干，除去杂质，则为老翘[1]。除了传统的果实可以入药外，连翘的茎、叶、花和根也为民间医学所用[6-9]。

目前，已经从连翘中分离鉴定出 200 多个化学成分，包括苯乙醇及其苷、木脂素、黄酮、萜、生物碱和挥发油等[10-12]。其中，挥发油是连翘发挥药理作用的物质基础之一，主要成分包括 α-蒎烯、β-蒎烯、香桧烯和松油烯-4-醇等[13-15]，具有抗病毒[16]、抗菌[17]、抗氧化[18]、抗炎[19]、解热[20]、抗肿瘤[21]等功效。《中华人民共和国药典》（以下简称《中国药典》）2020 年版中收载了以连翘挥发油为主要成分的 30 多个成方制剂，如维 C 银翘片、抗病毒口服液、桑菊感冒片、黄连上清胶囊等[1]。

作为挥发油含量较高的植物，连翘挥发油在制药[22]、食品[23 24]、化妆品[25]和医疗卫生[15]等行业均展示出较好的开发利用价值和广阔的市场前景。然而，近年来由于倒春寒、疫情、囤积及资本炒作等原因，连翘价格偏高，受经济利益的驱使，"抢青"时有发生，导致连翘产量降低且品质变差[26]。因此，《中国药典》2020 年版新增了"青翘"中挥发油含量不得低于 2.0%（mL·g^{-1}）的规定[1]。此外，连翘挥发油主要存在于种子中，但是连翘作为中药饮片使用时多利用果壳部分，种子常废弃或被产地农民作为燃料、育苗使用，没有予以恰当的综合开发利用[27]。

基于此，本文从连翘挥发油的化学成分、药理作用及其开发利用等方面进行综述，并对其发展前景进行展望，以期为连翘的质量控制及连翘挥发油的深入研究、开发和利用提供参考。

1 连翘挥发油中的化学成分

连翘挥发油主要存在于果实中，约占果实质量的 $1.4\% \sim 2.2\%$，种子占全果实质量的 $35\% \sim 40\%$，种子中挥发油含量平均可达 3.8%[28]。除了果实和种子，连翘挥发油也存在于花[29]、叶[30]、枝条、根和树皮中[31]。连翘挥发油中的化学成分按官能团分类可分为烯烃、烷烃、醇、醛、酮、酯、酸、杂环类及环氧化物等多种类型，其中烯烃类化合物所占比例最大，约占所鉴定成分的 51.95%，醇类占 30.55%，酮类占 2.61%，烷类占 2.04%，酯类占 1.63%，醛类占 1.11%，酸类占 0.11%，杂环类占 0.19%，环氧化物占 0.27%[32-33]，连翘挥发油中常见的化合物信息见表1。

表 1　连翘挥发油中的主要化学成分

序号	化合物	CAS 号	分子式	相对分子质量	化合物类型	来源部位	参考文献
1	α-蒎烯（α-pinene）	80-56-8	$C_{10}H_{16}$				
2	莰烯（camphene）	79-92-5	$C_{10}H_{16}$	136	单萜	果实、花	[34]
3	β-水芹烯（β-phellandrene）	555-10-2	$C_{10}H_{16}$	136	单萜	果实	[17]
4	α-水芹烯（α-phellandrene）	99-83-2	$C_{10}H_{16}$	136	单萜	果实、花	[17]
5	β-蒎烯（β-pinene）	18172-67-3	$C_{10}H_{16}$	136	单萜	果实	[17]
6	α-松油烯（α-terpinene）	99-86-5	$C_{10}H_{16}$	136	单萜	果实、花	[17]
7	β-松油烯（β-terpinene）	99-84-3	$C_{10}H_{16}$	136	单萜	果实	[17]
8	γ-松油烯（γ-terpinene）	99-85-4	$C_{10}H_{16}$	136	单萜	果实	[35]
9	萜品油烯（terpinolene）	586-62-9	$C_{10}H_{18}O$	136	单萜	果实	[17]
10	松油烯-4-醇（terpinine-4-ol）	562-74-3	$C_{10}H_{18}O$	154	单萜	果实	[17]
11	α-松油醇（α-terpineol）	10482-56-1	$C_{10}H_{14}$	154	单萜	果实	[17]
12	对-伞花烃（p-cymene）	99-87-6	$C_{10}H_{14}$	134	单萜	果实	[34]
13	邻-伞花烃（o-cymene）	527-84-4	$C_{10}H_{16}$	134	单萜	果实	[13]
14	2-蒈烯（2-carene）	4497-92-1	$C_{10}H_{16}$	136	单萜	果实	[33]
15	3-蒈烯（3-carene）	13466-78-9	$C_{10}H_{16}$	136	单萜	花	[36]
16	4-蒈烯（4-carene）	29050-33-7	$C_{10}H_{18}O$	136	单萜	果实	[33]
17	莳醇（fenchol）	16-32-731	$C_{10}H_{18}O$	154	单萜	果实	[37]
18	冰片（borneol）	507-70-0	$C_{10}H_{16}$	154	单萜	果实	[33]
19	月桂烯（myrcene）	123-35-3	$C_{10}H_{18}O$	136	单萜	果实、花	[17]
20	D-枞油烯（D-sylvestrene）	1461-27-4	$C_{10}H_{16}$	136	单萜	果实	[32]
21	桉油精（eucalyptol）	470-82-6	$C_{10}H_{16}$	154	单萜	花	[38]
22	α-侧柏烯（α-thujene）	2867-05-2	$C_{10}H_{14}O$	136	单萜	果实	[17]
23	香桧烯（sabinene）	3387-41-5	$C_{10}H_{16}$	136	单萜	果实	[17]
24	优香芹酮（eucarvone）	503-93-5	$C_{10}H_{16}O$	150	单萜	果实	[39]
25	柠檬烯（limonene）	138-86-3	$C_{10}H_{18}O$	136	单萜	果实	[17]
26	2-莰酮〔（＋）-camphor〕	464-49-3	$C_{10}H_{18}O$	152	单萜	花	[40]
27	香叶醇（geraniol）	106-24-1	$C_{10}H_{18}O$	154	单萜	果实	[17]
28	芳樟醇（linalool）	78-70-6	$C_{15}H_{24}$	154	单萜	果实	[33]
29	罗勒烯醇（ocimenol）	5986-38-9	$C_{15}H_{24}$	154	倍半萜	果实	[38]
30	γ-杜松烯（γ-cadinene）	39029-41-9	$C_{15}H_{24}$	204	倍半萜	果实	[38]
31	δ-杜松烯（δ-cadinene）	483-76-1	$C_{15}H_{24}$	204	倍半萜	果实	[33]
32	α-古巴烯（α-copaene）	3856-25-5	$C_{17}H_{28}O_2$	204	倍半萜	花	[33]
33	α-石竹烯（α-caryophyllene）	6753-98-6		204	倍半萜	果实	[33]
34	乙酸橙花叔酯（nerolidyl acetate）	2306-78-7		264	倍半萜	果实	[33]

（续）

序号	化合物	CAS号	分子式	相对分子质量	化合物类型	来源部位	参考文献
35	衣兰油醇（T-muurolol）	19912-62-0	$C_{15}H_{26}O$	222	倍半萜	果实	[33]
36	6,10,14-三甲基-2-十五烷酮（6,10,14-trimethyl-2-pentadecanone）	502-69-2	$C_{18}H_{36}O$	268	二萜	花	[41]
37	香草醛（vanillin）	121-33-5	$C_8H_8O_3$	152	醛	果实	[42]
38	苯甲醛（benzaldehyde）	100-52-7	C_7H_6O	106	醛	果实	[35]
39	己醛（hexanal）	66-25-1	$C_6H_{12}O$	100	醛	果实	[43]
40	2，4-癸二烯醛（2，4-decadienal）	25152-84-5	$C_{10}H_{16}O$	152	醛	果实	[42]
41	柠檬醛（citral）	5392-40-5	$C_{10}H_{16}O$	152	醛	果实	[35]
42	辛醛（octanal）	124-13-0	$C_8H_{16}O$	128	醛	花	[41]
43	壬醛（nonanal）	124-19-6	$C_9H_{18}O$	142	醛	花	[41]
44	十四醛（tetradecanal）	124-25-4	$C_{14}H_{28}O$	212	醛	花	[41]
45	视黄醛（retinal）	116-31-4	$C_{20}H_{28}O$	284	醛	花	[40]
46	3-甲基-2-环己烯-1-酮（3-methyl-2-cyclohexen-1-one）	1193-18-6	$C_7H_{10}O$	110	酮	花	[41]
47	3-甲基-1，2-环戊烷二酮（3-methyl-1，2-cyclopentanedione）	765-70-8	$C_6H_8O_2$	112	酮	花	[41]
48	4-亚甲基环己酮（4-methylenecyclohexanone）	29648-66-6	$C_7H_{10}O$	110	酮	果实	[44]
49	二乙胺苯丙酮（2-diethylamino-1-phenyl-1-propanone）	90-84-6	$C_{13}H_{19}NO$	205	酮	花	[41]
50	α-紫罗兰酮（α-lonone）	79-77-6	$C_{13}H_{20}O$	192	酮	花	[41]
51	二苯甲酮（benzophenone）	119-61-9	$C_{13}H_{10}O$	182	酮	花	[29]
52	3，3-二甲氧基-2-丁酮（3，3-dimethoxybutan-2-one）	21983-72-2	$C_6H_{12}O_3$	132	酮	叶	[30]
53	1，3-环己二酮（1，3-cyclohexanedione）	765-87-7	$C_6H_8O_2$	112	酮	叶	[30]
54	1-甲氧基-2-丙酮（methoxyacetone）	5878-19-3	$C_4H_8O_2$	88	酮	花	[45]
55	2-茨酮（bornan-2-one）	76-22-2	$C_{10}H_{16}O$	152	酮	果实	[35]
56	2-戊基呋喃（2-pentylfuran）	3777-69-3	$C_9H_{14}O$	138	呋喃	果实	[43]
57	2,3-二氢-苯唑呋喃（2,3-dihydro-benzofuran）	496-16-2	C_8H_8O	120	呋喃	花	[41]
58	苯甲醇（benzyl alcohol）	100-51-6	C_7H_8O	108	醇	果实、花	[42]
59	苯乙醇（phenylethyl alcohol）	60-12-8	$C_8H_{10}O$	122	醇	果实、花	[42]
60	二丙酮醇（diacetone alcohol）	123-42-2	$C_6H_{12}O_2$	116	醇	果实	[35]
61	3-环己烯-1-甲醇（3-cyclohexene-1-methanol）	1679-51-2	$C_7H_{12}O$	112	醇	果实	[35]
62	4-环庚烯-1-醇（4-cyclohepten-1-ol）	38607-27-1	$C_7H_{12}O$	112	醇	果实	[33]
63	2,2,6-三甲基环己基-2-丁醇（2,2,6-trimethylcyclohexyl-2-butanol）	60241-53-4	$C_{13}H_{26}O$	198	醇	花	[40]
64	环己烷（cyclohexane）	110-82-7	C_6H_{12}	204	烷烃	果实	[43]
65	2,3,7-三甲基-十一烷（2,3,7-trimethyldecane）	62238-13-5	$C_{13}H_{28}$	198	烷烃	花	[41]
66	十三烷（tridecane）	629-50-5	$C_{13}H_{28}$	184	烷烃	花	[41]
67	十四烷（tetradecane）	629-59-4	$C_{14}H_{30}$	198	烷烃	花	[41]
68	十五烷（pentadecane）	629-62-9	$C_{15}H_{32}$	212	烷烃	花	[41]
69	2-甲基十五烷（2-methyl-pentadecane）	1560-93-6	$C_{16}H_{34}$	226	烷烃	花	[41]
70	4-甲基十五烷（4-methyl-pentadecane）	2801-87-8	$C_{16}H_{34}$	226	烷烃	花	[41]
71	2,6,10-三甲基-癸烷（2,6,10-trimethyl-dodecane）	3891-98-3	$C_{15}H_{32}$	212	烷烃	花	[41]
72	十六烷（hexadecane）	544-76-3	$C_{16}H_{34}$	226	烷烃	花	[41]
73	2-甲基-8-丙基十二烷（2-methyl-8-propyl-dodecane）	55045-07-3	$C_{16}H_{34}$	226	烷烃	花	[41]
74	十七烷（heptadecane）	629-78-7	$C_{17}H_{36}$	240	烷烃	花	[41]
75	2,6,10,14-四甲基-十五烷（2,6,10,14-tetramethyl-pentadecane）	1921-70-6	$C_{19}H_{40}$	268	烷烃	花	[41]
76	二十一烷（heneicosane）	629-94-7	$C_{21}H_{44}$	296	烷烃	花	[29]
77	二十三烷（tricosane）	638-67-5	$C_{23}H_{48}$	324	烷烃	花	[41]
78	二十四烷（tetracosane）	646-31-1	$C_{24}H_{50}$	338	烷烃	果实	[33]
79	2,6-二甲基十氢化萘（2,6-dimethyldecalin）	1618-22-0	$C_{12}H_{22}$	166	烷烃	花	[40]
80	罗勒烯（ocimene）	13877-91-3	$C_{10}H_{16}$	136	烯烃	果实	[46]
81	2,4-己二烯（2,4-hexadiene）	5194-51-4	C_6H_{10}	82	烯烃	花	[45]
82	环壬-1,2,6-三烯（cyclonona-1,2,6-triene）	1502-42-7	C_9H_{12}	120	烯烃	花	[41]
83	α-二去氢菖蒲烯（α-calacorene）	21391-99-1	$C_{15}H_{20}$	200	烯烃	果实	[33]
84	丁香酚（eugenol）	97-53-0	$C_{10}H_{12}O_2$	164	酚	花	[41]
85	反式异丁香酚（trans-isoeugenol）	97-54-1	$C_{10}H_{12}O_2$	164	酚	枝、根	[31]
86	2,6-二叔丁基对甲酚（butylated hydroxytoluene）	128-37-0	$C_{15}H_{24}O$	220	酚	花	[41]

（续）

序号	化合物	CAS 号	分子式	相对分子质量	化合物类型	来源部位	参考文献
87	2,6-二叔丁基-4-（1-氧代丙基）苯酚［2,6-bis（1,1-dimethylethyl）-4-（1-oxopropyl）phenol］	14035-34-8	$C_{17}H_{26}O_2$	264	酚	花	[41]
88	5-乙氧基-3,4-二氢基-2H-吡咯基-2-甲酸乙酯［5-ethoxy-3,4-dihydro-2H-pyrrole-2-carboxylic acid ethyl ester］	51099-55-9	$C_9H_{15}NO_3$	185	酯	花	[41]
89	水杨酸甲酯（methyl salicylate）	119-36-8	$C_8H_8O_3$	152	酯	果实	[45]
90	十四酸（tetradecanoic acid）	544-63-8	$C_{14}H_{28}O_2$	228	酸	花	[41]
91	9-癸烯酸（9-decenoic acid）	14436-32-9	$C_{10}H_{18}O_2$	170	酸	根、皮	[31]
92	油酸（9-十八烯酸）（9-octadecenoic acid）	112-79-8	$C_{18}H_{34}O_2$	282	酸	花、皮	[40]
93	4-十八基吗啉（4-octadecyl-morpholine）	16528-77-1	$C_{22}H_{45}NO$	339	杂环	花	[41]

2 不同条件下连翘挥发油中化学成分的比较

2.1 不同部位连翘挥发油中化学成分的比较

2.1.1 连翘果实挥发油 冯雪[47]采用气相色谱-质谱法（GC-MS）从老翘壳和青翘籽挥发油中共鉴定出 12 个化学成分，老翘壳中挥发油含量只有 0.15%，而连翘籽中挥发油含量可达 8.0%。巩丽丽等[36]分析了粉碎前后的连翘果实挥发油，共检出 33 个化学成分，从粉碎的连翘果实挥发油中鉴定出 23 个成分，从未粉碎的连翘果实挥发油中鉴定出 28 个成分。粉碎和未粉碎的连翘果实挥发油中的主要成分都是 α-蒎烯和 β-蒎烯，两者含量之和接近总成分的 80%。王书莉[33]从不同加工方法处理的青翘与老翘挥发油中共鉴定出 118 个化学成分，含量占挥发油总量的 96.1%，其中烯烃类化合物的含量最高，含量较高的化合物有 β-蒎烯、α-蒎烯、松油烯-4-醇、对-伞花烃、α-松油烯、柠檬烯等。

2.1.2 连翘花挥发油 连翘花冠黄色，裂片有 4，花期较长，繁茂量大，为了更好地开发利用这一丰富的自然资源，众多学者对连翘花中的挥发油进行了提取和成分分析。吕金顺等[29]使用 GC-MS 从连翘花挥发油中鉴定出相对含量＞0.1% 的化合物有 48 个，占挥发油总量 82.65%，其中烃类占49.84%，醇、酚、醚类化合物占 11.61%，醛、酮类化合物占 12.68%，酯类占 1.35%，卤代烃占7.17%。王金梅[41]采用顶空固相微萃取和 GC-MS 从连翘花蕾挥发油中分离出 65 个化学成分，从连翘花挥发油中分离出 103 个化学成分，一共鉴定出 90 个化合物，其中 38 个化合物是花蕾和花共有的。连翘花蕾挥发油中以烃类化合物（41.04%）为主，而连翘花挥发油中以醇、醛和酮类化合物（26.46%）为主，酯类化合物在花蕾挥发油中的相对含量为 8.11%，在花中下降到 2.12%，而酸类化合物则从 3.56% 上升到 5.18%，萜类化合物在花蕾和花挥发油中的含量相差不大。范令刚等[45]采用静态顶空法收集连翘花的头香，结果发现单萜类化合物（65.13%）是头香的主要成分，表明连翘花主体香气是由单萜类化合物贡献的。

2.1.3 连翘叶挥发油 连翘叶具有与果实相似的化学成分，有些成分如连翘苷的含量甚至优于果实，且连翘叶具有丰富的生物资源量，极具开发前景[48]。因此，明确连翘叶中的化学成分及含量变化规律，有助于促进连翘叶的综合开发利用，但目前对连翘叶化学成分的研究主要集中在苯乙醇苷、木脂素和黄酮类化合物[49-52]，对连翘叶中挥发油的研究较少。秦楠等[30]确定了连翘叶挥发油最佳提取工艺条件：95% 的乙醇，料液比 1∶13、超声温度 50℃、超声功率 200W、超声 50min，此时连翘叶挥发油的平均含量约为 1.87%。利用 GC-MS 对连翘叶挥发油进行分析，共鉴定出 13 个化合物，主要由烷烃（9.88%）、酯（76.39%）和酮（8.75%）组成，其中相对含量最高的化合物为 4-羟基苯乙酸甲酯（39.40%）。

2.1.4 连翘枝条、根和树皮挥发油 Wang 等[31]采用不同的提取溶剂对连翘枝条、根和树皮中的挥发油进行了提取，并使用 GC-MS 进行检测，一共鉴定出 93 个化合物，化合物的类型包括酸、醇、糖、酚和嘧啶等。当使用乙醇作为提取溶剂时，连翘枝条挥发油中有 79 个峰，鉴定出 55 个化合物；连翘根挥发油中有 32 个峰，鉴定出 23 个化合物；连翘树皮挥发油中有 54 个峰，鉴定出 39 个化合物，但 3 个部位的挥发油中仅存在 3 个共同化合物。当使用乙醇-苯（1∶2）作为提取溶剂时，连翘枝条挥发油中有 31 个峰，鉴定出 17 个化合物；连翘根挥发油中有 38 个峰，鉴定出 25 个化合物；连翘树皮挥发油中有 25 个峰，鉴定出 14 个化合物，3 个部位的挥发油中仅存在 7 个共同化合物。由此可见，连翘不同部位中的挥发性成分存在较大差异，为合理使用生物量较大的连翘枝条、根和树皮提供了参考。

2.2　不同产地对连翘挥发油中化学成分的影响

药用植物的生长与环境关系密切，气候、温度、土壤和海拔等因素都会影响中药材有效成分的含量及组成。何新新等[53]采用 GC-MS 对河南、山东、陕西、河北、山西和内蒙古 6 个产地连翘挥发油中的化学成分进行了分析，结果表明，不同产地连翘挥发油中所含化学成分的含量存在一定的差异。例如，β-蒎烯含量最高的是山西连翘，α-蒎烯含量最高的是山东连翘。裴晓丽等[54]对 18 个不同产地的连翘挥发油及 β-蒎烯含量进行了测定，结果表明，山西绛县青翘和湖北青翘的出油率较高，山西绛县青翘和山西安泽青翘挥发油中 β-蒎烯含量较高。魏珊等[55]提取了不同产地 16 批连翘果实中的挥发油，其中山西太原连翘的出油率最高，其次是山西安泽。此外，山西连翘挥发油中 β-蒎烯、α-蒎烯和莰烯等主成分的含量均高于河南、河北和陕西等地连翘。

2.3　不同采收期对连翘挥发油中化学成分的影响

封燮等[46]在邯郸涉县连翘种植基地采集了 4 个时期的青翘和 2 个时期的老翘，结果发现除了第一时期，青翘中挥发油的含量均明显高于老翘，并且青翘和老翘的总挥发油含量均随着采收时期的推移而逐渐升高。通过 GC-MS 分析，从 6 个采收时期的连翘挥发油中共鉴定出 28 个化学成分，主要为单萜、含氧单萜、单萜醇和倍半萜。其中，β-蒎烯是不同时期连翘挥发油中含量最高的化合物，大约占挥发油总量的 50%，其次是 α-蒎烯和桧烯。主成分分析结果表明，4 个时期的青翘和 2 个时期的老翘共计 30 批样品可分为 6 个区域，提示不同采收时期青翘和老翘挥发油含量及化学成分组成存在明显差异。通过计算变量重要性投影预测筛选出 4 个差异化合物，分别为 β-蒎烯、桧烯、α-蒎烯和松油烯-4-醇。其中，β-蒎烯和松油烯-4-醇的相对含量在第四时期的青翘中达到最高，与总挥发油含量的变化趋势基本一致。

2.4　不同提取方法对连翘挥发油中化学成分的影响

植物挥发油的提取方法主要有水蒸气蒸馏法（HD）、超临界流体提取法、有机溶剂提取法、压榨法、微波提取法、酶辅助提取法、超声辅助提取法及多种方法联用技术[56]。肖会敏等[57]研究发现，超临界 CO_2 萃取法提取青翘挥发油的平均收率为 3.40%，β-蒎烯的相对含量为 6.72%；而 HD 提取青翘挥发油的平均收率为 2.14%，β-蒎烯的相对含量为 47.37%。邓超澄等[58]研究发现，采用 HD 和超临界 CO_2 萃取法提取得到的青翘挥发油中的化学成分组成及含量相差较大，仅有 16 个相同化合物。HD 所得挥发油以挥发性高的单萜、倍半萜及其含氧衍生物为主，几乎不含有脂肪族化合物，但超临界 CO_2 萃取法提取得到的连翘挥发油中脂肪族化合物的种类及含量都明显高于前者。

Jiao 等[59]采用微波辅助离子液体处理加氢蒸馏法（MILT-MHD）从连翘种子中提取挥发油，与 HD 和新兴的微波辅助水离子液体加氢蒸馏法（MAILHD）相比，MILT-MHD 在更短的提取时间（29.3min）即可得到 9.58% 的挥发油，而利用 HD 提取 100min 仅得到 4.08% 的挥发油，利用 MAILHD 提取 45min 得到 5.43% 的挥发油。此外，GC-MS 检测结果表明，利用 MILT-MHD 获得的连翘挥发油中含有更多的含氧单萜类化合物（22.79%），高于 HD（16.57%）和 MAILHD（19.84%）。

2.5　其他因素对连翘挥发油中化学成分的影响

挥发油气芳香、易挥发，除了提取部位、产地、采收期和提取方法外，产地初加工方法、包装材料、仓储条件及仓储时间也是影响挥发油中化学成分组成及含量的重要因素。目前，青翘的加工方式有蒸制、煮制、生晒和烘烤等，已有学者研究了不同加工方式对连翘中连翘苷和连翘酯苷 A 含量的影响[60-61]，但有关不同加工方式对连翘中挥发油含量影响的研究相对较少。

王书莉[33]考察了青翘水煮 8min 后不同干燥温度处理、青翘蒸制不同时间后 80℃干燥处理、青翘蒸制 10min 后不同干燥温度处理、青翘 60℃微波处理及老翘不同温度烘烤处理对挥发油含量的影响。结果发现，青翘蒸制品挥发油的含量高于煮制品及微波处理品；随着干燥温度的升高，青翘中挥发油总含量及 4 个化学成分（α-蒎烯、β-蒎烯、对-伞花烃和芳樟醇）的含量均呈下降趋势。

目前，缺少针对连翘的科学合理的包装贮藏技术。唐蕾[62]研究了 5 种包装材料和 2 种贮藏条件对连翘的外观性状、显微、薄层、水分、浸出物、灰分、连翘酯苷 A 含量等的影响，但没有考察对挥发油的影响。后续应加强包装材料、仓储条件和仓储时间对连翘挥发油的含量及化学成分组成影响的研究，以保证连翘药材质量的均一、稳定、安全、可控，尤其是挥发油的含量符合《中国药典》2020 年版的规定。

3 连翘挥发油的药理作用

3.1 解热、镇痛、抗炎

中药治疗发热历史悠久且疗效显著，连翘是典型的清热解毒药，可用于温热病的各个阶段。罗林等[63]研究发现，连翘挥发油可明显抑制干酵母皮下注射和脂多糖腹腔注射导致的大鼠发热。郑立等[64]发现，在酵母致热大鼠模型中，连翘挥发油和连翘挥发油自微乳均能抑制大鼠体温升高，但挥发油自微乳抑制体温上升的趋势较挥发油更明显。此外，连翘挥发油自微乳较挥发油具有更持久温和的解热作用。

郭际[65]研究发现，连翘挥发油对小鼠二甲苯所致的耳廓肿胀、小鼠腹腔毛细血管通透性亢进、大鼠角叉菜胶性足肿胀、大鼠角叉菜胶所致胸膜炎、大鼠油酸所致急性肺损伤 5 种急性炎症和大鼠棉球肉芽肿慢性炎症均有明显的抑制作用。此外，连翘挥发油高剂量组（0.24mL·kg^{-1}）对热板所致小鼠疼痛反应有明显抑制作用，并且连翘挥发油高、低剂量组（0.24、0.12mL·kg^{-1}）均能显著减少乙酸所致的小鼠扭体次数，镇痛率分别可达 83.27% 和 62.35%。

3.2 抗菌

连翘挥发油对所有易感微生物都具有广谱抗菌作用，对革兰阳性菌的抑制作用强于革兰阴性菌，对真菌同样有抑制作用，是食品、化妆品、制药等行业极具开发前景的天然防腐剂[66]。

顾仁勇等[67]考察发现，连翘挥发油对 6 种供试菌种包括革兰阳性菌、革兰阴性菌、霉菌及酵母均有很强的抑制作用，并且抑菌效果随着 pH 的降低而增强，121℃加热处理 15min 对连翘挥发油的抑菌效果无明显影响。魏希颖[68]采用牛津杯法研究发现，连翘种子挥发油对 11 种细菌具有不同程度的抑制作用，对 3 种常见真菌和 3 种葡萄致病真菌同样具有抑制作用。通过透射电镜和十二烷基苯磺酸钠（SDS）-聚丙烯酰胺凝胶电泳观察推测出连翘种子挥发油主要是通过 2 个方面来发挥抑菌作用：1）破坏大肠埃希菌、金黄色葡萄球菌和酿酒酵母 3 种指示菌的细胞壁和细胞膜结构，导致细胞内容物外漏，从而引起细胞凋亡；2）破坏指示菌生长过程中某些蛋白质或蛋白质合成酶，从而导致细胞生长周期终断。

3.3 抗病毒

连翘是常用的清热解毒中药，其水提取物、醇提取物及挥发油均具有抗病毒作用[69-71]。20 世纪 80 年代，马振亚[72]采用鸡胚内和鸡胚外实验证实，连翘种子挥发油对亚洲甲型流感病毒和Ⅰ型副流感病毒具有显著的抑制作用，并且对感染亚洲甲型流感病毒的小鼠具有一定的保护作用，感染组小鼠病死率与对照组相比差异有统计学意义。肖会敏等[22]利用连翘挥发油软胶囊治疗急性上呼吸道感染（70%～80%患者由病毒引起），结果发现连翘挥发油软胶囊对儿童和成人均有显著疗效，且未发现明显不良反应。

3.4　抗氧化

顾仁勇等[67]通过测定添加连翘挥发油及特丁基对苯二酚（TBHQ）的猪油样品在贮藏期间的过氧化值发现，连翘挥发油具有一定的抗氧化效果，且随着用量加大抗氧化能力增强，但效果不及TBHQ。魏希颖等[73]研究发现，连翘种子挥发油对有机自由基和超氧阴离子自由基的清除率高于90%，具有作为天然抗氧化剂的潜质。王金梅等[74]采用固相微萃取技术在连翘花挥发油中检测到2,6-二叔丁基对甲酚（BHT）和与其结构相似的2,6-二-叔丁基-4-（1-氧代丙基）苯酚。BHT是目前用量最大、使用范围最广的抗氧化剂。2,6-二-叔丁基-4-（1-氧代丙基）苯酚与BHT结构相似，也具有抗氧化作用。

3.5　抗肿瘤

连翘是一味广谱抗肿瘤中药，是常用的抗癌组方药物之一，对乳腺癌、前列腺癌、食道癌等癌细胞均有抑制作用，是治疗癌症的潜力药物[75]。前期研究表明，连翘的抗肿瘤功效主要是醇提取物在发挥作用[76]，对连翘挥发油抗肿瘤活性的研究较少。仝立国等[21]采用S180瘤株肿瘤模型对白术、莪术、连翘挥发油的剂量配比进行优选。结果发现，3种挥发油抗肿瘤的最佳比例为白术挥发油500mg·kg^{-1}、莪术挥发油100mg·kg^{-1}、连翘挥发油25mg·kg^{-1}，最佳比例的低、中、高剂量挥发油的肿瘤抑制率分别为29.08%、41.15%、58.20%，为3种中药挥发油抗肿瘤制剂的开发提供了参考。

4　连翘挥发油的开发利用现状

4.1　医药产品中的开发利用

连翘挥发油是许多中成药的主要成分之一，已获批的非处方药复方银翘氨敏胶囊是常见的感冒用药，每1 000粒含连翘挥发油0.32mL[77]。连翘挥发油软胶囊是通过电加热的方式，使连翘挥发油汽化从而发挥治疗急性上呼吸道感染的显著疗效[22]。《中国药典》2020年版中收载了以连翘挥发油为主要成分的32种成方制剂，如表2所示，涉及口服液、颗粒、糖浆、片剂和胶囊等多种剂型。

表2　《中国药典》2020年版中收载的含有连翘挥发油的成方制剂

序号	成方制剂	处方
1	儿感退热宁口服液	青蒿、板蓝根、菊花、苦杏仁、桔梗、连翘、薄荷、甘草
2	小儿退热合剂	大青叶、板蓝根、金银花、连翘、栀子、牡丹皮、黄芩、淡竹叶、地龙、重楼、柴胡、白薇
3	小儿退热颗粒	大青叶、板蓝根、金银花、连翘、栀子、牡丹皮、黄芩、淡竹叶、地龙、重楼、柴胡、白薇
4	小儿热速清口服液	柴胡、黄芩、板蓝根、葛根、金银花、水牛角、连翘、大黄
5	小儿热速清颗粒	柴胡、黄芩、板蓝根、葛根、金银花、水牛角、连翘、大黄
6	小儿热速清糖浆	柴胡、黄芩、板蓝根、葛根、金银花、水牛角、连翘、大黄
7	小儿豉翘清热颗粒	连翘、淡豆豉、薄荷、荆芥、炒栀子、大黄、青蒿、赤芍、槟榔、厚朴、黄芩、半夏、柴胡、甘草
8	小儿感冒茶	广藿香、菊花、连翘、大青叶、板蓝根、地黄、地骨皮、白薇、薄荷、石膏
9	小儿感冒颗粒	广藿香、菊花、连翘、大青叶、板蓝根、地黄、地骨皮、白薇、薄荷、石膏
10	小儿解表颗粒	金银花、连翘、炒牛蒡子、蒲公英、黄芩、防风、紫苏叶、荆芥穗、葛根、人工牛黄
11	午时茶胶囊	苍术、柴胡、羌活、防风、白芷、川芎、广藿香、前胡、连翘、陈皮、山楂、枳实、炒麦芽、甘草、桔梗、紫苏叶、厚朴、红茶、六神曲
12	午时茶颗粒	苍术、柴胡、羌活、防风、白芷、川芎、广藿香、前胡、连翘、陈皮、山楂、枳实、炒麦芽、甘草、桔梗、紫苏叶、厚朴、红茶、六神曲
13	牛黄上清片	人工牛黄、薄荷、菊花、荆芥穗、白芷、川芎、栀子、黄连、黄柏、黄芩、大黄、连翘、赤芍、当归、地黄、桔梗、甘草、石膏、冰片

（续）

序号	成方制剂	处方
14	牛黄上清软胶囊	人工牛黄、薄荷、菊花、荆芥穗、白芷、川芎、栀子、黄连、黄柏、黄芩、大黄、连翘、赤芍、当归、地黄、桔梗、甘草、石膏、冰片
15	牛黄上清胶囊	人工牛黄、薄荷、菊花、荆芥穗、白芷、川芎、栀子、黄连、黄柏、黄芩、大黄、连翘、赤芍、当归、地黄、桔梗、甘草、石膏、冰片
16	芎菊上清片	川芎、菊花、黄芩、栀子、炒蔓荆子、黄连、薄荷、连翘、荆芥穗、羌活、藁本、桔梗、防风、甘草、白芷
17	防风通圣颗粒	防风、荆芥穗、薄荷、麻黄、大黄、芒硝、栀子、滑石、桔梗、石膏、川芎、当归、白芍、黄芩、连翘、甘草、白术
18	抗病毒口服液	板蓝根、石膏、芦根、地黄、郁金、知母、石菖蒲、广藿香、连翘
19	金蝉止痒胶囊	金银花、栀子、黄芩、苦参、黄柏、龙胆、白芷、白鲜皮、蛇床子、蝉蜕、连翘、地肤子、地黄、青蒿、广藿香、甘草
20	复方金黄连颗粒	连翘、蒲公英、黄芩、金银花、板蓝根
21	保和颗粒	焦山楂、六神曲、姜半夏、茯苓、陈皮、连翘、炒麦芽、炒莱菔子
22	柴连口服液	麻黄、柴胡、广藿香、肉桂、连翘、桔梗
23	桑菊感冒片	桑叶、菊花、连翘、薄荷素油、苦杏仁、桔梗、甘草、芦根
24	黄连上清片	黄连、栀子、连翘、炒蔓荆子、防风、荆芥穗、白芷、黄芩、菊花、薄荷、大黄、黄柏、桔梗、川芎、石膏、旋覆花、甘草
25	黄连上清胶囊	黄连、栀子、连翘、炒蔓荆子、防风、荆芥穗、白芷、黄芩、菊花、薄荷、酒大黄、黄柏、桔梗、川芎、石膏、旋覆花、甘草
26	银翘伤风胶囊	山银花、连翘、牛蒡子、桔梗、芦根、薄荷、淡豆豉、甘草、淡竹叶、荆芥、人工牛黄
27	银翘解毒软胶囊	金银花、连翘、薄荷、荆芥、淡豆豉、牛蒡子、桔梗、淡竹叶、甘草
28	银翘解毒颗粒	金银花、连翘、薄荷、荆芥、淡豆豉、牛蒡子、桔梗、淡竹叶、甘草
29	羚羊感冒片	羚羊角、牛蒡子、淡豆豉、金银花、荆芥、连翘、淡竹叶、桔梗、薄荷素油、甘草
30	维 C 银翘片	山银花、连翘、荆芥、淡豆豉、淡竹叶、牛蒡子、芦根、桔梗、甘草、马来酸氯苯那敏、对乙酰氨基酚、维生素 C、薄荷素油
31	疏风解毒胶囊	虎杖、连翘、板蓝根、柴胡、败酱草、马鞭草、芦根、甘草
32	感冒舒颗粒	大青叶、连翘、荆芥、防风、薄荷、牛蒡子、桔梗、白芷、甘草

　　虽然连翘挥发油具有显著的药理作用，但其水溶性差、易挥发、性质不稳定，并且具有刺激性，直接口服患者难以下咽。郑立等[64]开发出连翘挥发油自乳化的最佳处方条件，解决了口服刺激性大、溶解性差等问题；徐坤[78]采用微乳法制备出连翘挥发油固体脂质纳米粒，扩展其给药途径并提高了生物利用度；郝彬等[79]使用 β-环糊精对升血小板胶囊中的连翘挥发油进行包合，能有效防止连翘挥发油挥发，从而保证疗效。

4.2　仓储防护及食品保鲜中的开发利用

　　近年来，使用天然防腐剂代替化学合成防腐剂成为一种发展趋势，连翘挥发油对真菌和细菌均有抑制作用，并且还具有一定的抗氧化作用，在仓储防护和食品保鲜等方面效果良好。吴彦等[80]研究发现连翘挥发油对烟草甲和赤拟谷盗熏蒸活性的半数致死浓度（LC_{50}）分别为 8.94、7.68mg·L^{-1}；触杀活性的半数致死量（LD_{50}）分别为 23.66、30.13μg/头。其中，α-蒎烯、γ-松油烯和松油烯-4-醇对 2 种仓储害虫均具有较好的熏蒸和触杀活性，松油烯-4-醇对烟草甲的熏蒸和触杀毒性最强。此外，水果、蔬菜等食品在储藏过程中易遭受病菌侵袭而腐烂。吴子龙等[23]证实了连翘挥发油能够抑制圣女果表面有害微生物的生长，起到了较好的抗菌保鲜作用。顾仁勇[81]开发了一种以连翘、牛至、丁香、山苍子和肉桂 5 种植物挥发油混合制成的复合保鲜剂，能够有效抑制肉类腐败微生物的生长，结合真空包装，在 0～4℃保存能使猪肉保鲜时间长达 18d。

4.3　化工行业中的开发利用

　　连翘挥发油因其具有广谱抗菌及抗病毒作用可用于消毒剂的开发。目前，空气在众多传染病的传播媒介占首位，空气消毒是一个急需解决的问题，连翘挥发油以其无污染、低毒的优点逐渐用于空气消毒剂的开发。徐旭红等[82]研究发现，连翘、香薷、桂枝挥发油电热挥散剂的空间消毒效果与紫外线相比差异无统计学意义，可用于肺、肝等传染科病房的快速消毒，预防院内交叉感染。沈伟等[83]采用平板沉降法研究发现，连翘在燃烧过程中产生的烟雾弥漫在组培室的各个角落，灭菌率高，并且人接触时没有任何不适感，是一种安全、可靠的消毒方式。

此外，连翘挥发油还可用于新型生物燃料的开发，利于节能减排和解决极端环境燃料供应等问题。例如，α-蒎烯、β-蒎烯、柠檬烯和莰烯等化合物的结构特殊，一部分分子具有环结构而另一部分分子具有支链结构，尤其是蒎烯具有 C_{10} 分子骨架，能同时提供多元环、桥环、环外或环内双键等，通过碳-碳偶联反应可以构建具有可控环结构和支链结构的分子，通过加工可得到一系列密度和冰点可控的燃料分子，满足严寒天气和高空低温的工作环境[84-85]。

4.4　化妆品中的开发利用

因为连翘挥发油具有良好的抗菌、消炎效果，在日用快消品中可广泛应用，作为天然防腐剂、抑菌剂添加于化妆品中，也可开发成美容香皂、精油、消毒纸巾等。邱思娃等[86]研究发现，连翘挥发油与荆芥挥发油1∶1配伍对痤疮丙酸杆菌和金黄色葡萄球菌的抑制作用较好，对表皮葡萄球菌也有一定的抑制作用。此外，晏洁等[87]将连翘挥发油与其他植物功效成分通过微乳技术复合在一起，增加了亲脂性和亲水性舒敏成分的溶解性，能够从水相、油相多层次起到舒敏效果，适用于化妆品制备。

5　结语与展望

连翘作为我国常用的大宗中药材，市场需求量大，青翘每年用量约 6 000～7 500t，老翘每年用量约 1 500～2 000t，可见我国连翘挥发油的储量较大。如何开发和利用连翘挥发油资源并实现其产业化，是值得诸多学者和企业家深入研究和探讨的一个重要课题。此外，连翘挥发油的含量及化学成分的变化必定会引起药理药效的改变，但目前对连翘挥发油药理作用的研究仍主要集中在抗菌、抗炎、抗氧化、解热等功能的评价上，其物质基础及明确的作用靶点和通路仍需开展进一步的研究。因此，后期可从以下几个方面开展深入的研究：①研究不同采收期连翘果实中挥发油含量的动态变化，确定连翘的适宜采收期。同时建议政府应出台相关规定，加大巡查力度，严格控制"抢青"现象，从源头上保障连翘的质量。②考察连翘不同加工方式（蒸制、煮制、晒干、烘干、微波等）对连翘挥发油的含量、化学成分组成及其药效学的影响，从而确定连翘的最佳产地初加工方法。③比较青翘果壳及种子、老翘果壳及种子、果梗、枝、叶、花等部位的挥发油含量及化学成分组成，分析出共性成分和差异性成分，为后续连翘挥发油的提取以及工业化生产提供指导。④比较连翘不同部位挥发油的抗菌、抗炎、抗氧化、解热等活性差异，结合药效指标及化学成分分析结果探究连翘挥发油的潜在药效物质，再通过网络药理学方法探讨连翘挥发油抗菌、抗炎、抗氧化、解热等药理活性的作用靶点及通路，为连翘挥发油的开发利用提供参考。

利益冲突： 本文不存在任何利益冲突。

参 考 文 献

［1］国家药典委员会．中华人民共和国药典：一部［M］．北京：中国医药科技出版社，2020：177.

［2］佚名．神农本草经［M］．尚志钧，辑校．北京：学苑出版社，2008：231.

［3］ZHOU W，DI L Q，SHAN J J，et al. Intestinal absorption of forsythoside A in different compositions of Shuang-Huang-Lian［J］.Fitoterapia，2011，82（3）：375-382.

［4］王姝，任丽丽．连翘的化学成分与银翘解毒片的研究进展［J］．现代医药卫生，2014，30（9）：1333-1335.

［5］HU K，GUAN W J，BI Y，et al. Efficacy and safety of Lianhuaqingwen capsules，a repurposed Chinese herb，in patients with coronavirus disease 2019：A multicenter，prospective，randomized controlled trial ［J］．Phytomedicine，2021，85：153242.

［6］ GE Y，WANG Y Z，CHEN P P，et al．Polyhydroxytriterpenoids and phenolic constituents from *Forsythia suspensa*（Thunb.）Vahl leaves ［J］．J Agric Food Chem，2016，64（1）：125-131.

［7］ ZHANG Q，LU Z，LI X，et al．Triterpenoids and steroids from the leaves of *Forsythia suspensa* ［J］．Chem Nat Compd，2015，51（1）：178-180.

［8］ ZHOU M Y，HUO J H，WANG C R，et al．UPLC/Q-TOF MS screening and identification of antibacterial compounds in *Forsythia suspensa*（Thunb.）Vahl leaves ［J］．Front Pharmacol，2022，12：704260.

［9］ TAKIZAWA Y，SUZUKI E，MITSUHASHI T．Studies on naturally occuring antioxidant（Ⅰ）：Isolation and determination of natural phenolic antioxidants from *Forsythia suspensa* Vahl Bull ［J］．Tokyo Gakugei Univ，1981，33：119-123.

［10］夏伟，董诚明，杨朝帆，等．连翘化学成分及其药理学研究进展 ［J］．中国现代中药，2016，18（12）：1670-1674.

［11］ DONG Z L，LU X Y，TONG X L，et al．Forsythiae fructus：A review on its phytochemistry，quality control，pharmacology and pharmacokinetics ［J］．Molecules，2017，22（9）：1466.

［12］ WANG Z Y，XIA Q，LIU X，et al．Phytochemistry，pharmacology，quality control and future research of *Forsythia suspensa*（Thunb.）Vahl：A review ［J］．J Ethnopharmacol，2018，210：318-339.

［13］ YANG J J，WEI H M，TENG X E，et al．Dynamic ultrasonic nebulisation extraction coupled with headspace ionic liquid-based single-drop microextraction for the analysis of the essential oil in *Forsythia suspensa* ［J］．Phytochem Anal，2014，25（2）：178-184.

［14］ CHEN X Y，GUO D Y，GONG X C，et al．Optimization of steam distillation process for volatile oils from *Forsythia suspensa* and *Lonicera japonica* according to the concept of quality by design ［J］．Separations，2023，10（1）：25.

［15］ LEE H W，LEE H S．Acaricidal abilities and chemical composition of forsythia suspense fruit oil against storage and pyroglyphid mites ［J］．J Appl Biol Chem，2015，58（2）：105-108.

［16］郭强，王智民，林丽美，等．连翘属药用植物化学成分研究进展 ［J］．中国实验方剂学杂志，2009，15（5）：74-79.

［17］ JIAO J，FU Y J，ZU Y G，et al．Enzyme-assisted microwave hydro-distillation essential oil from Fructus Forsythia，chemical constituents，and its antimicrobial and antioxidant activities ［J］．Food Chem，2012，134（1）：235-243.

［18］ GAI Q Y，JIAO J，WEI F Y，et al．Enzyme-assisted aqueous extraction of oil from *Forsythia suspense* seed and its physicochemical property and antioxidant activity ［J］．Ind Crops Prod，2013，51：274-278.

［19］ KANG H S，LEE J Y，KIM C J．Anti-inflammatory activity of arctigenin from Forsythiae Fructus ［J］．J Ethnopharmacol，2008，116（2）：305-312.

［20］ NI L J，ZHANG L G，HOU J，et al．A strategy for evaluating antipyretic efficacy of Chinese herbal medicines based on UV spectra fingerprints ［J］．J Ethnopharmacol，2009，124（1）：79-86.

［21］全立国，康永，岳永花，等．莪术白术连翘挥发油抗肿瘤作用配伍剂量的优选 ［J］．时珍国医国药，2016，27（8）：1871-1873.

［22］肖会敏，郭倩倩，周暄宣，等．连翘挥发油软胶囊治疗上呼吸道感染疗效观察 ［J］．中医药临床杂志，2011，23（7）：595-596.

［23］吴子龙，赵昕，叶嘉，等．连翘精油的提取及其抗菌保鲜效果的研究 ［J］．北方园艺，2016（11）：131-134.

［24］ GUO N，GAI Q Y，JIAO J，et al．Antibacterial activity of *Fructus forsythia* essential oil and the application of EO-loaded nanoparticles to food-borne pathogens ［J］．Foods，2016，5（4）：73.

［25］ MCCLEMENTS D J，RAO J J．Food-grade nanoemulsions：Formulation，fabrication，properties，performance，biological fate，and potential toxicity ［J］．Crit Rev Food Sci Nutr，2011，51（4）：285-330.

［26］李卫建，李先恩．连翘果实干物质与有效成分积累规律研究 ［J］．中草药，2006，37（6）：921-924.

［27］魏明山．连翘种子挥发油的研究 ［J］．西北植物研究，1982，2（1）：44-49.

［28］张海燕．连翘化学成分及药理活性的研究进展［J］．中药材，2000，23（10）：657-660．

［29］吕金顺，刘晓英．连翘花精油的化学成分研究［J］．光谱实验室，2004，21（4）：815-817．

［30］秦楠，刘浩浩，丁琨，等．连翘叶精油提取、GC-MS 分析及其活性研究［J］．北方园艺，2019（23）：113-121．

［31］WANG T，DONG S W，SUN Z Y，et al. Chemical components from different parts of *Forsythia suspensa* Vahl with different extraction methods by gaschromatography-mass spectrometry［J］. Therm Sci，2020，24（3 Part A）：1617-1624．

［32］田丁，史梦琪，王赟．连翘挥发油化学成分及其药理作用研究进展［J］．天然产物研究与开发，2018，30（10）：1834-1842．

［33］王书莉．连翘产地加工工艺及化学活性成分分析［D］．郑州：河南中医药大学，2017．

［34］石素贤，何福江．连翘挥发油化学成分的研究［J］．药物分析杂志，1995，15（3）：10-12．

［35］邱智军，原江锋，龚明贵．中国不同地区连翘精油成分比较分析［J］．天然产物研究与开发，2023：1-11．

［36］巩丽丽，蒋海强，张宏萌，等．气相色谱-质谱联用对连翘挥发性成分的分析［J］．山东中医药大学学报，2015，39（3）：256-257．

［37］白昀川，马贝娜，宋萍，等．连翘挥发油的生物酶辅助提取工艺优化、成分分析及体外抗氧化研究［J］．华西药学杂志，2023，38（1）：70-74．

［38］MING L S，HUANG H，JIANG Y M，et al. Quickly identifying high-risk variables of ultrasonic extraction oil from multi-dimensional risk variable patterns and a comparative evaluation of different extraction methods on the quality of *Forsythia suspensa* seed oil［J］. Molecules，2019，24（19）：3445．

［39］徐小娜，蒋军辉，于军晖，等．基于 GC-MS 结合 HELP 法的药对金银花-连翘及其单味药挥发性化学成分分析［J］．南昌工程学院学报，2016，35（1）：6-10．

［40］杨华，田锐，李奚，等．陕北产连翘花挥发油的提取与 GC-MS 分析［J］．广东农业科学，2011，38（16）：90-91．

［41］王金梅．两种植物活性成分及八种植物挥发性成分研究［D］．开封：河南大学，2008．

［42］王鹏，张忠义，吴惠勤．超临界 CO_2 萃取连翘挥发油的正交试验和 GC-MS 分析［J］．分析测试学报，2002，21（4）：34-37．

［43］徐小娜，蒋军辉，谢志鹏，等．气相色谱-质谱联用技术结合直观推导式演进特征投影法分析药对栀子-连翘及其单味药的挥发油成分［J］．中国卫生检验杂志，2016，26（13）：1843-1846．

［44］孙迎娜，班书贤，王瑞明，等．青翘与老翘挥发油化学成分的比较研究［J］．中国药房，2016，27（15）：2087-2089．

［45］范令刚，蔡孝华．静态顶空进样气质联用法测定连翘花的头香成分［J］．长春中医药大学学报，2009，25（2）：177-178．

［46］封燮，石欢，杨贵雅，等．基于 GC-MS 与化学计量学的不同采收时期连翘挥发油类成分动态变化研究［J］．中国中药杂志，2022，47（1）：54-61．

［47］冯雪．连翘籽化学成分的研究［D］．沈阳：辽宁中医药大学，2008．

［48］范圣此，张立伟．连翘产业现状的分析及其相关问题的对策研究［J］．中国现代中药，2018，20（4）：371-376．

［49］张淑蓉，裴香萍，闫艳，等．不同采收期青翘和连翘叶中活性成分的含量比较［J］．中国药房，2011，22（31）：2940-2942．

［50］罗旋，沈霞，王薇，等．连翘叶的化学成分研究［J］．中南药学，2023，21（5）：1276-1279．

［51］王溯．连翘叶化学成分的分离及其抑制胆碱酯酶活性的评价［D］．石家庄：河北医科大学，2022．

［52］潘秀珍，刘路路，任晓红，等．基于近红外光谱技术建立连翘叶中 5 种活性成分动态定量模型［J］．北京中医药大学学报，2023：1-18．

［53］何新新，王伊鹏，吴忠，等．不同产地连翘挥发油成分分析［J］．中药材，2000，23（7）：397-398．

［54］裴晓丽，张淑蓉，王秀文，等．不同产地连翘中挥发油及其 β-蒎烯含量的比较研究［J］．药物分析杂志，2010，30（1）：127-129．

［55］魏珊，吴婷，李敏，等．不同产地连翘挥发油主要成分分析及抗菌活性研究［J］．中国实验方剂学杂志，2016，22（4）：69-74．

[56] 马贝娜，白昀川，宋萍，等．中药挥发油提取精制技术研究进展［J］．中华中医药杂志，2022，37（11）：6606-6610．

[57] 肖会敏，王四旺，谢艳华，等．两种提取青翘挥发油工艺的比较研究［J］．第四军医大学学报，2006（16）：1512-1515．

[58] 邓超澄，朱小勇，韦建华，等．水蒸气蒸馏法与超临界 CO_2 萃取法提取青翘挥发油的化学成分比较［J］．中国实验方剂学杂志，2010，16（16）：76-80．

[59] JIAO J，GAI Q Y，FU Y J，et al. Microwave-assisted ionic liquids treatment followed by hydro-distillation for the efficient isolation of essential oil from Fructus Forsythiae seed［J］．Sep Purif Technol，2013，107：228-237．

[60] 白吉庆，王小平，曹林林，等．产地加工方法对青翘中连翘苷、连翘酯苷 A 的影响［J］．中国中药杂志，2011，36（23）：3258-3261．

[61] 崔旭盛，靳鹏博，李鑫，等．不同加工方式对连翘药材品质的影响［J］．中国农业科技导报，2019，21（5）：129-134．

[62] 唐蕾．连翘的包装与贮藏研究［D］．开封：河南大学，2019．

[63] 罗林，袁岸，党珏，等．不同大鼠模型探讨连翘挥发油解热、抗炎作用［J］．天然产物研究与开发，2018，30（2）：207-211．

[64] 郑立，汤韵秋，余琳媛，等．连翘挥发油自微乳的制备及解热作用［J］．中华中医药学刊，2020，38（3）：149-153．

[65] 郭际．连翘挥发油抗炎作用及机理研究［D］．成都：成都中医药大学，2005．

[66] 史洋，王小平，白吉庆，等．连翘抗菌、抗病毒的药理作用研究［J］．中国现代中药，2013，15（11）：950-953．

[67] 顾仁勇，李佑稷，傅伟昌．连翘精油抑菌及抗氧化作用研究［J］．现代食品科技，2008，24（2）：120-122．

[68] 魏希颖．连翘种子挥发油化学成分、生物学活性及其自乳化药物传递系统的研究［D］．西安：陕西师范大学，2010．

[69] LAW A H Y，YANG C L H，LAU A S Y，et al. Antiviral effect of forsythoside A from Forsythia suspensa (Thunb.) Vahl fruit against influenza A virus through reduction of viral M 1 protein［J］．J Ethnopharmacol，2017，209：236-247．

[70] 景奉堂，李峰，张天屹，等．连翘的化学成分与生物活性的最新研究进展［J］．中药材，2023，46（1）：242-251．

[71] 赵文华，石任兵，刘斌，等．连翘病毒清胶囊抗病毒有效部位化学成分的研究［J］．中成药，2005，27（4）：81-85．

[72] 马振亚．连翘子挥发油对感染流感病毒小白鼠的保护作用和对葡萄球菌在家兔血液中消长的影响［J］．陕西新医药，1982，11（4）：58-59．

[73] 魏希颖，徐慧娴，杨小军，等．连翘种子油 GC-MS 分析及抗氧化活性研究［J］．陕西师范大学学报（自然科学版），2010，38（1）：70-74．

[74] 王金梅，姬志强，康文艺．连翘花蕾与花的挥发性成分研究［J］．天然产物研究与开发，2011，23（3）：458-463．

[75] 齐丽娜，陈炫好，金华，等．中药连翘化学成分及药理活性研究进展［J］．天津中医药大学学报，2021，40（2）：168-175．

[76] 毛威．连翘化学成分及其抗肿瘤活性的研究［D］．武汉：湖北中医学院，2009．

[77] 罗淑青，章燕，周征，等．复方银翘氢敏胶囊质量分析报告［J］．中国药师，2017，20（6）：1127-1132．

[78] 徐坤．连翘果实挥发油的分离抑菌研究及固体脂质纳米粒的制备［D］．西安：西北大学，2012．

[79] 郝彬，景鹏，张宗林，等．升血小板胶囊中连翘挥发油包合工艺研究［J］．陕西中医药大学学报，2022，45（2）：80-83．

[80] 吴彦，郭姗姗，韦建玉，等．连翘挥发油对两种烟草仓储害虫的毒杀作用［J］．中国烟草科学，2016，37（3）：67-71．

[81] 顾仁勇．五种香辛料精油的提取及用于冷却猪肉保鲜研究［D］．长沙：湖南农业大学，2007．

[82] 徐旭红，唐风雷，范正达，等．几种中药挥发油挥散剂空间抗菌作用的考察［J］．现代中西医结合杂志，2010，

19 (21)：2618-2619.

［83］沈伟，韦玉英，岑湘涛．中草药熏蒸用于组培室空气消毒效果研究［J］．安徽农学通报，2016，22 (23)：45.

［84］谢嘉维，张香文，谢君健，等．由生物质合成高密度喷气燃料［J］．化学进展，2018，30 (9)：1424-1433.

［85］朱本强．双功能微孔分子筛催化 α-蒎烯 one-pot 转化制备生物质高密度燃料的研究［D］．青岛：青岛科技大学，2021.

［86］邱思娃，陈素雯，孔淑霞，等．不同比例荆芥-连翘药对挥发油成分及抗痤疮致病菌研究［J］．日用化学工业，2021，51 (6)：491-495.

［87］晏洁，麦康，丘北泳，等．一种复合植物舒敏剂及其制备方法与应用：CN108113924A［P］．2018-06-05.

连翘炮制工艺研究

姜涛[1]，许佳[1]，秦臻[1]，陈廷贵[1]，范圣此[2]，张立伟[1*]

(1. 山西大学 分子科学研究所，山西 太原 030006；
2. 山西振东道地药材公司，山西 长治 047199)

摘要 目的：探讨不同炮制方法对连翘主要化学成分含量及活性等指标的影响，为连翘的合理炮制提供依据。方法：采用《中国药典》浸出物测定法测定浸出物含量；用 HPLC 法分析比较不同炮制条件对连翘化学成分含量的影响；用 DPPH 清除自由基法评价抗氧化作用；通过对金黄色葡萄球菌的抑菌效果评价抗菌作用。结果：综合考虑各因素的影响，确定的最佳水煮炮制条件为，加 6 倍水，沸水煮 8min。结论：不同炮制条件下连翘中化学成分含量及活性等有明显不同。

关键词 连翘；炮制；连翘酯苷；抗氧化

Study on process conditions of Forsytiae Fructus

JIANG Tao[1]，XU Jia[1]，QIN Zhen[1]，CHEN Ting-gui[1]，
FAN Sheng-ci[2]，ZHANG Li-wei[1*]

(1. Institute of Molecular Science，Shanxi University，Taiyuan 030006，China；
2. Shanxi Zhendong Genuine Medicinal Materials
Co.，Ltd.，Changzhi 047199，China)

Abstract：**Objective**：To study the effect of different processing methods on the content and biological activity of main chemical constituents of Forsytiae Fructus，in order to provide the basis for rational processing of Forsytiae Fructus. **Method**：The content of extracts was determined by the extract determination method of Chinese Pharmacopoeia. The effects of chemical constituents of Forsytiae Fructus under different processing conditions were compared by HPLC method. Furthermore，free radical scavenging DPPH method was used to assess the antioxidation effect，and the antibacterial effect of Forsytiae Fructus was evaluated according to the inhibition effect on staphylococcus aureus. **Result**：Considering various factors，the optimum boiling process is that adding six-fold water and boiling for 8min. **Conclusion**：The content and activity of chemical constituents of Forsytiae Fructus are significantly different under different processing conditions.

Key words：Forsytiae Fructus；processing；forsythiaside；antioxidation doi：10.4268/cjcmm20130714

连翘为木樨科连翘属植物连翘 *Forsythia suspense*（Thunb.）Vahl 的干燥果实，具有清热解毒、消肿散结、疏散风热之功效，常用于风热感冒、温病初起、温热入营等[1]。连翘中主要含苯乙醇苷类、木脂素及其苷类、五环三萜类、黄酮类、挥发油类等成分[2]。现代药理研究表明，连翘具有抗氧化、抗菌、抗病毒、抑制磷酸二酯酶、抑制弹性蛋白酶活力、抗内毒素、抗肝损等多种药理作用[3]。目前关于连翘炮制方面的报道较少，且炮制方法不统一，生产水平低，生产过程没有严格的控制标准，有关炮制工艺的研究仅根据几种主要化学成分的含量高低作为判断炮制品的优劣[4-5]，这种评价方法存在一定的缺陷。因此，本试验在考察连翘中化学成分变化基础上，增加了浸出物量和活性考察指标，系统研究了连翘炮制工艺条件，期望为连翘炮制方法提供较为科学的依据。

1 材料

Agilent 1200 高效液相色谱仪（美国安捷伦公司）；OHAUS CP114 电子天平（奥豪斯仪器有限公司）；HP8453 UV-Vis 吸收光谱仪（美国惠普公司）。

连翘苷、连翘酯苷 A 对照品均购于中国食品药品检定研究院，批号分别为 110821-201112，111810-201102，DPPH 购于上海索莱宝生物科技有限公司；乙腈（色谱纯，天津市科密化学试剂开发中心），冰醋酸（色谱纯，天津市科密化学试剂开发中心），所用水为娃哈哈纯净水，其他试剂均为分析纯；连翘于 2011 年 8 月和 2012 年 8 月采摘于山西大学校园，经山西大学秦雪梅教授鉴定为木樨科连翘属植物连翘 *Forsythia suspense* 的果实。

2 方法

2.1 正交试验

参照 2010 年版《中国药典》炮制通则，取新鲜连翘 200g，分别装入尼龙网兜，放入恒温水浴锅中，考察炮制时间、炮制温度、加水量 3 个因素的影响，每个因素取 3 个水平，按照正交设计 L₉（3⁴）进行试验（表 1）。炮制后，平摊在纸上，阴干。

表 1 连翘炮制正交试验因素水平表
Table 1 Factors and levels in orthogonal design

水平	A 炮制时间/min	B 炮制温度/℃	C 加水量/倍
1	8	80	6
2	15	90	8
3	20	100	10

2.2 外观性状

对不同炮制条件下样品的外形（长短、直径）、表皮颜色、性状、气味、味道等进行比较。

2.3 浸出物含量测定

参照 2010 年版《中国药典》一部附录 XA 项下冷浸测定法，称取连翘粉末 4g，置 250mL 锥形瓶中，精密加 65% 乙醇 100mL，密塞，冷浸，前 6h 振摇，再静置 18h，用干燥滤器迅速滤过，精密量取滤液 20mL，置干燥至恒重的蒸发皿中，在水浴上蒸干，再于 105℃ 干燥 3h，置干燥器中冷却 30min，迅速精密称定质量，以干燥品计算供试品中醇溶性浸出物的质量分数。

2.4 指标成分含量测定

2.4.1 测定波长选择 连翘酯苷 A 在 216nm、245nm、290nm、332nm 有 4 个吸收峰，连翘苷在

229nm、279nm 有 2 个吸收峰，连翘酯苷 A 和连翘苷在 230nm 吸收强度均较大，因此初步确定检测波长为 230nm，此波长下，各个色谱峰分离度好，基线平稳。

2.4.2　色谱条件考察　Agilent ZORBAX SB-C_{18} 色谱柱（4.6mm×250nm，5μm）；流动相乙腈（A）-0.3%醋酸溶液（B），梯度洗脱，0～5min，85%～83% A，5～10min，83%～80% A，10～15min，80%～77% A，15～20min，77%～75% A，流速 0.8mL·min^{-1}；柱温 25℃；波长 230nm（图 1）。

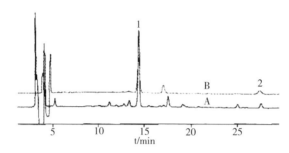

1. 连翘酯苷 A；2. 连翘苷。

图 1　连翘药材（A）和对照品溶液（B）的色谱图

Fig. 1 HPLC chromatograms of *Forsythia suspensa* sample（A）and reference substance（B）

2.4.3　对照品溶液的制备　取连翘酯苷 A 对照品，精密称定，加甲醇制成每 1mL 含 0.1mg 的对照品溶液，临用配制，避光。取连翘苷对照品，精密称定，加甲醇制成每 1mL 含 0.2mg 的对照品溶液。

2.4.4　供试品溶液制备　取本品粉末（过 3 号筛）约 1.0g，精密称定，置具塞锥形瓶中，精密加入 70%甲醇 30mL，称定重量，超声处理 30min（250W，40kHz），放冷，再称定重量，用 70%甲醇补足减失的重量，摇匀，滤过，取续滤液 0.8mL，置于 5mL 量瓶中，用 70%甲醇定容至刻度，即得供试品溶液。

2.4.5　标准曲线及线性范围考察　配制不同浓度的混合对照品溶液。精密吸取混合对照品溶液 10μL，注入液相色谱仪，平行进样 2 次，以进样量（X）对峰面积（Y）进行回归，连翘酯苷 A 回归方程为 $Y = 15\,490\,X + 229.95$，$R^2 = 0.999\,0$，线性范围 0.082 4～0.618g·L^{-1}；连翘苷回归方程为 $Y = 37\,417\,X - 90.162$，$R^2 = 0.999\,1$，线性范围 0.010 67～0.085 3g·L^{-1}。

2.4.6　精密度试验　精密吸取同一供试品溶液 10μL 连续进样 5 次，记录连翘酯苷 A 和连翘苷的峰面积，日内精密度分别为 1.6%，1.5%；精密吸取同一供试品溶液 10μL 连续进样 3d，每天 3 次，记录峰面积，连翘酯苷 A 和连翘苷日间精密度分别为 2.8%，1.9%。表明仪器精密度良好。

2.4.7　稳定性试验　精密吸取同一供试品溶液 10μL 分别于 0，1，2，4，8，12，24h 进样分析，记录峰面积。连翘酯苷 A 和连翘苷峰面积的 RSD 为 1.9%，0.50%，说明供试品溶液在 24h 内稳定性良好。

2.4.8　重复性试验　按 2.4.4 项下供试品溶液制备方法，重复制备 6 份药材供试品溶液，进样分析，连翘酯苷 A 和连翘苷峰面积的 RSD 分别为 2.3%，4.8%。

2.4.9　加样回收率试验　称取已知连翘酯苷 A 和连翘苷含量的连翘样品粉末约 0.5g，精密称定，平行 9 份，按供试品制备方法制成供试液，分别按样品含量一半的 80%，100%，120%加入对照品溶液，测定并计算连翘酯苷 A 和连翘苷的加样回收率以及 RSD。结果显示加样回收率的 RSD 均小于 5.0%，表明该方法的准确度良好（表 2）。

表 2　连翘酯苷 A 和连翘苷的加样回收率

Table 2　Recovery test of forsythoside A and forsythin

成分	原有量/mg	加入量/mg	测得量/mg	回收率/%	RSD/%
连翘酯苷 A	2.014	1.644	3.617	97.5	2.6
	2.021	2.053	4.004	96.6	2.4
	2.019	2.450	4.408	97.5	1.0
连翘苷	0.123	0.103	0.224	98.5	1.2
	0.125	0.126	0.246	96.4	1.0
	0.119	0.145	0.267	102.3	4.0

2.5　抗氧化试验[6-7]

2.5.1　DPPH 样品溶液的配制　精密称取 DPPH 对照品 4mg，用 50% 乙醇配制成质量浓度为 40mg · L^{-1} 的溶液。

2.5.2　连翘样品溶液的制备　称取连翘提取物粉末 6mg，用 50% 乙醇溶解并定容于 10mL 量瓶中作为样品溶液。

2.5.3　测定方法　分别精密吸取不同体积的样品溶液于试管中，精密加入 40mg · L^{-1}DPPH 溶液 3mL，用 50% 乙醇定容至 6mL。室温下避光静置 1h，于 525nm 处测定吸光值。

用半数有效值 IC$_{50}$（清除 50% DPPH 自由基所需样品的浓度）表示抗氧化活性，DPPH 清除率 ＝［A$_{对照}$ －（A$_{样品}$ － A$_{空白}$）］/A$_{对照}$ ×100%。

2.6　抗菌试验

2.6.1　样品制备　称取连翘提取物粉末，用无菌水溶解，配置成不同质量浓度的样品溶液。

2.6.2　培养基制备　称取 MH 琼脂 36.5g，加热溶解于蒸馏水 1 000mL 中，115℃ 高压灭菌 25min。

2.6.3　测定方法　将连翘药液加到培养基中，得到药液质量浓度为 1，2，4g · L^{-1} 的培养基，115℃ 高温高压条件下灭菌 25min。取质量浓度 1×10^7～2×10^7 金黄色葡萄球菌（麦氏比色管确认）50μL 点在培养基上，35℃ 条件下培养。于 24，48h 观察培养基中金黄色葡萄球菌生长情况。

3　结果与分析

3.1　外观性状比较

不同炮制条件下 9 批样品外观性状差异较小，呈长卵形至卵形，稍扁，大小相近，表面有不规则的纵皱纹和多数突起的小斑点，两面各有 1 条明显的纵沟。顶端锐尖，基部有小果梗或已脱落。不开裂，表面为棕色，突起的灰白色小斑点较少，质硬，种子多数，黄绿色，细长，一侧有翘，气微香，嘴嚼味苦。

3.2　综合加权评分法评价

利用浸出物含量、连翘酯苷 A 含量、连翘苷含量、IC$_{50}$ 进行综合评分，即以 1 个综合指标（overall desirability，OD）将各个考察指标统一综合考察，以综合指标进行直观分析（表 3，4）。连翘酯苷 A 为连翘中主要化学活性成分，且在连翘中含量较高，权重值为 30%；连翘苷也是连翘中主要化学活性成分，但含量较少，权重值为 20%；文献报道连翘提取物具有良好的抗氧化活性，对自由基有清除作用，对自由基造成的细胞内抗氧化防御系统受损和大分子损伤有保护作用[8]，权重值为 30%；连翘醇浸出物具有抗氧化、抗炎、抗菌等多种作用[9]，权重值为 20%；其中浸出物、连翘酯苷 A、连翘苷含量越高越好，IC$_{50}$ 越低越好，综合评分 OD＝0.2×W$_1$/W$_{max1}$ ×100＋0.3×W$_2$/W$_{max2}$ × 100＋0.2×W$_3$/W$_{max3}$ ×100－0.3×W$_4$/W$_{max4}$ ×100。

表3　连翘炮制工艺正交试验结果

Table 3　Results of orthogonal test

样组	W_1 浸出物/%	W_2 连翘酯苷 A/%	W_3 IC$_{50}$/mg·L^{-1}	W_4 连翘苷/%	综合评分
1	30.32	3.92	0.42	11.371 0	20.61
2	32.64	7.12	0.35	7.915 9	38.38
3	34.28	8.81	0.38	7.599 8	47.22
4	30.75	4.70	0.40	9.514 8	27.40
5	34.50	7.41	0.32	7.351 9	40.49
6	33.56	9.02	0.33	7.411 4	45.62
7	31.91	5.22	0.32	7.512 8	31.28
8	33.91	8.41	0.36	6.617 6	47.31
9	33.84	7.74	0.36	6.359 2	45.73

表4　连翘炮制工艺正交试验方差分析

Table 4 Results of analysis of variance

误差来源	偏差平方和	方差	F	P
A	55.35	27.67	1.45	<0.05
B	651.81	325.91	17.07	>0.05
C	9.97	4.99	0.26	>0.05

注：$f=2$，$F_{0.05(1,2)}=19.00$

结果表明，炮制温度对连翘中主要化学成分含量及抗氧化活性影响较大，炮制时间与加水量的影响相对较小，在炮制温度中，100℃为最佳温度。因此，综合考虑各因素的影响程度，以及从经济和节能角度的考虑，确定加6倍水，沸水煮8min。

3.3　炮制方法对抗菌作用的影响

按2.6项下测定方法平行验证2次，分析不同炮制条件下提取物的抗菌效果，结果表明（表5），炮制温度是影响抗菌效果的主要因素，90～100℃时抗菌效果较好，而炮制时间及加水量对抗菌效果影响较小，结果与3.2相符。

3.4　验证试验

根据选出的工艺炮制3批样品，进行验证试验，分别测定浸出物、连翘酯苷 A、连翘苷含量，结果表明（表6），$A_1B_3C_1$条件下，各指标测定结果基本一致，表明该炮制工艺稳定、可行。

4　讨论

本文采用连翘浸出物、连翘酯苷 A、连翘苷含量及抗氧化、抑菌活性作为评价指标，研究了青翘的炮制工艺条件。研究表明，炮制温度对连翘的品质影响最大，100℃炮制时各种检测指标均为最佳。随着炮制温度的提高，连翘酯苷 A 的含量显著提高，连翘苷的含量变化不大，说明连翘青果中不存在连翘苷的水解酶。抗氧化试验和抗菌试验结果表明，当连翘酯苷 A 含量较高时，提取物的抗氧化活性和抗菌效果均较好，由此推测，连翘酯苷 A 可能为连翘中的主要药效活性成分。

表 5　连翘炮制品抗菌试验结果

Table 5　Results of antibacterial of the processed products of Forsytiae Fructus

样组	炮制条件	金黄色葡萄球菌	
		24h	48h
0	自然干燥	－	++
1	$A_1B_1C_1$	－	++
2	$A_1B_2C_3$	－	±
3	$A_1B_3C_2$	－	±
4	$A_2B_1C_3$	－	++
5	$A_2B_2C_2$	－	±
6	$A_2B_3C_1$	－	±
7	$A_3B_1C_2$	＋	++
8	$A_3B_2C_1$	－	±
9	$A_3B_3C_3$	－	－

注：质量浓度均为 $1g \cdot L^{-1}$，"＋"有菌生长，"＋"的数量表示菌的多少，"－"无菌生长，"±"平行 2 次结果中 1 次为有少量菌生长，1 次为无菌生长。

表 6　连翘炮制工艺验证（$n=3$）

Table 6　Results of process validation（$n=3$）

单位：%

样组	连翘酯苷	连翘苷	浸出物
1	8.89	0.27	34.53
2	9.26	0.27	34.40
3	9.46	0.27	34.27

参 考 文 献

［1］中国药典.一部［S］.2010：159.

［2］郭强，王智民，林丽美，等.连翘属药用植物化学成分研究进展［J］.中国实验方剂学杂志，2009，15（5）：74.

［3］张炜，张汉明，郭美丽，等.连翘的药理学研究［J］.中国现代应用药学杂志，2000，17（1）：7.

［4］张淑蓉，裴香萍，梁学伟，等.青翘炮制方法的研究［J］.中国实验方剂学杂志，2010，16（18）：33.

［5］赵超，郑伶俐，胡亚刚，等.陕西道地药材连翘鲜品蒸煮工艺研究［J］.时珍国医国药，2011，22（2）：438.

［6］贺晓华，许龙，谈满良，等.不同提取方法赶黄草提取物清除 DPPH 自由基的作用研究［J］.时珍国医国药，2009，20（8）：1924.

［7］李荣，姜子涛，马丽.月桂精油抗氧化性能及清除自由基能力的研究［J］.中国调味品，2009，34（11）：58.

［8］卢婷，朴香淑.连翘提取物抗氧化活性的研究进展［J］.中国畜牧杂志，2009，45（15）：57.

［9］程晓莉，肖琴，刘明星，等.连翘乙醇提取物对小鼠抵御伤寒沙门菌感染能力的研究［J］.中国药师，2009，12（4）：435.

连翘产业现状的分析及其相关问题的对策研究

范圣此，张立伟*

（1. 山东宏济堂制药集团股份有限公司，山东　济南　250103；
2. 山西大学分子科学研究所，山西　太原　030006）

摘要　目前，在连翘产业中连翘的资源、采收、加工、市场到产品的综合开发等方面存在诸多的问题，只有找出对策解决这些问题，连翘产业才能实现规范化、规模化、产业化。本文通过连翘相关文献的查阅和连翘主产区的实际调研，对连翘产业的现状和相关问题的对策进行了深入研究，以期促进连翘产业持续、稳定、健康的发展。

关键词　连翘；资源；采收；加工；市场；产品开发

Status Analysis of Forsythiae Fructus Industry and Countermeasures for Relevant Problems

FAN Sheng-ci，ZHANG Li-wei*

（1. Shandong Hongjitang Pharmaceutical Co.，Ltd.，Jinan 250103，China；
2. Institute of Molecular Science，Shanxi University，Taiyuan 030006，China）

Abstract：At present，there are many problems in the Forsythiae Fructus industry in the aspects of the resources，collection，processing，market and product comprehensive development. Only to find out countermeasures for solving these problems，the standardization，scale and industrialization of Forsythiae Fructus industry can be achieved. In order to promote the continuous stable and healthy development of Forsythiae Fructus industry，this paper deeply studied current status and some countermeasures in Forsythiae Fructus industry through consulting the related literatures and investigating and visiting Forsythiae Fructus main producing areas.

Key words：Forsythiae Fructus；resource；harvesting；processing；market；product development

doi：10.13313 /j. issn. 1673-4890. 20170907002

連翘系木樨科连翘 *Forsythia suspensa*（Thunb.）Vahl 的干燥果实，为我国 40 种常用大宗中药材之一。目前连翘药材资源以野生为主，主产于山西、河南、河北、陕西等地[1-2]。连翘始载于《神农本草经》[3]，性味苦，微寒，具有清热解毒、消肿散结、疏散风热之功能[4]。连翘中含有挥发油类、连翘酯苷和木通苯乙醇苷等苯乙醇苷类、槲皮素和芦丁等黄酮类、连翘苷和连翘脂素等木脂素类、生物碱类、咖啡酸和没食子酸等有机酸类、齐墩果酸和熊果酸等萜类化合物[5-10]。现代药理研究表明，连翘具有抗氧化、降血脂、抗炎、抗癌、保肝、抗菌、抗病毒及抑制弹性蛋白酶等作用[11-14]。

　　连翘作为中药材在我国应用历史悠久。在提倡绿色、回归自然，预防保健为主，治疗为辅的当今社会，连翘开发前景广阔。连翘在预防和治疗非典、禽流感、甲型 H1N1、清热解毒等中成药、汤剂配方，抑菌化妆品、牙膏、香皂等方面应用广泛，需求量逐年增加，连翘产业进入了一个快速发展的历史时期。但是在连翘产业的发展中，连翘的资源、药用部位、采收、加工、基础研究、市场到产品的开发等方面存在诸多的问题，本文对连翘的产业现状进行了具体分析，并对其存在的问题提出相应的对策，确保连翘产业持续、稳定、健康发展。

1　连翘资源的现状及对策

　　我国连翘野生资源丰富，分布广，主要分布于秦岭山脉中部、东部和太行山西麓、五台山、中条山、太岳山、太行山南部、吕梁山南部、伏牛山、桐柏山等地[15-18]。从主产区资源和历史收购情况来看，山西约占全国的 50%，其余主要分布于河南、陕西、湖北、河北、山东等省[19]。连翘以野生为主，生于山坡灌丛、林下或草丛中，海拔 250～2 200m。在野生状态下，茎枝徒长、树形紊乱、疏密不均，导致野生连翘产量低[20]。近几年国家实施天保工程和生态林建设，乔木树种得到了恢复和营造，森林郁闭度增加，导致林下连翘只开花不结果，甚至被挤到林边和林缘，连翘群落逐渐失去了优势地位，野生连翘的产量和面积在减少[21]。在连翘主产区，连翘嫩叶和花常被制成保健茶饮用，导致连翘坐果率下降，连翘资源不同程度地受损[22]。

　　野生连翘缺乏管理，再加上人为破坏，连翘野生资源的面积和产量有逐年减少之势。因此，保护连翘野生资源势在必行，应趁着第四次中药资源普查的东风，组织全国的林业、生态及医药等方面的专家摸清全国连翘资源的家底，如：分布的产地、产量及面积等。对于连翘资源的保护，可以实行就地保护和异地保护的措施。根据连翘蕴藏量和分布特点，因地制宜地建立野生连翘资源自然保护区；其次是收集全国范围内连翘种质资源，建立连翘种质资源圃和种质资源库。野生连翘是杂合体，应开展连翘的新品种选育和提纯复壮工作，选育出品质优、产量高及树形好的连翘新品种。在连翘群落分布比较集中的地方，开展连翘野生抚育的工作，因地制宜地采取补植、疏密、修剪及封山育林等措施，改善群落结构，提高坐果率；同时在确保连翘品质的同时，在荒山、荒坡及退耕还林地开展连翘的引种驯化和规范化栽培，恢复连翘种群，增加连翘产量，保证连翘资源的可持续利用。

2　连翘药材入药部位的现状及对策

　　连翘药材的入药部位古今有一定的延续，也有变迁。从入药部位来看，最早使用的是连翘（湖南连翘）的地上部分及根。至唐代，多用地上部分，也有单用果实的。宋代以后至今，包括 2015 版《中华人民共和国药典》及《中药志》都是以木樨科的连翘果实入药[23-25]。《中华人民共和国药典》2015 版一部规定，秋季果实初熟尚带绿色时采收，除去杂质，蒸熟，晒干，习称"青翘"；果实熟透时采收，晒干，除去杂质，习称"老翘"。青翘主要用于中药提取物的生产和中成药的制造，而老翘主要用于中药饮片。但是在青翘的炮制加工和提取过程中，由于其果梗、枝梗的比重和果实的比重非常接近，连翘不同部位不能有效地分离，导致了青翘为原料的中成药质量不稳定，以至于影响其临床疗效。

　　关于连翘心能否入药，不同的学者说法不一。《小儿卫生总微论方》《疮疡经验全书》《医学入门》及《本草原始》等书籍都有"去心"的记载[26]。但在《本草纲目》《炮制大法》《本草蒙筌》等书籍中也有连翘不去心的记载[27]。清代，除承古外，始以连翘心入药，如《温病条辨》中的"清宫汤"即是。可见古代连翘入药有去心、连心和单用心的。《中华人民共和国药典》2015 版一部在老翘的性状鉴别中明确提到"种子棕色，多已脱落"，这说明了老翘的入药是包括老翘壳和部分种子。但在国家中医药管理局、中华人民共和国卫生部制定的药材商品规格标准中规定：连翘分黄翘和青翘两种规格，青翘为"间有残留果柄，无枝叶及枯翘、杂质、霉变"。黄翘为"间有残留果柄，质坚硬，种子已脱落，无枝梗、种籽、杂质、霉变"。这说明了部颁标准中规定的老翘入药部位只是老翘的壳，不含有老翘的种子。老翘和老翘心，青翘和青翘心抑菌实验和毒性实验也证明，壳、心区别不大，连翘无须去心[28]。梁文藻等[29]通过抑菌实验研究表明，青翘（含种子）的抑菌优于老翘，并且连翘酯苷A在连翘种子中的含量远高于青翘和老翘，连翘入药无需去心。连翘心具中枢兴奋作用，带心连翘服后有时会致失眠[30]，失眠患者应用连翘应以去心为宜。目前商品的老翘中是去掉连翘心，只用老翘的壳，连翘是否需要去心的加工方法还有待于深入研究。

中药材天地网对连翘叶的用量进行了多年的跟踪研究，连翘叶的使用是从2002年开始，大规模收购是在2006年。青翘价格上涨甚至价格翻倍的时候，部分提取厂家到连翘产地收购连翘叶掺混到青翘中进行提取，进而提取物被中成药生产厂家投料到成药配方之中。《中华人民共和国药品管理法》第十九条明确规定："调配处方必须经过核对，对处方所列药品不得擅自更改或代用"。同时中药生产企业的投料应符合《中华人民共和国药典》2015版规定的要求，即以干燥的连翘果实入药，否则是违犯《药品生产质量管理规范》（GMP）相关规定的。因此，以连翘叶代替青翘入药是非法的，国家应出台相关的政策，严厉打击连翘叶的采摘、收购、加工和销售等违法活动。尤其是连翘主产区的地方政府，对农民和药商应加强宣传教育，提高连翘资源的保护意识，从源头制止连翘叶采摘用于中成药生产。

张昺等[31]对不同采收期连翘叶中连翘苷、连翘酯苷A和芦丁的含量进行了测定，结果表明，综合考虑各指标，各成分含量在5、6月份间相差不大，所以连翘叶的最佳采收期应该以5月份为佳，这也说明民间采集幼嫩的连翘叶作为保健茶原料是有一定科学依据的。另外，各种物质含量在9月、10月又有所回升，在资源短缺时，亦可以考虑采集9月份的叶子用于化学成分的利用。张淑蓉等[32]对不同采收期连翘叶中活性成分的含量进行了研究，结果表明，连翘叶中连翘酯苷A和连翘苷含量在6月最高，以后逐渐降低，9月下旬有所回升，之后又降低；芦丁则是7月含量最高，之后变化趋势同连翘酯苷A和连翘苷，因此连翘叶以6—7月采收为宜。为避免较早采收叶子可能对果实造成的不利影响，建议在采收连翘果之后再采收连翘叶；另外，亦可以在9月下旬活性成分回升时采收连翘叶，以充分利用资源。

王进明等[33]对连翘不同部位（叶子、果实、果梗、枝梗）中连翘苷和连翘酯苷A的含量进行测定，结果表明，叶子中连翘苷含量最高为1.5%，它是果实中连翘苷含量的4.7倍，枝梗的5.6倍，果梗的6倍。不同部位中连翘酯苷A含量最高的同样为叶子，含量为4.5%，是枝梗的10.6倍，果梗中的2.4倍。因此，应加大连翘非药用部位的研究、开发和利用。2017年12月25日，山西卫生和计划生育委员会及山西省食品药品监督管理局联合发布了《食品安全地方标准连翘叶》（DBS 14/001—2017），有利于连翘叶的深度开发和利用。

3 连翘适宜采收期和采收方法的现状及对策

目前，连翘采收随意无序。近几年由于连翘花期有时遭受倒春寒的影响，严重减产，加之疫情、囤积炒作等因素的影响，价位偏高，致使连翘主产区的"抢青"时有发生，导致连翘产量降低，质量下降[34]。闫瑞等[35]采集了主产区12个产地抢青期（6月10日—7月20日）和正常采收早期（7月21日—9月10日）的对应样品，共24份。研究结果表明，12份抢青采收期的连翘酯苷A和连翘苷的含量均值分别是12份正常采收早期的连翘酯苷A和连翘苷的含量均值的1.32倍和1.42倍，但是12份正常采收早期的连翘千粒重的均值是12份抢青采收期的连翘千粒重均值的3.8倍。虽然连翘酯苷A和连翘苷的含量表现为抢青期含量高于正常采收早期，但抢青采收对青翘产量的影响较大，造成青翘资源的严重浪费。更主要的是抢青的青翘的化学物质基础与正常采收期的化学物质基础有很大差异，可能会严重影响中成药的疗效。

野生连翘多生长在山坡沟沿上，并与各种杂草、灌木及乔木伴生，采摘困难，在经济利益的刺激下，人们往往采用撇叉、折枝、割梢的方式就地采摘或者折枝后带回家采摘，导致在连翘主产区的山上到处可见连翘断树和散落在地上的被折断的连翘残枝，连翘资源遭受不同程度的破坏[36]。

雷敬卫等[37]研究表明，青翘的最佳采收时间为 9 月下旬，老翘应在果实成熟后于 11 月之前采收。白吉庆等[38]对不同采收期青翘中 4 种活性成分的含量进行分析，结果表明，陕西省洛南县产青翘于 7 月下旬至 8 月上旬采收最佳，此时连翘苷、连翘酯苷 A、芦丁和槲皮素的含量均较高。张淑蓉等[39]对不同采收期青翘中活性成分的含量进行了研究，结果表明，青翘中连翘酯苷 A、芦丁和连翘苷 3 种成分均是 7 月上旬含量最高，以后逐渐降低，故青翘以 7 月份采收为宜。

对于老翘的采收药农也很随意的，由于老翘的采收时间与农忙季节正好冲突，所以药农在秋冬期闲暇时上山采老翘，如果遇到流感的年份导致老翘价格升高，有些产区的药农在老翘的采收时间上从当年的 10 月份以后持续到第二年的连翘开花之前，导致老翘的质量参差不齐[40]。刘微等[41]对不同采收期老翘中化学成分含量进行了研究，结果表明 11 月初是老翘的适宜采收期。

对于连翘主产区时有发生的"抢青"和滥采滥阀现象，当地政府和国有林场应加强对连翘野生资源的监管和保护，政府出台相关规定，加大巡查力度，禁止连翘采青，如：2016 年河北省涉县在全县范围内禁止连翘采青，发布了《关于严禁连翘采青的通告》，其中规定了 2016 年 6 月 1 日至 7 月 15 日早晨六点整前，任何连翘采收行为均视为采青处理，保障连翘质量，促进农民增收。结合林权到户，控制连翘采收期，确保连翘适时采收；在连翘主产区加大对《野生药材资源保护条例》的宣传，同时通过培训学习提高农民和药商对连翘资源的保护意识；加强连翘野生抚育的管理，同时做到连翘采收方法科学，最终达到增加连翘产量，确保连翘品质，保障连翘产业的可持续发展。

4　青翘炮制加工的现状和对策

目前在连翘主产区青翘炮制方法多样，有蒸制、煮制、生晒及烘烤等，炮制加工不规范，加工规模小，没有统一标准，缺乏管理，造成了青翘质量参差不齐。有的地方青翘采用蒸制和煮制的炮制加工方法，蒸煮时间随意，药农都是凭经验操作，由于不同药农的经验差异等原因，均没有蒸制和煮制相关参数的量化指标。有的地方青翘不经蒸煮，直接生晒，晾晒时翻晒不及时，青翘外观色泽不一致，干湿不均匀，导致标包入库后的二次晾晒，甚至发霉变质，造成了人力、物力和财力的浪费；有的地方青翘用炉火烘烤，可能造成青翘被炭中的硫和碳燃烧产生的灰尘污染，造成青翘的硫及灰分超标，严重影响了青翘为主要原料的中成药在临床上的疗效。

要解决目前青翘产地加工存在的问题，就必须加强青翘加工炮制的规范化、标准化的小试、中试和生产研究，同时研制出一套流水化作业的连翘炮制加工的机器，然后再到连翘主产区进行示范推广。

姜涛等[42]采用连翘浸出物、连翘酯苷 A 和连翘苷含量及抗氧化、抑菌活性作为评价指标，研究了青翘的炮制工艺条件。研究表明，综合考虑各因素的影响程度，以及从经济和节能角度考虑，确定加 6 倍水，沸水（100℃）煮 8min。利用这个研究结果，山西振东道地药材科技开发有限公司在平顺县安装了一套联动青翘工业化生产设备，通过水煮"杀酶保苷"，最大限度地保留有效成分，生产出的青翘外观较油润，有光泽，连翘苷和连翘酯苷 A 含量均一、稳定。

5　连翘的市场现状与对策

据中药材天地网多年的数据统计表明，青翘正常年景可用 6 000～6 500t，遇着流感严重或重大疫情用量应有 7 000～7 500t；老翘每年的用量大约在 1 500～2 000t，多年来保持相对平稳。当前，连翘资源基本供需平衡，当连翘花期遇倒春寒或流感严重的年份，一些药商和企业也存在着囤积和炒作的现象。

此外，连翘市场需求量大，导致目前市售药材青翘、老翘混杂；中药材市场上，在连翘的交易中还掺杂着许多伪品，我国有部分地区将金钟花、秦连翘、丽江连翘、奇异连翘、卵叶连翘[43]和紫丁香[44]混作连翘使用。从流通上看，目前市场销售的不仅是青翘和老翘，还有连翘籽、连翘叶，甚至连翘药渣，这些连翘的衍生品，大多以连翘或连翘提取物的形式销出使用，而影响到我国连翘产品品质及整个行业的规范化及规模化发展。

药监部门要加大监察力度，对药材市场开展专项整治活动，防治连翘伪品和不合格连翘产品流入市场，同时建立连翘市场准入制度，并要监管长效；其次健全连翘药材流通追溯体系，应用现代信息技术和物联网技术，通过连翘产品包装带有的电子标签，做到连翘来源可追溯、去向可查证、责任可追究，保证连翘产业中连翘原药材的质量。

6 连翘基础研究的现状及对策

近年来，连翘的研究主要集中在化学成分、药理药效及栽培技术等方面，但有关连翘新品种选育、种子种苗的质量标准、科学的采收方法、工业化的加工炮制、储藏条件和储藏期、基因组的相关信息[45]、控制次生代谢物合成的关键酶和关键基因、连翘的抗病基因、物质基础、质量标准体系、提取物的标准，尤其是以连翘为组成成分的注射剂及高风险品种的临床药效、毒理及安全性的评价体系等方面的研究都有待进一步加强。

连翘虽是大宗常用的中药材，但不是濒危和紧缺的中药材品种，这也是各级政府、大中院校和科研院所的研究投入的人力、物力和财力较少的一个重要因素。要想把连翘产业做大做强，连翘的基础研究必须走在整个连翘产业化的前面，以便为下游的各个环节提供技术支撑。诸如山西省按照产、学、研一体化的机制，以科技部中药现代化科技产业（山西）基地建设办公室牵头，集全省研究力量和国内优势单位和人才组建了一个连翘产业技术发展中心，专门从事源于连翘产业发展需求和发展的相关技术的基础研究和产品的开发研究，并设立连翘产业专项资金，加强对连翘产业科技研发的支持力度。

7 连翘产品的综合开发的现状和对策

连翘资源大，产业小，以连翘为原料的重大新药创制及相关健康产品数量少，导致中药农业与中药工业之间的产业关联度低。其次，产业规模、经济规模小，集中度低，投入不足。因而，缺乏产品品牌，除个别连翘产品品牌外，整体相关产品知名度低[46]。2010 年版《中华人民共和国药典》中有 31 种中成药以连翘为主要成分，是抗病毒口服液、双黄连口服液、双黄连粉针、银翘解毒合剂、银翘解毒丸、VC 银翘解毒片等常用中成药的主要原料，年销售额在 10 亿元以上[47]。以连翘为主要成分的连花清瘟胶囊在国家卫生计生委 2018 年 1 月 11 日发布的《流行性感冒诊疗方案（2018 年版）》中被列为流感推荐用药。连翘入药用量如此广泛，加大连翘相关产品的开发势在必行。连翘相关产品的开发可按照近期、中期和远期 3 个不同的层次进行。近期的产品主要是青翘、饮片（老翘）、中华人民共和国药典标准连翘提取物、连翘功能食品及连翘茶等的技术提升和开发。中期的产品主要是利用连翘花开发黄色食用色素、连翘蜜；利用连翘籽开发连翘籽油；连翘籽中提取的挥发油开发连翘药物牙膏等。远期的产品主要是新型药物等的研发，利用连翘具有清除自由基和抗氧化作用，开发预防和治疗由活性氧引起的衰老、心脑血管、高血脂、老年性痴呆症甚至癌症等疾病的新型药物和新型的天然食品抗氧化剂[48-52]。

8 结语

连翘是中国独具特色和优势的大宗中药资源，在新型药品、功能食品、功能性卫生用品和化妆品以及生态保护、园林绿化和旅游观光等领域都具有重要的应用价值和广阔的开发前景。在政策方面，以政府的政策为导向，对连翘资源进行保护，同时进行合理地开发和利用，变资源优势为经济优势，保证连翘资源的可持续利用。在经费方面，以国家对项目扶持的资金为引导，集中财政、企业、个人捐助等方面的财力，为连翘产业的建设和发展提供充足而有效的资金支持；在科研方面，大中院校和科研院所开展连翘的基础科学研究，为连翘产业的发展提供技术支撑，同时倡导建立以企业为主的连翘产业联盟（2014 年 8 月 10 日由山西振东制药股份有限公司、山西大学、山西中医学院、石家庄以岭药业股份有限公司、广州香雪制药股份有限公司等单位牵头发起，共计 21 家相关单位共同组建而成"环太行山连翘产业协同创新"联盟），建立了在市场经济机制下的产学研合作模式。在品牌方面，开展连翘 GAP、地理标志产品和绿色产品认证，打造连翘品牌。只有种植、加工、销售、科研一体化，连翘产业才能规范化、规模化、产业化、国际化。

参 考 文 献

[1] 谢宗万 . 古今药用品种的延续与变迁 [J] . 中医药研究，1992（3）：37.

[2] 王进明，王瑞娜，范圣此 . 野生连翘资源调查与分析 [J] . 安徽农业科学，2012，40（15）：8483-8484.

[3] 孙星衍 . 神农本草经 [M] 孙冯翼，辑校 . 北京：商务印书馆，1955.

[4] 国家药典委员会 . 中华人民共和国药典：一部 [S] . 北京：中国医药科技出版社，2015.

[5] 裴香萍，张淑蓉，闫艳 . 不同采收期青翘中连翘苷、连翘酯苷和芦丁的含量测定 [J] . 中国药事，2011，25（5）：438-440.

[6] 邓超澄，朱小勇，韦建华，等 . 水蒸气蒸馏法与超临界 CO_2 萃取法提取青翘挥发油的化学成分比较 [J] . 中国实验方剂学杂志，2010，16（16）：76-80.

[7] 肖会敏，何悦，王四旺，等 . 连翘挥发油的成分分析及抗病毒活性的考察 [J] . 中国医药导报，2011，8（8）：31-33.

[8] 刘东雷，李会轻，徐绥绪 . 连翘属植物化学成分的研究进展 [J] . 沈阳药科大学学报，1995，12（4）：301.

[9] 孟祥乐，李俊平，李丹，等 . 连翘的化学成分及其药理活性研究进展 [J] . 中国药房，2010，21（43）：4117-4119.

[10] 夏伟，董诚明，杨朝帆，等 . 连翘化学成分及其药理学研究进展 [J] . 中国现代中药，2016，18（12）：1670-1674.

[11] 王金梅，许启泰，康文艺 . 连翘化学成分及药理研究进展 [J] . 天然产物研究与开发，2007，19（5）：153-157.

[12] 毛威，王晓明 . 连翘化学成分及其抗肿瘤活性 的研究 [D] . 武汉：湖北中医学院，2009.

[13] 肖会敏，何悦，王四旺，等 . 连翘挥发油的成分分析及病毒活性的考察 [J] . 中国医药导报，2011，8（8）：31-33.

[14] 刘建洲，张立伟 . 基于人呼吸道上皮细胞炎症模型的连翘提取物抗炎活性实验研究 [J] . 天然产物研究与开发，2015，27（7）：1248-1253.

[15] 山西森林编委会 . 山西森林 [M] . 北京：中国林业出版社，1984.

[16] 中条山树木志编委会 . 中条山树木志 [M] . 北京：中国林业出版社，1994.

[17] 茹文明，渠晓霞，侯继琴 . 太岳林区连翘灌丛群落特征的研究 [J] . 西北植物学报，2004，24（8）：1462-1467.

[18] 渠晓霞，毕润成 . 连翘种群生物学特征与种质资源研究 [J] . 山西师范大学学报：自然科学版，2004，18（3）：76-80.

[19] 胡静，马琳，张坚，等 . 连翘的研究进展 [J] . 中南药，2012，10（10）：760-764.

［20］刘铭，谢晓亮，刘红霞，等．河北太行山区野生连翘人工抚育技术研究［J］．时珍国医国药，2008，19（11）：2821-2822.

［21］滕训辉．山西野生连翘资源保护与可持续利用研究［J］．中医中药，2010，7（34）：81-83.

［22］滕训辉．山西连翘日渐萎缩资源保护迫在眉睫［J］．中国中医药咨讯，2010，2（13）：288.

［23］李英霞，孟庆梅．连翘的本草考证［J］．中药材，2002，25（6）：435-437.

［24］王孝涛主编．历代中药炮制法汇典（古代部分）［M］．南昌：江西科技出，1986.

［25］中国医学科学院药物研究所，等．中药志：第三册［M］．北京：人民卫生出版社，1984.

［26］李时珍著．本草纲目（校点本）［M］．北京：人民卫生出版社，1979.

［27］陈嘉谟著．本草蒙筌［M］．北京：人民卫生出版杜，1988.

［28］杨勇在，罗淑华．连翘去心问题的研究［J］．药检工作通讯，1979，9（1）：1.

［29］梁文藻，涂国士．连翘成分分析Ⅳ，连翘脂式的分离、鉴定和测定［J］．药物分析杂志，1986，6（5）：263.

［30］周凤梧主编．实用中药学［M］．济南：山东科技出版社，1985.

［31］张杲，李发荣，段飞，等．不同采收期连翘叶中连翘苷、连翘酯苷和芦丁的含量测定［J］．天然产物研究与开发，2005，17（6）：790-793.

［32］张淑蓉，裴香萍，闫艳，等．不同采收期青翘和连翘叶中活性成分的含量比较［J］．中国药房，2011，22（31）：2940-2942.

［33］王进明，范圣此，李安平，等．连翘不同部位中连翘苷和连翘酯苷A的含量分析及其入药探讨［J］．中国现代中药，2013，15（7）：556-559.

［34］李卫健，李先恩．连翘果实干物质与有效成分积累规律研究［J］．中草药，2006，37（6）：921-924.

［35］闫瑞，杨印军，刘红卫，等．"抢青"采摘对青翘中连翘酯苷A和连翘苷含量的影响［J］．中国现代中药，2016，18（5）：579-582.

［36］刘红卫．连翘主产地减产探因［J］．中药研究与信息，2005，7（3）：46-48.

［37］雷敬卫，张强，谢彩侠，等．不同采收期连翘的含量测定及HPLC指纹图谱［J］．中国医药工业杂志，2014，45（12）：1181-1185.

［38］白吉庆，王小平，曹林林，等．不同采收期青翘中4种活性成分的含量分析［J］．西北农林科技大学学报，2012，40（7）：193-198.

［39］张淑蓉，裴香萍，闫艳，等．不同采收期青翘和连翘叶中活性成分的含量比较［J］．中国药房，2011，22（31）：2940-2942.

［40］王进明，范圣此，赵艳，等．不同采收期老翘中化学成分含量测定［J］．园艺与种苗，2014（4）：44-47.

［41］刘微，王玉龙，关扎根，等．不同采收期及干燥处理老翘中化学成分含量比较［J］．现代农业科技，2016（2）：96，99.

［42］姜涛，许佳，秦臻，等．连翘炮制工艺研究［J］．中国中药杂志，2013，38（7）：1000-1003.

［43］吴晓冬，吴峰．连翘及其伪品的鉴别［J］．浙江中西医结合杂志，2003，13（7）：455-456.

［44］李晓燕，傅茂东．中药连翘的一种伪品—紫丁香果实生药学鉴定［J］．时珍国医国药，2000，11（11）：997-998.

［45］王兴春，谭河林，陈钊，等．基于RNA-Seq技术的连翘转录组组装与分析及SSR分子标记的开发［J］．中国科学，2015，45（3）：301-310.

［46］伍文彬，卜王飞，李平等．从"大中药"产业链试论连翘及其相关产品的开发与利用［C］.//大中药产业健康发展战略研讨会论文集，2010.

［47］白吉庆，王小平，权太祥，等．商洛连翘资源的保护及利用对策研究［J］．陕西中医学院学报，2011，9（34）：78-80.

［48］马振亚，柳丽．"731"中药牙膏对口腔分泌液中菌丛、sIgA和溶菌酶的影响［J］．陕西中医学院学报，1987，10（4）：33-37.

［49］杨建雄，刘静，李发荣，等．连翘叶茶抗氧化抗衰老作用的实验研究［J］．营养学报，2004，26（1）：65-67.

［50］张立伟，刘金．中草药连翘提取物抗氧化性的研究［J］．食品科学，2003，24（12）：122-124.

［51］盛锋，付雷．连翘花黄色素的提取［J］．食品与发酵工业，2002，28（2）：66-69.

［52］张晋民，余星．简介一种野生油源—连翘［J］．粮食与油脂，1995，4：48-50.

连翘不同部位中连翘苷和连翘酯苷 A 的含量分析及其入药探讨

王进明，范圣此*，李安平，陈婷婷，孙斌，杨霞

（山西振东道地药材开发有限公司，山西 长治 047100）

摘要 目的：通过连翘不同部位的连翘苷和连翘酯苷 A 的含量比较，为连翘资源的综合开发利用提供科学依据。方法：采用 HPLC 测定连翘果实、叶、果梗、枝梗中连翘苷和连翘酯苷 A 的含量，以 Luna5uC$_{18}$（2）100A（250mm×4.6mm，5μm）为色谱柱，连翘苷测定流动相为乙腈-水（25：75），检测波长为 277nm，柱温为室温，流速为 1.0mL·min^{-1}；连翘酯苷 A 测定流动相为乙腈－0.4%冰醋酸溶液（15：85），检测波长为 330nm，柱温为室温，流速为 1.0mL·min^{-1}。结果：连翘苷在 3.33～13.32μg 线性关系良好（r=0.999 7），平均回收率为 99.30%，RSD=1.4%；连翘酯苷 A 在 4.17～6.69μg 具有良好的线性关系（r=0.999 7），平均回收率为 98.26%，RSD=1.8%。结论：连翘苷含量在不同部位中叶子最高，其次为果实、枝梗、果梗；连翘酯苷 A 含量在不同部位中同样叶子最高，其次为果实、果梗、枝梗。

关键词 连翘；连翘苷；连翘酯苷 A；HPLC

Analysis of the Contents of Forsythin and Forsythiaside A in Different Parts of *Forsythia suspensa* and Its Medicinal Use Discussion

WANG Jin-ming，FAN Sheng-ci*，LI An-ping，
CHEN Ting-ting，SUN Bin，YANG Xia

（Shanxi Zhendong Geoherbs Development Co，Ltd.，Changzhi Shanxi 047100，China）

Abstract Objective：To provide theoretical basis for comprehensive development and utilization of *Forsythia suspensa* resources by evaluating the contents of forsythin and forsythiaside A in different parts of *Forsythia suspense*. Methods：HPLC method was used for analyzing the contents of forsythin and forsythiaside A for 4 samples of different parts of *Forsythia suspense*. Luna5uC$_{18}$（2）100A（250 mm×4.6 mm，5 μm）Column was carried out，the mobile phrase of forsythin determination was acetonitrile-water（25：75），the detection wavelength was 277 nm. The mobile phase of forsythiaside A determination was acetonitrile－0.4%acetic acid（15：85）and the detection wavelength was 330 nm. The column temperature was room temperature. And the flow rate was 1.0 mL·min^{-1}. Results：There was a good linear relationship （r＝0.999 7）for forsythin at 3.33～13.32 μg，the average recovery rate was 99.30％，and RSD was 1.4％. The good linear relationship（r＝0.999 7）for forsythiaside A was at 4.17～6.69 μg，the average recovery rate was 98.26％，and RSD was 1.8％. Conclusion：The highest content of forsythin was in leaves，followed by fruit and branches，the highest content of forsythiaside A was in leaves，and followed by fruits，stems and branches.

Key words *Forsythia suspensa*；Forsythin；Forsythoside A；HPLC

连翘为木樨科植物连翘 *Forsythia suspensa*（Thunb.）Vahl 的干燥果实。秋季果实初熟尚带绿色时采收，除去杂质，蒸熟，晒干，习称"青翘"；果实熟透时采收，晒干，除去杂质，习称"老翘"[1]。在市场销售的青翘中有水煮货和生晒货两种，水煮即青翘经水煮后晒干或烘干，生晒为直接将采收的青翘晒干或阴干。连翘具有消肿散结，清热解毒，疏散风热之功效，还是预防和治疗禽流感、SARS、甲型 H_1N_1 流感等流行性疾病的主要成分[1-4]。连翘除其果实有药用价值以外，近些年也有研究报道连翘叶提取物有抑菌等药理作用，同时连翘叶、花可作茶饮，在我国河北、河南、陕西、山西等地，均有将连翘叶作为茶饮用的习惯[5]。

由于近年来连翘价格的迅速上涨，使得产地百姓和商贩在经济利益的驱动下，造成青翘的"抢青"、掺入连翘叶、掺杂丁香果实等伪品、枝梗、沙土现象屡有发生；同时一些不法厂家以价格低廉的连翘叶提取物代替青翘果实提取物入药，造成了较大的混乱；《中国药典》2010 版规定，青翘入药部位是果实，但是在青翘炮制加工和提取过程中，由于青翘果梗、枝梗的比重和果实的比重非常接近，导致了连翘不同部位不能有效地分离，这些现象一方面造成青翘市场质量标准的参差不齐，市场混乱；其次以青翘为原料的中成药质量不稳定，以至影响其临床疗效，最终对连翘的产业化发展造成一定程度的影响。

近年来国内外的许多学者都集中于连翘果实、叶子、种子及花等不同部位的化学成分含量研究[6-9]，但是对于连翘的枝梗、果梗的药用成分含量研究却鲜有报道。作者通过测定适宜采收期内连翘的果梗、枝梗、叶子、果实等不同部位药用成分含量并对其综合分析，来探讨在连翘产业过程中连翘不同部位的入药问题，旨在为以后连翘资源的合理开发利用提供一定的理论参考。

1 材料、仪器及试剂

1.1 材料

连翘于 2012 年 8 月 30 日采集自山西振东集团园林绿化地的 3 株植株，经山西大学张立伟教授鉴定为木樨科植物连翘 *Forsythia suspensa*（Thunb.）Vahl 不同部位的样品，然后将不同部位（连翘枝梗、连翘果实、连翘果梗、连翘叶）进行阴干获得。

1.2 仪器与试剂

Aglient1260 高效液相色谱仪（四元泵，紫外检测器，在线脱气机，柱温箱）；BSA124S 电子天平（赛多利斯科学仪器）；KQ-500DB 型数控超声波清洗机（昆山市超声仪器有限公司）。

试验用水为双蒸水，乙腈为色谱纯，其他试剂均为分析纯；连翘苷对照品（批号：110821－201112，含量为 96.8％）、连翘酯苷 A 对照品（批号：111810－201103，含量为 92.9％），供含量测定用，均购自中国食品药品检定研究院。

2 方法与结果

2.1 色谱条件

色谱柱为 Luna5uC_{18}（2）100A（250mm×4.6mm，5μm），连翘苷测定流动相为乙腈-水（25：

75)，检测波长为277nm，柱温为室温，流速为1.0mL·min^{-1}；连翘酯苷A测定流动相为乙腈－0.4％冰醋酸溶液（15∶85），检测波长为330nm，柱温为室温，流速为1.0mL·min^{-1}。

2.2　对照品溶液的制备

精密称取连翘苷对照品11.47mg，置10mL容量瓶中，加甲醇溶解并稀释至刻度，摇匀，即得；精密称取连翘酯苷A对照品14.97mg，置10mL容量瓶中，加甲醇溶解并稀释至刻度，摇匀，即得（临用配制）。

2.3　供试品溶液的制备

2.3.1　测定连翘苷的供试品溶液制备　取不同部位粉末（过三号筛）约1g，精密称定，置具塞锥形瓶中，精密加入甲醇15mL，称定重量，浸渍过夜，超声处理（功率250W，频率40kHz）25min，放冷，再称定重量，用甲醇补足减失的重量，摇匀，滤过，精密量取续滤液5mL，蒸至近干，加中性氧化铝0.5g拌匀，转移至中性氧化铝柱（100～120目，1g，内径为1～1.5cm）上，用70％乙醇80mL洗脱，收集洗脱液，浓缩至干，残渣用50％甲醇溶解，转移至5mL量瓶中，并稀释至刻度，摇匀，滤过，取续滤液，即得。

2.3.2　测定连翘酯苷A的供试品溶液制备　取不同部位粉末（过三号筛）约0.5g，精密称定，置具塞锥形瓶中，精密加入70％甲醇15mL，密塞，称定重量，超声处理（功率250W，频率40kHz）30min，放冷，再称定重量，用70％甲醇补足减失的重量，摇匀，滤过，取续滤液，即得。

2.4　线性关系考察

分别精密量取浓度为1.110 30mg·mL^{-1}的连翘苷、1.390 71mg·mL^{-1}连翘酯苷A对照品溶液3，5，8，10，12，15μL进样分析，测定峰面积。以进样量为横坐标，峰面积为纵坐标进行线性回归，得连翘苷回归方程为$Y=2\,219.4X+591.86$，$r=0.999\,7$，表明连翘苷进样量在3.33～13.32μg具有良好的线性关系；连翘酯苷A回归方程为$Y=1\,771X+599.59$，$r=0.999\,7$，表明连翘酯苷A在4.17～6.69μg具有良好的线性关系。

2.5　精密度试验

精密吸取对照品溶液10μL，重复进样5次，连翘苷峰面积的RSD＝0.8％，连翘酯苷A峰面积的RSD＝0.1％，表明该方法的精密度良好。

2.6　重复性试验

取供试品（果实），按供试品溶液的制备方法制备6份供试液，分别进样10μL，连翘苷的RSD＝1.6％，连翘酯苷A的RSD＝0.3％。

2.7　稳定性试验

精密吸取果实供试品溶液，在0，4，6，8，10，12h内重复进样6次，每次10μL，计算连翘苷峰面积的RSD＝1.5％，连翘酯苷A峰面积的RSD＝0.2％，表明供试品溶液在12h内稳定。

2.8　加样回收率试验

取已测含量的果实供试品溶液5份，分别精密加入定量的连翘苷、连翘酯苷A对照品，依法测定，结果测定见表1、表2。

2.9　样品测定

取连翘枝梗、果实、叶子、果梗，照2.3方法制备供试品溶液，依法测定，以外标法计算连翘苷、连翘酯苷A含量，测定结果见表3。

表 1 连翘苷加样回收率试验

编号	取样量/g	样品中含量/mg	对照品加入量/mg	测得量/mg	回收率/%	平均回收率/%	RSD/%
1	0.500 15	1.650	1.800	3.431	98.9	99.30	1.4
2	0.500 21	1.651	1.897	3.506	97.8		
3	0.500 35	1.651	2.168	3.838	100.9		
4	0.500 43	1.651	2.159	3.824	100.6		
5	0.500 38	1.651	1.878	3.498	98.3		

表 2 连翘酯苷 A 加样回收率试验

样品序号	取样量/g	样品中含量/mg	对照品加入量/mg	测得量/mg	回收率/%	平均回收率/%	RSD/%
1	0.100 63	3.301	3.205	6.516	100.3	98.26	1.8
2	0.100 39	3.293	3.159	6.471	100.6		
3	0.100 74	3.304	3.623	6.835	97.5		
4	0.100 18	3.288	3.437	6.619	96.9		
5	0.100 60	3.300	3.201	6.380	96.2		

表 3 连翘不同部位中连翘酯苷和连翘酯苷 A 含量测定

指标		枝梗/%	果实/%	叶子/%	果梗/%
连翘苷	1	0.20	0.33	1.34	0.28
	2	0.30	0.33	1.59	0.23
	3	0.31	0.30	1.62	0.25
	$\bar{x}$	0.270	0.320	1.517	0.253
连翘酯苷 A	1	0.32	3.28	4.87	1.67
	2	0.42	4.63	4.29	2.14
	3	0.54	4.34	4.45	1.84
	$\bar{x}$	0.427	4.083	4.537	1.883

通过表 3 比较分析可知，连翘不同部位中连翘苷、连翘酯苷 A 的含量均超过了《中国药典》2010 版标准，其中叶子中连翘苷含量最高为 1.517%，它是果实中连翘苷含量的 4.7 倍、枝梗的 5.6 倍，果梗的 6 倍，结果与李卫建等[6]中连翘果实干物质与有效成分积累规律研究中结果基本一致，即叶子＞果实＞果梗＞枝梗；不同部位中连翘酯苷 A 含量最高的同样为叶子，含量为 4.537%，是果实中连翘酯苷 A 含量的 1.1 倍，枝梗的 10.6 倍、果梗中的 2.4 倍，不同部位中连翘酯苷 A 含量高低为叶子＞果实＞果梗＞枝梗，实验结果与靖会等[10]测定的不同部位中连翘酯苷 A 含量的实验结果一致，即连翘叶中连翘酯苷 A 含量最高，但与李卫建等[6]研究的连翘果实干物质与有效成分积累规律中连翘酯苷 A 在整个生长期内果实中高于叶子中含量结果不同。实验结果的不同可能是由于他们的实验中将果壳和种子分开的原因，具体原因有待于进一步的研究证明。但就综合连翘苷、连翘酯苷 A 的含量结果分析，连翘叶子在药用新资源开发方面具有重要的研究价值和意义。

3 讨论

从入药部位来看，最早使用的是金丝桃科湖南连翘的地上部分及根，至唐代，多用地上部分，也有只用果实的。至宋代开始到明清以后则以木樨科的连翘果实为正品，且《中药志》《中国药典》皆以木樨科连翘的果实为连翘正品的唯一来源[11]。单从连翘苷和连翘酯苷 A 这两类药用成分含量来看，这 4 种不同部位，都具有一定的药用价值，因此在对不同入药部位和药用价值的研究中要加大力度进行研究、开发利用，才能保证连翘入药的安全、稳定、有效、可控。

连翘叶在中药典籍中记载的药物功效与连翘果实极为相似，化学组成上也有相似性[12]。相关研究表明，单纯就抗菌效果而言，青翘优于老翘，连翘叶优于连翘果实[8,13]。按照中医药理论，不同的部位入药的效果应该是截然不同的，所以必须加强中药的基础研究；连翘叶茶在我国的部分地区虽有饮用的习惯，但依据 2007 年 12 月 1 日起施行的《新资源食品管理办法》中的相关规定，它并不属于新资源食品，而只能作为一种农产品在旅游景点和连翘主产区的部分市场上进行销售。因此对连翘叶能否开发为保健茶和能否入药有待于更深入的研究。在连翘为原料的中成药的生产中，往往是将连翘果梗、枝梗和果实一起提取，这就导致中成药质量不稳定。如果解决连翘产业中的这些问题，需要国家相关部门批准连翘为新资源和药食两用品种，连翘资源的综合开发力度才会有更大的提高。

参 考 文 献

[1] 国家药典委员会. 中国药典 [S]. 一部. 北京：中国医药科技出版社，2010：234.

[2] 山西医学院肝病研究组. 甘草、柴胡、连翘对实验性肝损伤的作用 [J]. 新医药杂志，1973，(9)：21.

[3] 李晓燕. 中药连翘抗菌活性的考察 [J]. 山东医药工业，1997，16 (2)：46.

[4] 匡海学. 青连翘抗菌活性成分的研究 [J]. 中药通报，1988，13 (7)：32.

[5] 梁文藻，董慧，涂国士. 连翘成分分析 (I) 连翘酯素的分离鉴定和测定 [J]. 药物分析杂志，1985，5 (1)：1-3.

[6] 李卫建，李先恩. 连翘果实干物质与有效成分积累规律研究 [J]. 中草药，2006，37 (6)：921.

[7] 陈随清，王三姓，董诚明，等. 连翘果实化学成分积累动态的研究 [J]. 中国中药杂志，2007，32 (11)：1096-1097.

[8] 段飞，张双民，杨建雄，等. 连翘叶提取物抑菌作用的研究 [J]. 西北药学杂志，2005，20 (2)：66-67.

[9] 张海燕. 连翘化学成分及药理活性的研究进展 [J]. 中药材，2000，23 (10)：657-660.

[10] 靖会，李教社，杨银京. 不同部位、不同产地及不同采集时间连翘中连翘酯苷 A 的含量测定 [J]. 陕西中医，2010，31 (10)：1406-1407.

[11] 李英霞，孟庆梅. 连翘的本草考证 [J]. 中药材，2002，25 (6)：435-437.

[12] 叶华，吴臻，李发荣. 连翘叶入药的问题及思考 [J]. 临床合理药，2011，4 (3)：74-75.

[13] 靖会，李教社，曹蔚，等. 高效液相色谱法测定连翘中连翘酯苷的含量 [J]. 西北药学杂志，2003，18 (4)：156-157.

基于 RNA-Seq 技术的连翘转录组组装与分析及 SSR 分子标记的开发

王兴春[①†*]，谭河林[②†]，陈钊[③]，孟令芝[①]，王文斌[①]，范圣此[④*]

①山西农业大学生命科学学院，太谷 030801；
②南京农业大学，作物遗传与种质创新国家重点实验室，南京 210095；
③山西农业大学文理学院，太谷 030801；
④山东宏济堂制药集团有限公司，济南 250103

doi：10.1360/N052014-00273

摘要 连翘既是传统的中药材，又是优良的城市绿化树种，具有重要的经济价值和生态价值。但是连翘基因资料非常匮乏，限制了其分子生物学和基因功能的研究。本研究以连翘根、茎、叶、花和果实等器官的混合样品作为材料，利用 Illumina HiSeq™ 2500 测序平台对其进行转录组测序。共获得 23 164 327 条干净数据（clean reads），总碱基数为 4 678 791 021bp。Clean reads 经 *de novo* 组装后获得 45 112 条 unigenes。进一步利用五大公共数据库进行同源比对，注释了 28 699 条 unigenes。其中，473 个基因参与了连翘次生物质的合成和代谢，包括 81 个与苯丙氨酸和苯丙烷代谢相关的基因。对这 81 个基因的分析表明，有 4 个基因编码苯丙氨酸脱氨酶，1 个基因编码肉桂酸 4-羟化酶，2 个基因编码 4-香豆酰：辅酶 A 连接酶。这 3 个酶催化了连翘中主要药用活性物质苯乙醇苷和木脂素前体肉桂酸衍生物的生物合成。此外，还发现了 2 个松脂醇-落叶松树脂醇还原酶和 1 个开环异落叶松脂醇脱氢酶编码基因，这 2 个酶是木脂素合成的关键酶。最后，分析了长度在 1kb 以上的 12 721 个 unigenes 的基因结构，检测到 3 199 个 SSR 位点，并对其中 40 个位点进行了验证。本研究不仅为连翘基因克隆和分子生物学研究提供了丰富的基础数据信息，而且为连翘遗传多样性研究、指纹图谱构建和分子标记辅助选育奠定了分子基础。

关键词 RNA-Seq 转录组　次生代谢　苯乙醇苷　木脂素　SSR 分子标记　连翘

Assembly and Characterization of the Transcriptome and Development of SSR Markers in *Forsythia suspensa* Based on RNA-Seq Technology

WANG XingChun[1*], TAN HeLin[2], CHEN Zhao[3], MENG LingZhi[1], WANG WenBin[1] & FAN ShengCi[4*]

（1 College of Life Sciences，Shanxi Agricultural University，Taigu 030801，China；

2 State Key Laboratory of Crop Genetics and Germplasm Enhancement，

Nanjing Agricultural University，Nanjing 210095，China；

3 College of Arts and Sciences，Shanxi Agricultural University，

Taigu 030801，China；

4 Hongjitang Pharmaceutical Co.，Ltd.，Jinan 250103，China）

Abstract：F. suspensa is not only an important traditional Chinese medicine and but also an excellent urban greening tree species，thus has important economic and ecologic values．However，the lack of gene resources limits the molecular biology and gene functional studies in *F. suspensa*．In this study，the transcriptome of the mixed samples from root，stem，leaf，flower and fruit of *F. suspensa* was sequenced using the Illumina HiSeq™ 2500 sequencing platform．After high through-put sequencing，a total of 23164327 clean reads with 4678791021 bp were obtained．The clean reads were then *de novo* assembled into 45112 unigenes，and 28699 unigenes were annotated by a similarity search against five public databases．Of these annotated unigenes，473 genes were assigned to second metabolic pathway，including 81 genes associated with phenylalanine and phenylpropanoid metabolism．Further analysis of these 81 genes reveled that there were 4 genes encoding phenylalanine ammonia-lyase，1 gene encoding cinnamate 4-hydroxylase and 2 genes encoding 4-coumarate：CoA ligase，respectively．These enzymes are involved in the biosynthesis of cinnamic acid derivatives，which are precursors of the mainly pharmaceutically active substances phenylethanoid glycosides and lignan in *F. suspensa*．In addition，we also identified 2 pinoresinol/lariciresinol reductase encoding genes and 1 secoisolariciresinol dehydrogenase encoding gene，which are the key genes in the lignan biosynthesis．Finally，a total of 3199 SSRs were identified from 12721 unigenes longer than 1 kb，and 40 of them were verified．This work not only provides many valuable basal data for gene cloning and molecular biology research，but also lays the foundation for genetic diversity analysis，finger printing construction and molecular marker assisted breeding in *F. suspensa*．

Key words：RNA-Seq, transcriptome, second metabolism, phenylethanoid glycoside, lignan, SSR molecular marker, *Forsythia suspensa*

doi：10.1360/052014-00273

　　连翘（*Forsythia suspensa*（Thunb.）Vahl）又名黄花条、一串金和落翘等，是木樨科（Oleaceae）连翘属（Forsythia）落叶灌木。广泛分布于中国、日本、韩国以及欧洲的部分地区[1,2]。连翘具有清热解毒之功效，既是重要的传统中药材，也是现代植物药和中成药的重要原料[3]。苯乙醇苷类是连翘的主要特征性有效成分，主要包括连翘脂苷 A～F、异连翘酯苷、毛柳苷、泽丁香酚苷和木通苯乙醇苷 B 等[4-8]。木脂素又称木酚素，主要包括连翘脂素、连翘苷和松脂素等，是连翘中另一类重要的有效成分[9]。近年来，由于人们对连翘等纯天然药物的需求越来越大，加之野生连翘资源的退化，连翘市场供应非常紧张。利用现代生物学技术，提高连翘产量和有效成分含量，并开展连翘种质资源开发与保护工作成为连翘产业发展的当务之急。

　　目前，有关连翘的研究多集中在有效成分提取、鉴定以及药理学方面[2,10,11]，而有关连翘分子生物学和基因功能方面的研究十分匮乏。这在一定程度上是由连翘还未进行全基因组测序工作，基因资料匮乏所致。目前，在 GenBank 数据库中登录的连翘基因序列仅有 153 条，这极大地限制了连翘的分子生物学研究。近年来，转录组测序（RNA sequencing，RNA-Seq）技术的出现颠覆了传统分子

生物学研究的思维方式[12-15]，使低廉、高效、大规模的基因资料发掘成为可能。目前，该技术已经在拟南芥（*Arabidopsis thaliana*）[14,15]、水稻（*Oryza sativa*）[16]、玉米（*Zea mays*）[17]、大豆（*Glycine max*）[18]、人（*Homo sapiens*）[19]和小鼠（*Mus musculus*）[20]等生物基因功能研究中得到了广泛应用。另外，由于 RNA-Seq 技术不需任何生物的基因组信息，因此任何生物都可以进行转录组组装和分析，这对于基因组未知生物基因信息的挖掘尤为重要。例如，Hao 等人[21]利用 RNA-Seq 技术对中药虎杖（*Polygonum cuspidatum*）根进行了分析，从中发现了一大批可能参与蒽醌类和白藜芦醇等药用活性物质生物合成的基因和 1 000 多个简单重复序列（simple sequence repeat，SSR）多态性位点。这不仅大大丰富了虎杖的基因资料，而且为虎杖种质资源亲缘关系的研究奠定了基础。尽管如此，RNA-Seq 尤其是基于最新 HiSeq™ 2500 测序平台的技术还尚未用于连翘转录组研究。

我国连翘种质资源极其丰富，除华南外其他各地均有栽培，其中以山西连翘产量最多。但近年来，野生连翘资源不断遭到破坏，产量和质量有所下降。为了防止连翘种质资源的进一步丧失，汤正辉等人[22]利用 ISSR（inter-simple sequence repeat）分子标记技术研究了河南连翘种群遗传多样性，为连翘种质资源的保护和应用奠定了基础。类似的，在国外也开展了木樨科植物的亲缘关系研究[23]。尽管如此，可用于连翘种群遗传关系研究的分子标记数量还非常有限。

为充分挖掘连翘基因和种质资源，本研究利用最新的 HiSeq™ 2500 平台对连翘根、茎、叶、花和果实混合样品进行了转录组测序和组装，绘制了连翘转录组图谱。在此基础上分析了连翘转录组特性，发现了一大批与连翘次生代谢物质尤其是苯乙醇苷类和木脂素类化合物生物合成相关的基因；并进一步开发了 3 000 多个 SSR 分子标记，为传统中药材连翘的现代化研究奠定了基础。

1 材料与方法

1.1 实验材料

连翘 RNA-Seq 转录组测序材料种植于山西农业大学校园内（山西省晋中市太谷县，37°25′N，112°33′E）。分别采集根、茎、叶、花和果实，迅速放入液氮中保存备用。连翘 SSR 多态性检测所用样品分别采自山西省、陕西省、河南省和河北省的 16 个连翘产区（表 1）。取幼嫩的叶片，利用硅胶干燥后备用。

1.2 总 RNA 的提取和转录组测序

连翘总 RNA 的提取利用 RNApure Plant Kit（含 DNase I）试剂盒（康为世纪生物科技有限公司，北京），该试剂盒含有 DNase I，以便去除残留的基因组 DNA。提取操作严格按照试剂盒说明书进行，将根、茎、叶、花和果实在液氮中充分研磨，分别提取总 RNA。

表 1 连翘 SSR 多态性检测样品

编号	省份	市县
1	山西省	陵川县
2	山西省	左权县
3	陕西省	山阳县
4	河南省	辉县市
5	陕西省	潼关县
6	河南省	栾川县
7	山西省	黎城县
8	山西省	垣曲县
9	河南省	卢化县

（续）

编号	省份	市县
10	河北省	井陉县
11	河南省	林州市
12	山西省	安泽县
13	河南省	沭阳县
14	山西省	平顺县
15	河北省	涉　县
16	山西省	长子县

上述提取的总 RNA 经 Agilent 2100 生物分析仪（Agilent Technology，美国）检测合格后，将根、茎、叶、花和果实的 5 份 RNA 等量混合，混合样品用于转录组测序。文库的构建和转录组测序方法如下：①利用 NEBNext Poly（A）mRNA Magnetic Isolation Module（New England Biolabs，美国）分离和富集 mRNA；②以富集的 mRNA 作为模板，利用 NEBNext Multiplex Oligos（E7500，New England Biolabs）和 NEBNext mRNA Library Prep Master Mix（New England Biolabs）构建测序文库；③利用 HiSeq™ 2500 测序平台（Illumina，美国）进行转录组测序。

1.3　测序数据过滤及连翘转录组的组装

将测序所得到的原始序列（raw reads）进行过滤，以去除 rRNA、含接头的及低质量的 reads，使得 Q30（碱基的测序错误率小于 0.1%）达到 80% 以上。过滤后所得即为干净数据（clean reads），如无特殊说明，后续所有分析都是基于 clean reads 进行。

由于连翘基因组测序尚未完成，无参考序列，因此使用转录组组装软件 Trinity[24] 进行连翘转录组 de novo 组装。（1）通过 clean reads 序列之间的重叠（overlap）信息组装得到重叠群（contigs）；（2）根据序列的双端（paired-end）信息和重叠群之间的相似性对其进行聚类整合和延长；（3）进行组装得到转录本（transcripts），并从中选取最长的转录本作为连翘的 unigenes。Trinity 参数设置为 $K\text{-mer}=25$，序列延伸成 contig 时 overlap 为 $K\text{-mer}-1$ 即 24。

1.4　连翘 ORF 预测与功能基因注释

连翘可读框（open reading frame，ORF）的预测使用 Getorf（http：//emboss. bioinformatics. nl/cgi－bin/emboss/getorf）软件进行，具体操作如下：分别从正反 2 个方向的前 3 个碱基进行预测，当遇到起始/终止密码子时预测即结束，其中预测结果最长的即为连翘该 unigene 的 ORF，其编码的蛋白质即为该 unigene 对应的蛋白序列。

利用 BLASTX[25] 软件（$E\text{-value}$ 参数为 1×10^{-5}）将连翘 unigenes 序列分别与 non-redundant database（NR，http：//www. ncbi. nlm. nih. gov/)[26]，Gene Ontology（GO，http：//www. geneontology. org/)[27]，SwissProt（http：//www. uniprot. org/)[28]，Kyoto Encyclopedia of Genes and Genomes（KEGG，http：//www. genome. jp/kegg/)[29] 和 Clusters of Orthologous Group（COG，http：//www. ncbi. nlm. nih. gov/COG/)[30,31] 等数据库进行序列比对，从而获得连翘 unigenes 的功能注释信息。

1.5　连翘 SSR 位点分析和引物设计

从上述连翘转录组中选取 1kb 以上的 unigenes 利用 MISA 软件（http：//pgrc. ipk-gatersleben. de/misa/misa. html）进行 SSR 位点搜索，搜索参数设置为单、二、三、四和五碱基重复。引物设计采用离线设计软件 Primer Premier 6.0 进行，参数设置为扩增片段长度 100～180bp，T_m 值（50 ± 5）℃，引物长度 18～22bp；上下游引物的 T_m 差值最大为 4℃。若在该范围内无最佳引物，则适当放宽标准。

2 结果与分析

2.1 连翘 RNA-Seq 测序及质量评估

为了获得尽可能丰富的连翘转录组信息，选取连翘不同发育时期的根、茎、叶、花和果实（图 1），分别提取总 RNA，然后进行等量混合，用于 RNA-Seq 测序。经 HiSeq™ 2500 测序，总共获得 23 164 327 条 reads，总测序长度达到 4 678 791 021（4.68G）碱基，GC 含量为 45.26%，N 百分比为 0.07%。碱基分布分析表明，除了由于在 read 5′端前十几个碱基存在明显的偏向性导致前端波动较大外，GC 和 AT 含量在每个测序循环上分别相等，且整个测序过程基本呈水平线，即含量稳定不变（图 2A）。除了碱基的含量分布外，碱基的质量值也是 RNA-Seq 测序质量评估的重要指标之一，一般认为，碱基质量值 Q30 在 80% 以上的测序质量非常可靠。本研究的碱基质量值 Q20（碱基的测序错误率小于 1%）为 91.82%，而 Q30 达到 86.59%（图 2B），表明测序质量较好，数据可用于后续分析。

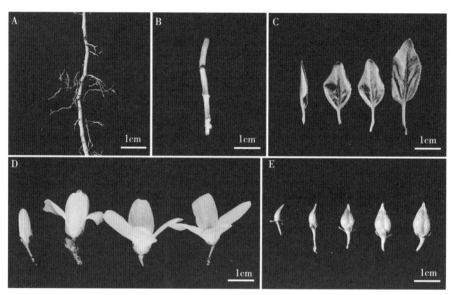

图 1　连翘 RNA-Seq 转录组测序样品

A：连翘根；B：连翘茎；C：不同发育时期的连翘叶片；D：不同发育时期的连翘花；E：不同发育时期的连翘果实

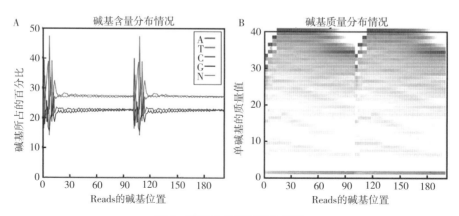

图 2　碱基含量和质量分布图

A：原始测序数据的碱基组成情况。前 101bp 和后 101bp 分别为两端测序前端和后端 reads 的碱基分布情况，N 代表序列中无法识别的碱基；B：原始测序数据的单碱基质量分布情况

2.2 连翘转录组组装与分析

利用 Trinity 软件对上述获得的 clean reads 根据序列之间的重叠部分进行混合组装,得到 2 135 259 条 contigs,平均长度为 62.92nt,N50 长度为 69nt。然后,对 contigs 进行聚类,通过双末端信息和 contigs 之间的相似性将其组装获得 84 275 条连翘转录本,转录本总长度达 99 928 896nt,平均长度为 1 185.75nt(表2)。进一步组装后,获得 45 112 条 unigenes,总长度达 38 832 936nt,平均长度高达 860.81nt(表2)。其中,长度在 1 000nt 以下的 unigenes 有 32 391 条,占 71.80%;长度在 1 000~2 000nt 的有 8 139 条,占 18.04%;而长度在 2 000nt 以上的仅有 4 582 条,占 10.16%。转录本和 unigenes 的 N50 分别达到 1 869 和 1 497,表明组装片段的完整性是比较高的(表2)(N50 是反应片段组装完整度的指标之一,是指先将所有片段按照从长到短的顺序排列,再从第一条片段开始累计相加,当相加达到总长度 50% 时对应的那条片段的长度。一般 N50 长度≥800bp 就可以认为组装的序列完整性较好)。连翘 unigenes 的序列信息详见网络版附表1。

为进一步解析连翘转录组编码基因信息,利用 Getorf 预测了连翘 unigenes 的 ORF。结果表明,ORF 长度在 100~200bp 的连翘 unigenes 居多,随着长度的增加,unigenes 数日逐步减少(图3和网络版附表2)。

表 2 连翘转录组组装结果

长度区间	重叠群	转录本	unigenes
200~300	2094056	14941	12791
300~500	14974	14247	10613
500~1000	12537	17684	8987
1000~2000	9370	22133	8139
2000+	4322	15270	4582
总数量	2135259	84275	45112
总长度	134360395	99928896	38832936
N50 长度	69	1869	1497
平均长度	62.92	1185.75	860.81

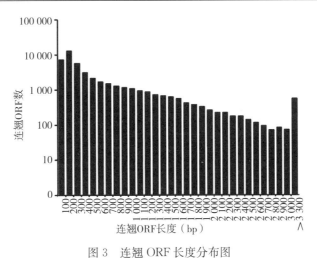

图 3 连翘 ORF 长度分布图

2.3 连翘基因功能注释及分类

为进一步解析连翘基因功能,并为广大连翘相关的科研工作者提供方便,对所有连翘 unigenes 进行了基因功能注释和分类。经过 BlastX 序列比对分析,63.62%(28 699 个)连翘 unigenes 得到了注释（表 3 和网络版附表 3）。其中，比对到 NR 数据库的 unigenes 最多，为 28 621 条。由于缺少连翘基因组信息，超过 1/3 的 unigenes 在上述 5 个数据库无注释信息。

通过 COG 注释，9 206 个 unigenes 获得了分类信息，这些基因分属于 25 个过程（表 3 和图 4）。其中，大多数 unigenes 属于仅一般功能预测项（27.34%）。此外，还有 4.00%（369 个）unigenes 功能未知（图 4），这些基因可能是连翘特有的基因。与多数中草药一样，连翘的主要有效成分也是次生代谢物质。本研究注意到，在获得 COG 注释的 9 206 个 unigenes 中，有 473 个 unigenes 参与了次生代谢物质的生物合成、转运和降解，深入研究这些基因的功能将有望揭开连翘有效成分合成的调控机制（表 3 和网络版附表 4）。对连翘 unigenes 的 KEGG 代谢途径注释表明，6 375 个 unigenes 涉及 116 条代谢途径（网络版附表 5）。其中，包含 unigenes 最多的途径是核糖体途径（418 个），其次是氧化磷酸化途径（235 个）、植物激素信号转导途径（220 个）和内质网中的蛋白加工途径（214 个）。

表 3　各数据库连翘 unigenes 注释结果统计

注释数据库	注释 unigenes 数
NR	28 621
COG	9 206
GO	22 081
KEGG	6 375
Swissprot	19 520
合计	28 699

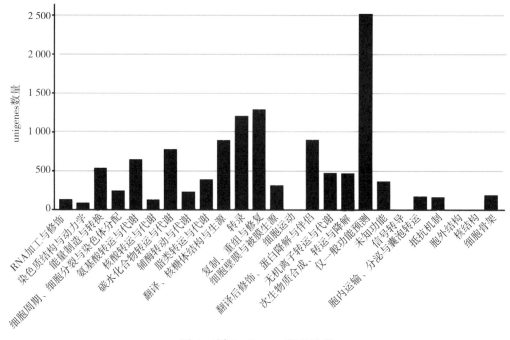

图 4　连翘 unigenes COG 注释

2.4　连翘主要有效成分合成代谢相关基因

苯丙烷代谢途径（phenylpropanoid pathway）是植物最重要的次生代谢途径之一，连翘中的两大类主要活性物质苯乙醇苷类和木脂素类都来自该途径[32~34]。苯丙氨酸是苯丙氨酸途径的前体物质之一，在肉苁蓉（*Cistanche deserticola*）的悬浮培养细胞中加入苯丙氨酸可以提高苯乙醇苷的产量[34,35]。连翘 KEGG 途径分析表明，28 699 个有注释结果的 unigenes 中有 59 个基因参与了苯丙氨酸的代谢，70 个基因参与了苯丙烷的生物合成（网络版附表 5）。在所有苯丙氨酸途径中，从苯丙氨酸合成肉桂酸衍生物的反应都是由苯丙氨酸脱氨酶（phenylalanine ammonia-lyase，PAL）、肉桂酸 4-羟化酶（cinnamate 4-hydroxylase，C4H）和 4-香豆酰：辅酶 A 连接酶（4-coumarate：CoA ligase，4CL）3 个酶催化完成的。进一步分析发现，上述基因共编码 4 个 PAL（comp28199 _ c0，comp45274 _ c0，comp51197 _ c0 和 comp119382 _ c0），1 个 C4H（comp45077 _ c0）和 2 个 4CL（comp33130 _ c0 和 comp38880 _ c0）（网络版附表 3）。

植物体内木脂素的生物合成途径已经基本清楚，主要由松脂醇 - 落叶松树脂醇还原酶（pinoresinol/lariciresinol reductase，PLR）和开环异落叶松脂醇脱氢酶（secoisolariciresinol dehydrogenase）催化完成[36]。在连翘中，分别有 2 个（comp49782 _ c0 和 comp46629 _ c0）和 1 个（comp48044 _ c0）基因编码这 2 个酶。

糖基化通常是中药次生代谢产物合成的最后一步，在次生物质尤其是醇类物质合成中发挥着重要作用，该反应是由糖基转移酶（glucosyltransferase，GT）催化完成的[21,37]。NR 数据库注释的 28 621 个连翘 unigenes 中，117 个基因编码糖苷转移酶（网络版附表 3）。

2.5　连翘 SSR 分子标记的开发与分析

连翘转录组中长度在 1kb 以上的 unigenes 有 12 721 个，总长度为 25 276 588bp。利用 MISA 软件对其进行 SSR 多态性位点分析，共检测到 3 199 个 SSR 位点，出现频率为 25.15%，平均跨度为 7 901bp（表 4 和网络版附表 6）。这些 SSR 位点分布在 2 695 个 unigenes 中，429 个 unigenes 含有 1 个以上的 SSR 位点。其中，单、二、三、四和五核苷酸重复的 SSR 位点分别为 1 338，1 226，605，21 和 9 个（表 4 和网络版附表 6）。

单核苷酸 SSR 的重复类型主要为 T 和 A，分别占 49.55% 和 48.06%；二核苷酸重复的主要类型为 AG，GA，TC 和 CT，分别占 25.61%，19.25%，16.56% 和 12.15%；三核苷酸重复主要类型为 GAA，AGA，AAG 和 TTC，分别占 6.78%，5.12%，4.63% 和 4.46%（网络版附表 4）。在所有的 SSR 类型中，10 次核苷酸重复的最多，为 659 个，占 SSR 总位点数的 20.60%。

从上述 SSR 位点中选取了 40 个位点设计引物（引物信息及扩增情况见网络版附表 7），并用其检测了 16 个不同产区连翘的多态性。共 32 对引物扩增出清晰的条带，有效扩增率为 80%（图 5A～E 和网络版附表 7），其余 8 对引物扩增失败（图 5F 和网络版附表 7）。在能扩增出条带的 32 对引物中，12 对具有多态性（图 5A～C 和网络版附表 7）。3 对引物（comp43455，comp34418 和 comp47504）扩增片段大小比预期长，这可能是由于引物是根据 cDNA 序列设计的，而 SSR 多态性检测是利用基因组 DNA 进行的（图 5E 和网络版附表 7）。

表 4　连翘 SSR 位点统计分析结果

项目	数目
SSR 位点总数	3 199
含 SSR 位点的序列数	2 695
含 1 个以上 SSR 序列数	429
复合型 SSR 位点数	143
单核苷酸重复 SSR 位点数	1 338
二核苷酸重复 SSR 位点数	1 226
三核苷酸重复 SSR 位点数	605
四核苷酸重复 SSR 位点数	21
五核苷酸重复 SSR 位点数	9

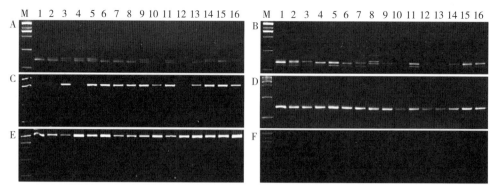

图5　SSR 位点电泳检测

A：comp38724 SSR 位点扩增片段的多态性；B：comp47015 SSR 位点扩增片段的多态性；C：comp 34418 SSR 位点扩增片段的多态性；D：comp23344 SSR 位点无多态性；E：comp47504 SSR 位点扩增出比预期长的片段；F：comp7875 SSR 位点不能扩增。M：分子量标记，从上到下依次为 2 000，1 000，750，500，250 和 100 bp，1～16 为 16 个产区的连翘样品

3　讨论

RNA-Seq 高通量测序技术为非模式生物基因信息发掘提供了前所未有的机遇，已经用于中草药植物虎杖[21]、丹参（*Salvia miltiorrhiza*）[38]、西洋参（*Panax quinquefolius*）[39] 和人参（*Panax ginseng*）[40] 等转录组的研究。为加快药用植物连翘分子生物学研究，促进苯乙醇苷类和木脂素类天然药物的开发和利用，本研究利用 RNA-Seq 技术分析了连翘的转录组，提供了 45 112 连翘基因序列，对有效成分合成的相关基因进行了深度挖掘，并开发了 3 199 个 SSR 分子标记。

3.1　连翘转录组特征

为最大限度地获得连翘转录组信息，本研究选用了连翘各种发育时期根、茎、叶、花和果实等器官的混合样品进行了转录组测序，共组装得到 45 112 条连翘 unigenes。而丹参、西洋参和人参的转录组测序都是利用根进行，分别获得了 18 235，31 088 和 31 741 条 unigenes[38-40]。就获得的基因信息量而言，混合样品测序显著优于单一器官的转录组测序。但这也不排除测序平台不同和连翘基因组编码的基因数目多于丹参、西洋参和人参的可能。因为，Hao 等人[21] 利用虎杖根转录组测序获得了高达 86 418 条的 unigenes 序列。混合样品测序虽然可以提供更多的基因信息，节约实验成本，但也有无法提供基因表达谱的缺陷。若能对根、茎、叶、花和果实等器官的样品分别进行高通量测序，将可提供更多的表达谱信息。另外，由于没有基因组信息作为参考，组装的连翘转录组可能有一些无法避免的缺点：①无法进行基因选择性剪切的分析；②2 个同源性较高的转录本可能无法区分是来自 1 个转录本还是 2 个同源的转录本。尽管如此，基于 HiSeq™ 2500 测序平台的连翘转录组测序仍然是目前获得连翘大量基因信息最为高效和便捷的方法。

RNA-Seq 高通量测序技术不仅使以较低的成本研究非模式生物基因组成为可能，同时也为 SSR 位点的挖掘提供了大量序列信息。本研究利用 MISA 软件分析了连翘转录组，从长度为 1 000 nt 以上的 unigenes 中获得 3 199 个 SSR 位点（表 4 和网络版附表 6）。其中，单核苷酸重复的 SSR 最多，其次是二核苷酸重复和三核苷酸重复（表 4 和网络版附表 6）。但在茶树（*Camellia sinensis*）、虎杖和荇菜（*Nymphoides peltatum*）中均是二三核苷酸重复的 SSR 占优势，这可能是因为设置的 SSR 位点识别参数不同。本研究设置的单核苷酸 SSR 位点的重复次数至少为 10 次，而茶树为 15 次、虎杖为 18 次、荇菜为 12 次。本研究设置的单核苷酸重复的阈值较低，所以检测到的 SSR 位点数较多。

3.2　连翘药用有效成分生物合成和代谢基因

药用植物主要有效成分是次生代谢产物，然而次生物质代谢途径极其复杂，受到众多基因的调控。目前，药用植物次生代谢工程面临的最大困难是缺乏对次生代谢调控网络的了解，克隆的基因较少，而基因功能清楚的更少。本文通过与 NR，GO，SwissProt，KEGG 和 COG 等公共数据库进行序列比对，注释了 28 699 个连翘基因（表 3 和网络版附表 3）。其中，473 个基因参与了次生代谢物质的代谢、合成或转运（网络版附表 4），117 个基因编码糖苷转移酶（网络版附表 3）。这些注释的基因提供了海量的信息资源，有望大大推动连翘次生代谢相关基因的研究。目前，这些基因的功能注释全部来自生物信息学分析，它们在连翘药用有效成分合成和代谢中的具体功能还不是很清晰。今后工作的重点应从基因序列等基础信息的研究，转变为基因功能的研究。次生代谢产物是植物在长期进化中对环境适应的结果，逆境通常会诱导次生代谢产物合成相关基因的表达，从而提高次生代谢产物的量。另外，在培养基中加入次生代谢前体物质也可以激活相关基因的表达，促进次生代谢产物的合成。因此，将来可以借助连翘组织培养技术，人为创造胁迫环境或添加前体物质，然后利用荧光定量 PCR 等技术检测上述基因的表达情况，结合药用有效成分含量分析等，解析上述基因在连翘药用有效成分生物合成过程的功能。

苯丙氨酸和酪氨酸是苯乙醇苷类物质合成的前体，在肉苁蓉悬浮培养液中添加这 2 种物质可以大幅提高苯乙醇苷类物质的含量[35,41]。目前，已经克隆了一些植物苯丙氨酸和酪氨酸代谢途径关键酶和转录因子基因，如 *PAL*，*C4H*，*4CL*、酪氨酸氨基转移酶（tyrosine aminotransferase，TAT）、羟基丙酮酸还原酶（hydroxypyruvate reductase，HPPR）、迷迭香酸合成酶（rosmarinic acid synthesis，RAS）和 MYB 转录因子 等[42,43]。连翘中共发现了 81 个苯丙氨酸和苯丙胺素代谢相关基因和 38 个酪氨酸代谢相关基因。其中，编码 PAL，C4H 和 4CL 的基因分别为 4，1 和 2 个。此外，还发现了 3 个直接参与木脂素生物合成的基因。这些基因的发现，不仅有望揭示不同产地连翘有效成分差异的原因，而且为连翘药用成分次生代谢基因工程奠定了基础。

除苯乙醇苷和木脂素两大类主要成分外，连翘中还含有黄酮类、生物碱类、环己醇类和环己酮类等药用有效成分。KEGG 代谢途径分析表明，连翘中一些基因参与了上述物质的合成和代谢（网络版附表 3~5）。但可能这些基因的表达量比较低，导致上述成分含量相对较低。因此，这些基因可以作为连翘次生代谢基因工程的靶标基因。有望通过更换其他类型的强启动子或者改变其表达部位等手段，进一步提高这些药用有效成分的含量。

4 结论

本研究提供的连翘转录组数据不仅为连翘属植物基因克隆与功能研究、分类、分子标记辅助选择、表达谱分析和比较转录组分析等奠定了基础，而且为今后连翘基因组注释提供了参考序列。但同时由于次生代谢途径的复杂性，要彻底揭示这些基因在连翘药用有效成分合成和代谢中的功能还有很长的路要走。

—————————— 参 考 文 献 ——————————

［1］ Jiao J，Fu Y J，Zu Y G，et al. Enzyme-assisted microwave hydro-distillation essential oil from *Fructus forsythia*，chemical constituents，and its antimicrobial and antioxidant activities. Food Chem，2012，134：235-243.

［2］ Yan X J，Peng Y，Liu Z X，et al. Three new lignan glycosides from the fruits of *Forsythia suspense*. J Asian Nat Prod Res，2014，16：602-610.

［3］ 滕训辉. 山西野生连翘资源保护与可持续利用研究. 中国医药导报，2010，7：81-82，115.

［4］ Kuo P C，Chen G F，Yang M L，et al. Chemical constituents from the fruits of *Forsythia suspensa* and their antimicrobial activity. Biomed Res Int，2014，doi：10.1155/2014/304830.

［5］ Nishibe S，Okabe K，Tsukamoto H，et al. The structure of forsythiaside isolated from *Forsythia suspensa*. Chem Pharm Bull，1982，30：1048-1050.

［6］ 曲欢欢．连翘化学成分和生物活性研究．硕士学位论文．西安：西北大学，2008．

［7］ Wang F N，Ma Z Q，Liu Y，et al. New phenylethanoid glycosides from the fruits of *Forsythia suspense*（thunb.）vahl. Molecules，2009，14：1324-1331.

［8］ Wang Y Z，Ma Q G，Zheng X K，et al. A new forsythenside from *Forsythia suspensa*. Chin Chem Lett，2008，19：1234-1236.

［9］ 孟祥乐，李俊平，李丹，等．连翘的化学成分及其药理活性研究进展．中国药房，2010，21：4117-4118．

［10］ 曲欢欢，翟西峰，李白雪，等．连翘不同部位中连翘醋普和连翘普的含量分析．药物分析杂志，2008，28：382-385．

［11］ Zeng Z K，Li Q Y，Piao X S，et al. *Forsythia suspensa* extract attenuates corticosterone-induced growth inhibition，oxidative injury，and immune depression in broilers. Poult Sci，2014，93：1774-1781.

［12］ Wang Z，Gerstein M，Snyder M. RNA-Seq：a revolutionary tool for transcriptomics. Nat Rev Genet，2009，10：57-63.

［13］ 王兴春，杨致荣，王敏，等．高通量测序技术及其应用．中国生物工程杂志，2012，32：109-114．

［14］ Wang X C，Yang Z R，Wang M，et al. The *BRANCHING ENZYME*1 gene，encoding a glycoside hydrolase family 13 protein，is required for *in vitro* plant regeneration in *Arabidopsis*. Plant Cell Tissue Org，2014，117：279-291.

［15］ 王兴春，杨致荣，张树伟，等．拟南芥不定芽发生早期的数字基因表达谱分析．生物工程学报，2013，29：189-202．

［16］ Magbanua Z V，Arick M，Buza T，et al. Transcriptomic dissection of the rice-*Burkholderia glumae* interaction. BMC Genomics，2014，15：755.

［17］ Kakumanu A，Ambavaram M M，Klumas C，et al. Effects of drought on gene expression in maize reproductive and leaf meristem tissue revealed by RNA-Seq. Plant Physiol，2012，160：846-867.

［18］ Wang L，Cao C，Ma Q，et al. RNA-Seq analyses of multiple meristems of soybean：novel and alternative transcripts，evolutionary and functional implications. BMC Plant Biol，2014，14：169.

［19］ 赵国光，焦飞，廖奇，等．基于转录组测序在人类全基因组内鉴定与癌症相关的 polyadenylation 和 non-polyadenylation RNA. 中国科学：生命科学，2013，43：376-386．

［20］ 郝大程，马培，穆军，等．中药植物虎杖根的高通量转录组测序及转录组特性分析．中国科学：生命科学，2012，42：398-412．

［21］ Hao D C，Ma P，Mu J，et al. *De novo* characterization of the root transcriptome of a traditional Chinese medicinal plant *Polygonum cuspidatum*. Sci China Life Sci，2012，55：452-466.

［22］ 汤正辉，祝亚军，谭晓风，等．河南连翘种群遗传多样性的 ISSR 分析．中南林业科技大学学报，2013，33：32-37．

［23］ Kim D K，Kim J H. Molecular phylogeny of tribe *Forsythieae*（Oleaceae）based on nuclear ribosomal DNA internal transcribed spacers and plastid DNA *trnL-F* and *matK* gene sequences. J Plant Res，2011，124：339-347.

［24］ Grabherr M G，Haas B J，Yassour M，et al. Full-length transcriptome assembly from RNA-Seq data without a reference genome. Nat Biotechnol，2011，29：644-652.

［25］ Altschul S F，Madden T L，Schaffer A A，et al. Gapped BLAST and PSI-BLAST：a new generation of protein database search programs. Nucleic Acids Res，1997，25：3389-3402.

［26］ 邓泱泱，荔建琦，吴松锋，等．NR 数据库分析及其本地化．计算机工程，2006，32：71-76．

［27］ Ashburner M，Ball C A，Blake J A，et al. Gene ontology：tool for the unification of biology. The Gene Ontology Consortium. Nat Genet，2000，25：25-29.

［28］ Boeckmann B，Bairoch A，Apweiler R，et al. The SWISS-PROT protein knowledgebase and its supplement TrEMBL in 2003. Nucleic Acids Res，2003，31：365-370.

［29］ Kanehisa M，Goto S，Kawashima S，et al. The KEGG resource for deciphering the genome. Nucleic Acids Res，2004，32：D277-D280.

［30］ Tatusov R L，Fedorova N D，Jackson J D，et al. The COG database：an updated version includes eukaryotes. BMC Bioinformatics，2003，4：41.

［31］Tatusov R L，Galperin M Y，Natale D A，et al. The COG database：a tool for genome-scale analysis of protein functions and evolution. Nucleic Acids Res，2000，28：33-36.

［32］Hahlbrock K，Grisebach H. Enzymic controls in the biosynthesis of lignin and flavonoids. Ann Rev Plant Physiol，1979，30：105-130.

［33］Liu C Z，Cheng X Y. Enhancement of phenylethanoid glycosides biosynthesis in cell cultures of *Cistanche deserticola* by osmotic stress. Plant Cell Rep，2008，27：357-362.

［34］Liu J Y，Guo Z G，Zeng Z L. Improved accumulation of phenylethanoid glycosides by precursor feeding to suspension culture of *Cistanche salsa*. Biochem Eng J，2007，33：88-93.

［35］沈慧慧，易丽娟，李春. 氨基酸对无外源激素悬浮培养肉苁蓉细胞合成苯乙醇苷的影响. 生物加工过程，2010，8：22-27.

［36］Morimoto K，Satake H. Seasonal alteration in amounts of lignans and their glucosides and gene expression of the relevant biosynthetic enzymes in the *Forsythia suspense* leaf. Biol Pharm Bull，2013，36：1519-1523.

［37］Gachon C M，Langlois-Meurinne M，Saindrenan P. Plant secondary metabolism glycosyltransferases：the emerging functional analysis. Trends Plant Sci，2005，10：542-549.

［38］李滢，孙超，罗红梅，等. 基于高通量测序 454 GS FLX 的丹参转录组学研究. 药学学报，2010，45：524-529.

［39］Sun C，Li Y，Wu Q，et al. *De novo* sequencing and analysis of the American ginseng root transcriptome using a GS FLX Titanium platform to discover putative genes involved in ginsenoside biosynthesis. BMC Genomics，2010，11：262.

［40］Chen S，Luo H，Li Y，et al. 454 EST analysis detects genes putatively involved in ginsenoside biosynthesis in *Panax ginseng*. Plant Cell Rep，2011，30：1593-1601.

［41］Ouyang J，Wang X D，Zhao B，et al. Enhanced production of phenylethanoid glycosides by precursor feeding to cell culture of *Cistanche deserticola*. Process Biochem，2005，40：3480-3484.

［42］Wu Z，Gui S，Wang S，et al. Molecular evolution and functional characterisation of an ancient phenylalanine ammonia-lyase gene（NnPAL1）from *Nelumbo nucifera*：novel insight into the evolution of the PAL family in angiosperms. BMC Evol Biol，2014，14：100.

［43］易博. 丹参迷迭香酸代谢酪氨酸支路重要基因克隆及调控分析. 硕士学位论文. 上海：第二军医大学，2007.

不同采收期老翘中化学成分含量测定

王进明，范圣此，赵　艳，陈婷婷，孙　斌，杨　霞

（山西振东道地药材开发有限公司，山西长治　047100）

摘要　目的：通过对不同采收期老翘内连翘苷、连翘酯苷A、浸出物的含量测定，为老翘适宜采收期的确定提供科学依据。**方法**：采用HPLC法测定不同采收期老翘果实中连翘苷、连翘酯苷A的含量；采用《中国药典》2010版一部（附录ⅩA）项下醇溶性浸出物冷浸法测定；以Luna5uC$_{18}$（2）100A（250 mm×4.6 mm，5 μm）为色谱柱，连翘苷测定流动相为乙腈-水（25：75，V：V），检测波长为277 nm，柱温为室温，流速为1.0 mL/min；连翘酯苷A测定流动相为乙腈-0.4％冰醋酸溶液（15：85，V：V），检测波长为330 nm，柱温为室温，流速为1.0mL/min。**结果**：连翘苷在3.33～13.32 μg范围内线性关系良好（R^2=0.999 7），平均回收率为98.9％，RSD=1.8％；连翘酯苷A在4.17～6.69 μg具有良好的线性关系（R^2=0.999 7），平均回收率为101.7％，RSD=0.9％。**结论**：连翘苷、连翘酯苷A、浸出物在老翘整个采收期试验过程中都呈现不断下降的趋势，其中连翘苷的含量测定结果在老翘整个采收期试验过程中都达不到2010版药典的规定标准，连翘酯苷A、浸出物的含量结果分别在2013年1月20日、2月25日采集的样品测定结果中达不到2010版药典的规定标准。

关键词　老翘；不同采收期；连翘苷；连翘酯苷A；浸出物

中图分类号：TQ46　　**文献标识码**：A　　**文章编号**：2095-0896（2014）04-044-04

WANG Jin-ming *et al*．（Shanxi Zhendong Geoherbs Development Co，Ltd．，Changzhi，Shanxi 047100）

Abstract　Objective：The aim was to provide a scientific basis for determination of harvest time of the old alice，through the determination of forsythin，forsythoside A and extract in old alice with different harvest time．［Method］HPLC method was used for analyzing the contents of forsythin and forsythiaside A in different harvest time of old alice，and multi-speed oscillator was used for analyzing the contents of extract．Luna5uC$_{18}$（2）100A（250 mm ×4.6 mm，5 μm）column was carried out and the mobile phrase of determination forsythin was acetonitrile-water（25：75，V：V）and the detection wavelength was 277 nm. The mobile phase of determination forsythiaside A was acetonitrile $-$0.4％ acetic acid（15：85，V：V）and the detection wavelength was 330 nm. The column temperature was room temperature. And the flow rate was 1.0 mL/min. Results：There was a good linear relationship（R^2=0.999 7）for forsythin at 3.33-13.32 μg and the average recovery rate was 98.9％ ，and RSD was 1.8％. The good linear relationship（R^2=0.999 7）was for forsythiaside A at 4.17-6.69 μg and the average recovery rate was 101.7％ and RSD was 0.9％ .Conclusion：Forsythin，forsythiaside A and extract were decreased during the whole experiment have shown a declining trend，in which the content of phillyrin in the whole experiment were not up to the required 2010 version Pharmacopoeia standards. Forsythiaside A and extract respectively in January 20th，2013 and February 25th would not meet the required standard Pharmacopoeia 2010 edition.

Key words　Old alice；Different harvest；Forsythin；Forsythoside A；Extract；HPLC

　　老翘为木樨科植物连翘［*Forsythia suspensa*（Thunb.）Vahl］的干燥果实，果实熟透时采收，晒干，除去杂质，习称"老翘"[1]。连翘为常用大宗药材品种以及被列为国家重点保护野生药材物种，其化学成分复杂多样，其中主要是苯乙醇及其苷（连翘酚、连翘苷及连翘酯苷 A、B、C、D、E 等）、木质素类（2，3-二苄基丁内酯型木脂素、辛烷型木脂素等）、黄酮类（槲皮素、芦丁、异槲皮素等）、五环三萜类（白桦酯酸、齐墩果酸、熊果酸等）、生物碱（物碱 suspensineA（1）、　（-）-7′-O-methylege 等）及挥发油[2]等。连翘具有清热解毒，消肿散结，疏散风热之功效[3-5]，也是预防和治疗非典型性肺炎、禽流感、甲型 H1N1 流感等流行性疾病的主要成分。虽然以前的一些研究学者对老翘中连翘苷、连翘酯苷 A 的含量也有些研究，但是他们的研究未明确定义老翘样品采集时间与取样方式（如市场购买、山上采集等）等，也没有对老翘在某个时期内的含量变化进行整体研究比较；此外，老翘的采收期延迟或提前、采收标准不一，导致老翘品质也无法界定，而这些现象在出现如流感等流行性疾病导致老翘价格攀升的年份则尤为严重，老翘采收期和采收标准的不确定造成其品质差异较大，这必然导致以老翘为原料的中成药投料受到影响，进而影响到中成药制剂的疗效。该研究比较了不同采收期老翘果实中连翘酯苷 A、连翘苷及浸出物的含量，旨在为中药老翘的质量控制和老翘适宜采收期的确定提供科学依据。

1　材料与方法

1.1　材料

1.1.1　供试老翘。老翘样品于 2012 年 10 月 10 日开始采集于山西振东集团定植的 36 株连翘植株，至 2013 年 3 月 15 日结束合计采集 11 次样品，每次采集样品的时间间隔为 10 d，并且以固定的每 12 株为一个混合试验样品。连翘植株经山西大学张立伟教授鉴定为木樨科植物连翘［*Forsythia suspensa*（Thunb.）Vahl］。

1.1.2　仪器与试剂。Aglient1260 高效液相色谱仪（四元泵，紫外检测器，在线脱气机，柱温箱）；BSA124S 电子天平（赛多利斯科学仪器）；KQ-500DB 型数控超声波清洗机（昆山市超声仪器有限公司）；HY-3A 多功能调速振荡器（江苏金坛市金城国胜实验仪器厂）；FW80 高速万能粉碎机（天津市泰斯特仪器有限公司）。

　　试验用水为双蒸水，乙腈为色谱纯，其他试剂均为分析纯；连翘苷对照品（批号：110821－201112，含量为 96.8%）、连翘酯苷 A 对照品（批号：111810－201103，含量为 92.9%），供含量测定用，均购自中国药品生物制品检定所。

1.2　方法

1.2.1　条件。色谱柱为 Luna5uC$_{18}$（2）100A（250 mm×4.6 mm，5 μm），连翘苷测定流动相为乙腈-水（25：75，V：V），检测波长为 277 nm，柱温为室温，流速为 1.0 mL/min；连翘酯苷 A 测定流动相为乙腈-0.4% 冰醋酸溶液（15：85，V：V），检测波长为 330 nm，柱温为室温，流速为 1.0 mL/min。HY-3A 多功能调速振荡器频率为 125 Hz。

1.2.2　对照品溶液的制备。精密称取连翘苷对照品 11.47 mg，置 10 mL 容量瓶中，加甲醇溶解并稀释至刻度，摇匀，即得；精密称取连翘酯苷 A 对照 14.97mg，置 10 mL 容量瓶中，加甲醇溶解并稀释至刻度，摇匀，即得（临用配制）。

1.2.3　供试品溶液的制备。连翘苷供试品溶液制备：取老翘不同采收期样品粉末（过三号筛）约 1 g，精密称定，置具塞锥形瓶中，精密加入甲醇 15 mL，称定重量，浸渍过夜，超声处理（功率 250 W，频率 40kHz）25 min，放冷，再称定重量，用甲醇补足减失的重量，摇匀，滤过，精密量取续滤液 5 mL，蒸至近干，加中性氧化铝 0.5 g 拌匀，转移至中性氧化铝柱（100～120 目，1 g，内径为 1.0～1.5 cm）上，用 70％乙醇 80mL 洗脱，收集洗脱液，浓缩至干，残渣用 50％甲醇溶解，转移至 5 mL 量瓶中，并稀释至刻度，摇匀，滤过，取续滤液，即得。

连翘酯苷 A 供试品溶液制备：取老翘不同采收期样品粉末（过三号筛）约 0.5 g，精密称定，置具塞锥形瓶中，精密加入 70％甲醇 15 mL，密塞，称定重量，超声处理（功率 250 W，频率40 kHz）30 min，放冷，再称定重量，用 70％甲醇补足减失的重量，摇匀，滤过，取续滤液，即得。

1.2.4 线性关系考察。分别精密量取浓度为 1.110 30mg/mL 的连翘苷、1.390 71 mg/mL 连翘酯苷 A 对照品溶液 3、5、8、10、12、15 μL 进样分析，测定峰面积。以进样量为横坐标，峰面积为纵坐标进行线性回归，得连翘苷回归方程为（$y=2 219.4x+591.86$，$R^2=0.999\ 7$），表明连翘苷进样量在 3.33～13.32 μg 具有良好的线性关系；连翘酯苷 A 回归方程为（$y=1 771x+599.59$，$R^2=0.999\ 7$），线性范围在 4.17～6.69 μg 具有良好的线性关系。

1.2.5 精密度试验。精密吸取对照品溶液 10 μL，重复进样 5 次，连翘苷峰面积的 RSD 为 0.8％，连翘酯苷 A 峰面积的 RSD 为 0.1％，表明该方法的精密度良好。

1.2.6 重复性试验。取供试品（同一批号），按供试品溶液的制备方法制备 6 份供试液，分别进样 10 μL，连翘苷的 RSD 结果为 1.6％，连翘酯苷 A 的 RSD 结果为 0.3％。

1.2.7 稳定性试验。精密吸取同一种供试品溶液在 0、4、6、8、10、12 h 内重复进样 6 次，每次 10 μL，计算连翘苷峰面积的 RSD 值为 1.5％，连翘酯苷 A 的峰面积为 0.2％，表明供试品溶液在 12 h 内稳定。

1.2.8 加样回收率试验。取已测含量的供试品溶液 5 份，分别精密加入定量的连翘苷、连翘酯苷 A 对照品，依法测定其结果见表 1、表 2。

表 1 连翘苷加样回收率试验结果

取样量/g	已知量/mg	加入量/mg	测得量/mg	回收率/％
0.500 23	0.67	0.70	1.37	100.0
0.500 09	0.67	0.68	1.36	101.5
0.500 42	0.67	0.72	1.38	98.6
0.500 37	0.67	0.74	1.39	97.3
0.500 25	0.67	0.75	1.40	97.3

注：平均回收率为 98.9％；RSD 为 1.8％。

表 2 连翘酯苷 A 加样回收率试验结果

取样量/g	已知量/mg	加入量/mg	测得量/mg	回收率/％
0.250 63	7.118	7.205	14.516	102.7
0.250 39	7.111	7.159	14.471	102.8
0.250 74	7.121	7.623	14.835	101.2
0.250 18	7.105	7.437	14.619	101.0
0.250 60	7.117	7.201	14.380	100.9

注：平均回收率为 101.7％；RSD 为 0.9％。

1.2.9 样品测定。取需要测定供试品，按照第"1.2.3"项方法制备供试品溶液，依法测定，以外标法计算测定结果。

2 结果与分析

2.1 不同采收期老翘中连翘酯苷 A 测定结果

由表 3 可以看出，老翘中连翘酯苷 A 的含量在 2012 年 10 月 10 日采集的样品中最高，为 2.44％，2013 年 2 月 25 日的样品最低，为 0.16％，同时在 2012 年 12 月 30 日以前的样品中连翘酯苷 A 的含量都达到了中华人民共和国 2010 版药典标准 0.25% 的规定，在以后的几个样品测定结果中，连翘酯苷 A 的含量则达不到药典的标准。从整个采集老翘样品中连翘酯苷 A 含量的测定结果来看，其含量呈现不断下降的趋势。

表3　不同采收期老翘中连翘酯苷 A、连翘酯苷及浸出物含量

采收期 年-月-日	平均连翘苷 含量/%	平均连翘苷 A 含量/%	平均浸出物 含量/%
2012-10-10	0.108	2.44	25.32
2012-10-20	0.073	1.02	22.72
2012-10-29	0.058	0.65	21.44
2012-11-10	0.054	0.48	20.05
2012-11-20	0.059	0.31	18.31
2012-11-30	0.060	0.30	17.51
2012-12-10	0.059	0.32	17.95
2012-12-30	0.055	0.26	16.67
2013-01-20	0.066	0.19	17.16
2013-02-25	0.039	0.16	15.63
2013-03-15	0.052	0.18	16.02

2.2　不同采收期老翘中连翘苷测定结果

由表 3 可以看出，连翘苷从老翘样品采集开始到采集结束的测定结果中均达不到 2010 版中华人民共和国药典不得低于 0.15% 标准的规定，这与侯莉等[9]采用 RP-HPLC 法测定不同来源连翘药材中连翘苷的含量试验结果中连翘苷含量普遍低于 2000 版药典规定的 0.15% 结果相一致。在该试验测定结果中连翘苷含量最高的仅为 0.108%，最低的为 0.039%，同时在整个老翘采收样品试验测定结果中，虽然 2012 年 11 月—2013 年 1 月的几个样品中连翘苷含量测定趋于平稳，但是从整体试验测定结果的趋势上看，老翘中连翘苷则呈现不断下降的趋势。

2.3　不同采收期老翘中浸出物测定结果

由表 3 可以看出，老翘采收样品中浸出物的测定结果在 2013 年 1 月 20 日之前采收均达到了 2010 版中华人民共和国药典规定不得少于 16% 的规定，浸出物含量最高的为 2012 年 10 月 10 日采收的 25.32%，最低的为 2013 年 2 月 25 日采收的样品，为 15.63%，而且从整个老翘采集样品测定结果中可以看出浸出物的含量变化与连翘苷、连翘酯苷 A 同样呈现不断下降的趋势。

3　结论与讨论

老翘为连翘果实熟透时采收、晒干、除去杂质的产品。而长期以来无论是研究学者还是连翘主产区采收时间与农忙季节的冲突，在老翘采收的时间上都没有明确的研究结果或标准规定，有些产地老百姓在老翘的采收时间上从每年的 10 月份以后持续到第 2 年的连翘开花之前，而这种现象特别是在遇到流感年份导致老翘价格大幅上涨时尤为突出，同时老百姓经常会将往年不能及时采集、漏采的老翘以及多年由于价格影响没有出售的老翘掺入新老翘中出售，其中不乏有些百姓遇到高价格年份时掺入连翘枝条出售，而以上这些现象直接导致老翘品质没有一个统一的考察标准，老翘质量混乱，从而影响到以老翘为原料的中成药疗效，因此，对老翘的采收期和品质标准等研究迫在眉睫[6]。

（1）从以上所有老翘样品中连翘苷、连翘酯苷 A、浸出物 3 种成分含量的测定结果看，连翘酯苷 A 与浸出物 2 种成分在某一个时期内均达到了 2010 版中华人民共和国药典的标准规定，而连翘苷却在整个采收试验含量测定结果中始终没有达到药典的标准规定，这表明对老翘的品质进行评价时，连

翘苷也许已经不能作为老翘品质的一个重要质控指标，同时需对正在修订的 2015 版《中华人民共和国药典》中老翘的品质评价进行重新修订。连翘酯苷 A 不但是从连翘属植物中发现的抗菌活性最强的成分之一，同时也是连翘的主要特征性成分[7-8]，在评价连翘及以抗菌为主要功效的制剂质量时发现连翘酯苷 A 优于连翘苷，因此建议在对老翘进行品质评价和质控时应以连翘酯苷 A 和浸出物 2 种评价指标为主进行评价，或采用多指标成分进行老翘质量的评价更为合适[9]。

（2）从该试验结果看，老翘中的连翘苷含量在整个采收期的试验结果中均没有达到 2010 版药典的规定，如果仅从老翘中连翘酯苷 A 和浸出物含量这 2 个指标来考察老翘的品质，则老翘的采收期应该为每年的 10—11 月下旬，但在此时期内百姓由于受秋季农作物收获的影响，延迟老翘的采收期，同时也会因延长采收期而给上山采摘人员带来一定的危险。

（3）在笔者试验期间常出现降雨、降雪等现象，而该期的老翘也将要开裂或已开裂，这种现象是否为雨水对老翘内部的浸透提供了便利，从而影响到老翘中连翘苷、连翘酯苷 A、浸出物 3 种成分含量的降低，以及这 3 种成分的含量测定结果在后期出现不同程度的升高后又降低是否与降雪有关，仍需进一步的研究确定。

参 考 文 献

[1] 国家药典委员会. 中国药典，I 部［S］. 北京：化学工业出版社，2010：234.

[2] 李晓燕. 中药连翘抗菌活性的考察［J］. 山东医药工业，1997，16（2）：46.

[3] 段文娟，耿岩玲，祝贺，等. 中药连翘化学成分和分析方法的研究进展［J］. 山东科学，2010，4（23）：2.

[4] 张鸿祺. 金银花，桂枝，香薷，连翘，芦根，麦冬解热作用的实验报告［J］. 山东医刊，1960（10）：22.

[5] 山西医学院肝病研究组. 甘草，柴胡，连翘对实验性肝损伤的作用［J］. 新医药杂志，1973（9）：21.

[6] 李卫健，李先恩. 连翘果实干物质与有效成分积累规律研究［J］. 中草药，2006，37（6）：921-924.

[7] 匡海学，张宁，陆志博. 青连翘抗菌活性成分的研究［J］. 中药通报，1988，13（7）：32.

[8] 胡克杰，徐凯建. 连翘酯苷体外抗病毒作用的实验研究［J］. 中国中医药研究，2001，8（2）：89.

[9] 侯莉，王强，任晋斌. RP-HPLC 法测定不同来源连翘药材中连翘苷的含量［J］. 现代中药研究与实践，2005，19（1）：48-49.